MAKING GREAT STRATEGY

Arguing for
Organizational Advantage

战略论证

企业如何寻找可持续的
竞争优势

[美] 杰斯珀·B. 索伦森　　格伦·R. 卡罗尔　◎著
　　　（Jesper B. Sørensen）　（Glenn R. Carroll）

[澳] 吴卫军　◎译
　　　郭蓉

机械工业出版社
CHINA MACHINE PRESS

图书在版编目（CIP）数据

战略论证：企业如何寻找可持续的竞争优势 /（美）杰斯珀·B. 索伦森,（美）格伦·R. 卡罗尔著;（澳）吴卫军,郭蓉译. -- 北京：机械工业出版社，2024.5.
ISBN 978-7-111-75986-7

I. F272

中国国家版本馆 CIP 数据核字第 2024TE9604 号

机械工业出版社（北京市百万庄大街 22 号　邮政编码 100037）
策划编辑：许若茜　　　　　　责任编辑：许若茜　白　婕
责任校对：郑　婕　张亚楠　　责任印制：常天培
北京机工印刷厂有限公司印刷
2024 年 8 月第 1 版第 1 次印刷
170mm×230mm・26 印张・1 插页・297 千字
标准书号：ISBN 978-7-111-75986-7
定价：89.00 元

电话服务　　　　　　　　　　网络服务
客服电话：010-88361066　　机　工　官　网：www.cmpbook.com
　　　　　010-88379833　　机　工　官　博：weibo.com/cmp1952
　　　　　010-68326294　　金　书　网：www.golden-book.com
封底无防伪标均为盗版　　机工教育服务网：www.cmpedu.com

卓越的战略是批判性思考的结果。制定卓越的战略等同于创造绝佳的投资机会，从定义上也可以看出，这项工作做起来难度很大。因此，问题就在于，在进行投资之前，你如何知道自己是否制定了一个卓越的战略？你又如何从一开始就制定出一个卓越的战略？通过阅读本书，你将会理解这些问题在本质上是相同的，并且可以从中找到问题的答案。

保罗·布兰斯塔德

Safeharbor 咨询公司主席兼 CEO

博思艾伦咨询公司原资深合伙人、全球战略主管

索伦森和卡罗尔是受人敬重的社会科学家，他们给商业战略带来了一个极为必要的变革性视角。矩阵、列表或机器学习不会产生卓越的战略。究其实质，卓越的战略是强有力的逻辑论证——是的，有创意、争议焦点鲜明、分析严谨。《战略论证》这本书强调，将一个能够获得成功的战略和一个终归走向失败的战略区分开来的，是严谨、强大的逻辑，而不是精妙复杂的语言工具。

威廉·F. 米汉三世

斯坦福大学商学院"莱肯合伙人"（Raccoon Partners）管理学讲师

麦肯锡荣誉退休资深合伙人

《影响力引擎：非营利性部门的战略领导力》合著者

索伦森和卡罗尔两位斯坦福大学教授在《战略论证》一书中写道："获得战略成功要求组织的高管具备退一步考虑问题的能力、辩证的思维方式以及放眼全局的大局观。"这看似简单，实则不然。在本书中，他们具体展示了如何在最大程度上具备这些能力并发挥其优势。我有幸听过索伦森教授的课，当我试图帮助其他人理解战略不是抽象理念，而是对一个逻辑论证做出陈述，并对论证结果进行展示时，我的头脑中总是回荡着他的声音。很高兴看到《战略论证》一书出版，这将使更多人掌握这套行之有效的方法，并在实践中对其充分应用。

吉纳维芙·贝尔

澳大利亚国立大学 3A 研究院荣誉教授及院长

英特尔公司资深研究员

关于为什么大家在制定战略时应用任一框架都需要收集数据、严谨分析以及冷静、理性地争辩，《战略论证》一书给出了令人信服的理由。两位作者就如何以这种方式摒弃战略陈述中徒有其表、晦涩难懂的，不过是表达良好愿望和宏大志向的内容做出了解释。对企业高管和 MBA 学生而言，《战略论证》是一本优秀读物和有用指南。

戴维·J. 蒂斯

加州大学伯克利分校哈斯商学院托马斯·W. 塔舍全球商业讲席教授

伯克利研究集团主席

索伦森和卡罗尔基于他们在斯坦福大学商学院给 MBA 学生授课的经验以及与高管团队的互动，开创了一种全新且有创意的战略分析方法。以分析和逻辑领域的深厚学术研究为基础，《战略论证》引用最新的硅谷高科技独角兽企业及最老牌的传统产品制造商的鲜活案例，提出了战略论证的实践框架。这本书整体性、互动性强，易于消化吸收且富有洞察力，是一本教你如何在组织中运用战略论证技巧的完备指南。对期望带领组织发挥更大战略优势的管理者而言，这本书将为你提供全方位的参考。

约翰·德菲格雷多

杜克大学拉塞尔·M.鲁宾逊二世法律、战略和经济学教授

库尔特·勒温提出过一个著名观点："没有什么比好理论更实用的了。"索伦森和卡罗尔让这个观点在管理实践中变成了现实，以帮助管理者应对制定有效商业战略、培养战略共识等所面临的挑战。《战略论证》提出了构建逻辑合理的战略论证、建设性地对这些论证的前提条件提出疑问、对可能产生的论证结果做出阐释等需要采取的步骤。在一片可能出现的战略荒野中，本书为实操战略家开辟了一条逻辑清晰的路径。

丹尼尔·利文索尔

宾夕法尼亚大学沃顿商学院雷金纳德·H.琼斯企业战略学教授

我创办并经营企业30余年，最深的体会就是战略决定一切，所有的业务发展都要围绕战略，所有的资源分配都要服从战略。而服从战略最重要的前提，是制定和选择正确的战略。战略对，路会越走越宽；战略错，就会满盘皆输。《战略论证》一书提供了一种系统性、有目的、有计划地制定战略的行动框架与方法论，值得在不确定性中寻找确定性的企业家和战略管理者细细品读，参考借鉴。

陈东升

泰康保险集团创始人、董事长兼首席执行官

《战略论证》为企业和组织的领导者提供了实用框架，帮助他们制定应对未来挑战的卓越战略。通过强调严谨推理和建设性论证，该书揭示了战略制定的复杂性，批判了常见的坏战略，并提供了包含视觉想象、逻辑推理和建设性论证等三项核心活动的战略制定体系，以提升团队参与度、识别关键驱动因素和监测战略表现指标。这本书不仅是一本理论指导书，更是一本实践指南，能帮助组织构建可高效执行的战略。

俞敏洪

新东方创始人

东方甄选董事长兼首席执行官

经历了26年的战略教学、研究和实践，我深刻认识到，战略从思考到实施的过程是多么困难！最大的困难就是思维落差带来的认知鸿沟，因为战略是具有显著个性、深刻洞察力的，于是，战略执行者要么理解，要么服从。如果有战略论证贯穿思考过程、制定过程，对组织战略管理是极具意义的。制定了正确的路线后，干部便是决定性因素。如果干部参与战略制定的论证过程，并收获对前瞻性洞察的理解，对决策者来说是多么幸福的事情！该书不仅建构了战略论证的框架，更提供了方法和操作案例，值得仔细品读。

魏江

教育部长江学者特聘教授、浙江大学求是特聘教授、

浙江财经大学副校长

《战略论证》把斯坦福大学商学院的全新理论成果，即战略论证体系引入中国。该书在把战略理论及基础研究的智慧传授给读者之外，更重要的是，教给企业领袖如何为组织优势而辩，如何通过陈述清晰、逻辑连贯、具有内在一致性的战略论证，自信地勾画出一条通向明天成功者的路径。现任高管和未来的高管通过阅读和使用该书，定会有所收获，在制定、评估和修正战略的过程中，做到逻辑自洽、因势而变，充分发挥高效的战略领导力。

刘俏

北京大学光华管理学院院长

从战略布局的角度来说，在战场上，当枪炮声响起时，胜负格局已经基本决定，因为事前经过反复推敲和论证的战略，在很大程度上决定了战争的结局。从这个意义上说，战略的论证环节才是整个战争中最为决定性的环节。正如该书所精炼地指出的：没有经过论证的战略可能是在拿公司的未来做赌注。当前国际经贸格局剧烈变化，企业尤其需要事前充分论证新的战略，因此，

《战略论证》值得一读，而吴卫军和郭蓉精炼而富有文采的翻译也为这本书大大增色。

巴曙松教授

北京大学汇丰金融研究院执行院长

中国宏观经济学会副会长

香港特首政策组专家

《孙子兵法》讲，上兵伐谋；《孙子兵法》又讲，上下同欲者胜。两者结合起来的意思是，用兵的最高境界在于制定和运用战略，而取得胜利的关键是从上到下，围绕战略，心往一处想，劲往一处使。《战略论证》的核心思想表明，如果公司高层不仅能够制定战略，更能有逻辑地讲明战略如此制定的理由，使全体员工理解战略，进而"上下同欲"，公司就将立于不败之地。《战略论证》虽诞生于现代西方，却与古代中国的"兵法"异曲同工，这不得不令人惊叹：古今中外，智慧相通。

陈彩虹

中南财经政法大学特聘教授

中国建设银行原董事会秘书

战略论证是一个过滤、取舍、自我否定与突破的集体拷问的痛苦过程，是基于检验实现条件可能性等要素是否合乎逻辑的验证过程。战略是目标与方向的细化，不是口号和策略的混合。战略的完善需要人与组织的不断适配和迭代，更需要企业运营与财务数据的检验，脱离了运营与财务数据的检验，再好的战略也终究是一纸空谈和对资源的浪费。

　　《战略论证》一书运用案例法循序渐进，抽丝剥茧，娓娓道来，可读性强。吴卫军和郭蓉流畅的译文，不仅再现了原著的精彩纷呈，更是在此基础上锦上添花，尤为可贵。

吕明方

上海医药集团原董事长

方源资本（亚洲）有限公司合伙人

中国医疗健康产业投资 50 人论坛创始主席

　　"授人以鱼不如授人以渔。"这是一本需要你静下心来反复阅读的书。作者为大家展现的是战略形成与实施背后的思维逻辑，而不是由成功案例堆砌的所谓最佳实践。这是个充满不确定性的时代，没有人能够完美地预测未来；这也是个开卷考试的时代，标准答案解决不了具体问题；这还是个充满复杂性的时代，单打独斗已经让位给了团队间的协同合作。因此，厘清战略的思路，高效地论证战略的逻辑，以及通过协商达成一致的意见成为战略成功的必要条件。《战略论证》这本书从这三个视角出发，为大家提出了逻辑完备、论证严谨、理据翔实的专业建议。

韦青

微软中国首席技术官

译者序

MAKING GREAT STRATEGY

　　众所周知，战略很重要，但制定好战略绝非轻而易举之事。即便是苹果、本田、迪士尼等世界知名企业的领导者，也曾在制定和执行企业的战略时遭遇"滑铁卢"。斯坦福大学商学院的两位教授杰斯珀·B.索伦森和格伦·R.卡罗尔的研究发现，每个公司的战略故事各有千秋，但任何一个成功战略的精髓都在于合乎逻辑的论证。如果不进行论证，战略通常是空洞的、令人不知所云的，或者会出现方向性错误。在最坏的情况下，没有经过论证的战略可能是在拿公司的未来做赌注。然而，商学院或者在市场上广受欢迎的战略类图书通常不会专门讲解构建和评估战略论证的技能，而且，根据作者的经验，这些技能在大多数公司中既没有得到足够的重视，也没有成体系地得到应用。因此，索伦森和卡罗尔两位教授把战略论证作为这本书的核心，其目的是帮助领导者掌握能把公司的成功和失败理解清楚的战略论证技能，带领企业找到可持续的竞争优势。

　　我们翻译本书的出发点是希望把索伦森－卡罗尔战略论证体系的理论和技术引入中国，帮助中国企业的领导者在制定、评估和沟通战略时做到逻辑自洽，提升其对自身所制定的战略的信心。本书的最大亮点在于介绍了一个由视觉想象、正式表述、建设性论证等三项核心活动组成的战略制定和管理体系。我们翻译本书的过程，也是学习索伦森－卡罗尔战略论证体系的过程，对此，我们有几点心得和体会。

第一，这个体系对"如何让战略论证保持建设性，而不是演变成争执"给出了答案。读者初看本书的书名（*Making Great Strategy: Arguing for Organizational Advantage*）时，或许会将其解读为好战略是"吵"出来的，因为"arguing"既可以翻译成"论证"，也可以翻译成"争执"。中国的企业文化强调以和为贵，在这样一种环境中，需要对重大议题进行公开辩论的战略论证是不容易开展的。两位教授在第四章提到，很多领导者都会不计一切成本地避免因战略决策而发生争论，因为战略决策的过程往往会演变成对权力的争夺、个人之间的交锋，最终要看谁能够占据上风。

但是，两位教授认为，论证不等同于争执。战略论证是指公司高管针对一个公司资源和业务活动与外部条件的特定组合是否可以让公司创造和获得价值，为说服他人而给出的一系列理由。这是一个由公司领导者讲述的关于公司为什么这么做的故事。战略论证有助于在企业内部实现战略逻辑的一致性，在公司范围内增加大家对战略决策的认同感，并通过改变大家看待组织所面临的挑战和机遇的思维方式，提高战略的执行效率。

同时，两位教授指出，开展富有成效的战略论证的前提是：每个人都具备构建和评估逻辑论证所要求的技能和思维；对战略论证的会议场合、与会人员及具体安排进行认真规划；企业自身对和而不同的想法交流予以鼓励和表扬。

第二，这个体系把三段论逻辑推理法应用于战略论证。读者对三段论逻辑推理法应该不会感到陌生，它类似于大家在学生时期学习的命题逻辑推理，其第一段是普遍成立的原则或理论，第二段是对前提的陈述，第三段是从前提推导得出的结论。这个方法看起来容易，但在实际应用中却有较大的难度，因为战略制定过程中的一个挑战是领导者都太过执着于自己的观点，渴望证明其结论的合理性，这种执着或渴望会导致他们在逻辑推理的过程中走捷径，以及在推理过程中对出现的逻辑缺陷视而不见。这就需要战略制定者学会拓展、评估和修正战略论证（请阅读本书的第三章、第六章及第八章）。

战略的核心在于其内在逻辑，如果逻辑不连贯，战略就很难成功。三段论逻辑推理法有助于战略制定者把聚焦点放在论证的逻辑结构上，发现论证在内在一致性方面可能存在的缺陷，即尽管前提成立，但结论并非从前提推导得出。当战略论证存在逻辑瑕疵时，即使所有的前提都成立，也未必能推导得出结论。逻辑学家把具有内在一致性且没有逻辑瑕疵的论证称为有效论证。当一个论证有效时，如果它所有的前提都成立，那么它的结论就不可能是假命题。换句话说，如果你接受一个有效论证的前提成立，那么你也必须接受它的结论成立。中国企业家具备深厚的辩证法知识基础，能够比较容易地捕捉到自身经验与这本书的战略逻辑内容之间的连接点，这对提升中国企业家的战略逻辑思维是有所启发的。

逻辑论证的价值还体现在它能够帮助领导者自信地画出一条通向不确定未来的路径。对大多数企业的领导者和管理者而言，战略主要关乎未来，而不是过去。为未来制定战略的最大特点是——未来还没有发生，因此，它更多的是依赖推断，而不是已知的事实。这就要求战略制定者提前对支撑战略成功的前提或条件进行清晰的陈述。这些条件通常在当前是不成立的，有些条件可能由于公司的有意为之而产生，但大多数条件是伴随外部形势的发展而产生的。形成逻辑论证的价值在于帮助领导者把成功所需要的条件清晰地呈现出来，以便明确在什么条件下，成功才会发生。

第三，这个体系为开展有效的战略沟通提供了基础。一个好的战略论证能够传达企业领导层的成功理论，即领导层关于特定投入和行动将如何带来理想结果、投入将如何带来产出、原因将如何带来结果的逻辑。领导者如果能构建一个成功的逻辑论证，就能得出一个有效的战略信息，因为逻辑论证构成了战略信息的叙事框架。如果战略的逻辑存在瑕疵且不具备一致性，那么战略信息就不可能得到有效的传达。

最好的战略信息应包含四个核心要素：对战略机会的描述；对成功道路上的主要障碍予以坦率直接的承认；对组织将如何克服这些障碍的核心逻辑进行简单陈述；在组织的选项和战略间建立清晰的联系。但是，索伦森和卡罗尔两位教授不建议将三段论逻辑推理作为战略沟通的内容，因为战略论证是一项思维活动，而战略沟通则是一项与言辞、说服力有关的活动。他们认为，有效的战略信息应能够解释组织做出战略选择背后的原因。两位教授深度认同知名战略管理思想家理查德·鲁梅尔特的观点："如果战略是成功的同义词，那么它就不可能是一个有用的概念。如果战略与雄心、决心、领导感召力以及创新能力被混为一谈，那么它也不可能是一个有用的工具……战略关乎一个组织将如何往前走。"中国的企业家在向市场或企业内部传达战略信息时，难免也会出现流于形式的问题，本书能帮助企业家把空洞的口号转化为行动的内在逻辑，令接收到战略信息的执行者们心悦诚服。

　　本书没有晦涩难懂的学术语言，作者采用了非技术性的散文式写作风格，并在书中融入了苹果、亚马逊、本田、迪士尼、沃尔玛、经济学人等知名企业的战略故事。这本书介绍了战略制定和管理领域的创新理论，我们把它推荐给各类企业的董事会成员、高管（包括董事会秘书及各业务部门的总经理），正在攻读 MBA、EMBA 和 DBA 的学员，以及帮助客户取得成功的专业服务公司的合伙人和各个级别的专业人士。

　　本书大篇幅地应用了逻辑学的相关知识，语言的精准度高，翻译有一定的难度，加之译者水平有限，译文中难免存在差错，敬请读者谅解。同时，我们没有应用翻译软件或其他人工智能工具来支持本书的翻译工作。翻译本书的过程令我们感到满足和愉悦，因为我们的角色从知识消费者转变为知识生产者和传播者。我们希望读者通过阅读这本译作，可以读出原书的精彩，亦希望本书能帮助中国企业的现任领导者和未来领导者运用强大、严谨的逻辑推理能力来制定战略，并为他们能够自信地面对不确定性提供参考和借鉴。

吴卫军、郭蓉

2024 年 1 月 14 日，北京

　　把战略做好很难，真的很难。组织的领导者们一般在公开场合都宣称他们制定了正确的战略，但是，他们的努力往往不能在艰难时刻为组织提供有效的指引。企业高管会在填写匿名调查问卷时承认这个令人尴尬的事实，但他们绝对不会公开质疑企业是否拥有卓越的战略。更为糟糕的是，他们通常不知道如何摆脱这种进退两难的处境。

　　制定卓越的战略为何如此艰难？首要的原因是，战略决策的制定在本质上就极其有难度。战略包含为了确保在不确定的未来获得长期成功而做出的重大的、互相关联的且通常不可逆转的决策。战略通常涉及对别人认为的愚蠢可笑之物"下赌注"，并证明赌注的合理性。从更为基本的层面来看，战略涉及权衡和取舍，即为获得更大的发展机遇而不得不放弃其他一些机会。

　　然而，当需要直面挑战，并通过设计战略规划来分配资源，解决"门外有狼"的棘手问题时，很多企业高管交付的成果却达不到要求。他们制定的不是好战略，而是理查德·鲁梅尔特所说的坏战略：他们描述趋势，阐述宏大的目标，制作漂亮的图表（其中的用语非常简练），而且经常借助外部专家的力量。[1]在我们看来，这是他们骗人的伎俩。

　　如何实现战略制胜？领导者需要的是关于如何实现所定目标

的论证，包括如何构建这套论证，以及如何清晰地表达出来。论证可能会以各种资源为参考，包括人力、技术、财务，甚至是监管机构。最重要的是，论证必须让每个人都觉得言之有理。它的逻辑必须有效，而且能够被组织中的所有成员理解。尤其是，如果你希望组织在竞争中获胜，论证就必须从实际出发，识别出支撑论证成立的各种假设、条件或者前提。这样的论证是卓越战略的精髓，也是成功的战略过程的核心。战略决策的最大挑战在于以这些假设及其支撑的论证为基础，选择一个方向并对资源进行分配。做出这样的决策可能令人感到恐惧，因为风险通常很高，而且没有百分之百的保证。清晰、有逻辑的战略论证没有消除做出选择或者高风险决策的必要性，但是它有助于领导者自信地应对这两个问题。

我们写作本书的目的，是帮助现任高管和未来的高管（MBA学生、年轻的管理者、企业家）以及他们的团队构建能够让他们所在的组织自信地做出艰难战略决策的战略论证。我们提倡用一种不一样的思维方式来思考战略，这种思维方式强调严谨推理的价值，并把建设性论证置于战略过程的核心。

为帮助大家把这种思维方式付诸实践，我们提供了一个灵活的体系，它包含三项核心活动：①迭代式的视觉想象；②逻辑正式化；③与其他人进行建设性互动和争辩。我们的目标是让负责具体工作的高管实际开展这些活动，并将其作为培养战略制定的技能和思维习惯的一种方式。换句话说，我们对这样一个体系进行了解释说明，通过这个体系，卓越的战略及与其相关的决策能够真正地得以形成，并实现常态化的管理。我们相信，这个体系揭开了战略的神秘面纱，降低了高管团队制定出卓越战略的难度。

尽管这个体系不一定会让做出高风险的战略性决策变得容易，但它确实让管理者把更多的注意力放到了重要问题上。

我们写作本书的部分原因是想对传统的战略和战略管理的教学方式提出不同见解。本书尝试从不同的角度，并以更好的方式来做这件事。具体来说，我们的目标是为制定出更加契合当代企业高管需求的战略（及一系列相关联的管理活动计划），特别是为评估和制定关乎不确定未来的组织战略，提供一种方式。

在教授战略及组织设计的课程时，我们发现很多企业高管在认识、分析公司或组织的战略行动和定位时都头头是道，甚至达到了专家级水平。实际上，一堂战略课的核心教学材料通常包括一个商业案例，它描述了一家公司及其竞争对手在产品市场或者更大环境中的定位。和大多数战略学教授一样，我们引导学员围绕商业案例展开讨论，并运用基本的经济学和组织理论来了解公司在产品市场中的定位。我们鼓励学员以富有趣味且互动性强的形式展开讨论，并在班级中选出优胜者和失败者。我们对自己的角色定位通常是引导员，在班级学员应用理论来支撑他们的观点并对其他人的观点进行辩驳时为他们提供指引。

在典型的案例讨论中，课堂教学从对案例中的公司最有利的角度出发，即对它所处的位置进行深入分析，并对它如何在未来提高成功概率提供若干建议。在效果良好的课堂讨论中，学员会识别出公司面临的各类风险，并对决策过程中必然会涉及的权衡和取舍进行具体说明。此外，在进行细致入微的观察和分析后，学员才陈述如果由他们来经营这家公司，他们将会怎么做。一门好的战略课程会引导企业高管讨论一系列这样的案例，每个案例都会重点强调一个具体的常见战略困境以及与之相关联的一两个理论原则。

　　这一切都很好——这是一个效果非常好且经过时间检验的教授战略学原则的方法。但是，在运用这个方法时，我们经常会觉察到企业高管及学员们流露出的巨大挫折感，而对我们自己而言，这种挫折感有过之而无不及。原因在哪里？其中究竟缺了什么？

　　问题就在于，尽管这种传统的教学方式非常出色地把战略理论及基础研究的智慧传授给了学员，但它几乎没有教给大家，一家业绩表现良好的组织是如何制定卓越战略的，以及是如何根据战略进行常态化管理的。另外，这种教学方式在使战略理论更加具体化的同时，也为战略理论的构建过程蒙上了一层神秘的面纱。它类似于传统的教授高中数学的方式。例如，数学老师把勾股定理教给学生的方式可能是对定理背后的一系列具体假设一一进行说明，然后，结论自然而然就得出了。当然，即便其证明过程非常难理解，这个定理也包含了有用的知识，因为它能解开很多难题。但是，这种教学方式几乎不会告诉你毕达哥拉斯起初是如何思考这个问题的，他在尝试制订解决方案时采取了哪些步骤，哪些标准和流程对他的工作有指引作用，在最终找到正确的解决方案之前，他可能犯了多少次错。[2]它没有教给你如何像毕达哥拉斯一样思考。同样的道理，传统的战略学教材不会教你如何像山姆·沃尔顿（Sam Walton）一样思考，而是会告诉你沃尔玛成功背后的原因有哪些。类似地，尽管我们看到市面上有很多关于战略制定和战略决策过程的书籍，但出于各种原因，它们严重缺乏这方面的内容。一个主要的常见原因是它们没有切合实际地描述有效战略是如何形成的，同时也没有提供制定有效战略的实用工具。

简而言之，这个发现知识和创造知识的过程通常看起来与把发现的知识传递给其他人的过程有很大的不同。同样的道理也适用于战略学知识。正如一句古语所言，成功战略背后的制定过程通常就像是制作香肠，即最终产品非常美味，而参与制作的人却认为制作过程无序、杂乱。但是，这是否意味着制定战略就这样毫无希望呢？

作为老师和研究人士，我们强烈地意识到制定和改变战略所面临的挑战几乎总是超出课堂讨论的范围。我们一直对"现有教学方式反映了我们的最佳做法"这个观念持保留意见。毕竟，对企业高管和其他领导者而言，制定战略和明确战略制定的方向是他们工作的重中之重。

企业高管在离开传统战略教学的课堂时，已经知道在特定行业或市场中发生了什么，以及它们为什么会发生。在经过这样的教导之后，这些高管能够轻而易举地避开案例中主角所犯的错误。但是，战略困境绝对不会一模一样。因此，当用传统的方式向企业高管教授战略时，他们不能为迎接未来做好充分的准备，因为未来对他们提出的要求是，根据新出现的未知情况来精心构思战略并引领战略制定过程。这种新出现的未知情况可能发生在以不同方式运作且往往使用了未经检验的新兴科技的市场中。相比之下，教授一个积极的、有建设性的活动体系，以制定、评估和修正战略，填补了战略学缺失的关键组成部分，这种自成一体的教学方式或许效果更好。"授人以鱼不如授人以渔"说的就是这个道理。

我们介绍的战略制定方法虽然有新颖独到之处，但它与很多得到广泛应用的关于可持续竞争优势的战略学理论仍然是一致的。也就是说，本书采用了常见的思考问题、解决问题的方式，大多数管理者虽然也能熟练地运用这些方式，但在解决战略问题时，他们常常不能自觉、有纪律地采用这些方式。这个差异凸显了我们的聚焦点是制定卓越战略的活动，而不是实际的战略内容。我们的观点是，对组织的领导者而言，如果没有一个有效且经过打磨的活动体系来制定和评估战略，他们就很难（甚至几乎不可能）确定和执行一个高质量的战略。

本书的读者群体是哪些人呢？我们设想的主要受众是企业及其他组织（如初创企业和非营利机构）的现任及未来高管。我们认为，这些战略制定团队通过阅读和使用本书，同样可以有所收获。在职业发展的某个节点，企业家和高管必须有能力领导和引领战略制定过程。我们希望本书介绍的活动体系能够帮助他们及其团队以一种规范有序且卓有成效的方式来制定战略。战略的重要性不言而喻，我们在制定战略时绝不能掉以轻心。

通过这种方式来制定战略，有时也是颇具挑战性的。如果不提及本书的技术层面，那就是我们失职了。本书运用三段论逻辑推理法来清晰地陈述论据，因此，它的部分章节与通常供企业高管和管理者阅读的内容是不一样的。有太多的商科类书籍会极力避开哪怕是有一点儿技术性或者复杂度的内容。坦白地说，我们发现这些供高管阅读的简化类书籍既让人有点摸不着头脑，又让人感觉是对他们智力资源的浪费。之所以说它们让人有点摸不着头脑，是因为我们曾经接触过的高管都是在专业技术领域极为精通且智力超群的专业人士，他们通常在工程、金融、会计等技术性很强的领域接受过培训。而称这些书籍让人感觉是浪费智力资源，是因为它们假设高管没有能力或者不愿意下功夫去理解一系列复杂难懂的思想。我们的经验截然相反——只要高管认为付出最终会得到回报，而且最终的结果值得他们付出，他们就有足够的能力而且非常乐意接受技术性较强的方法。然而，我们还是努力把技术性内容的篇幅压缩到最小。我们本身不是逻辑学家，而且也意识到，这种做法可能会招来大家认为我们把事情过度简化的批评声。我们对此是有心理准备的。

那么，学习这个体系能带来什么回报？当然是一个卓越的战略。如果再深究下去，我们认为具体的回报包括：

1）把战略的关键驱动因素分离出来的能力，以及如何聚焦于战略背后关键决策的方法。

2）用来找出战略成功背后的隐性假设的工具，以及阐明这些假设以供检验和争辩的方式。

3）战略制定团队成员的参与度和贡献值得到提升。

4）识别具体的、可观察的指标，并对其进行监测，进而理解战略的持续表现。

5）一个具备高效战略执行力的组织。

多年来，在使用本书内容对几百位高管和管理者进行教学的过程中，我们发现，他们中的大多数人很快就明白了两件事。第一，尽管本书内容（特别是逻辑表述）看起来可能与他们过往熟悉的内容有所不同，但是在对表述的流畅性略微进行斟酌、研究后，本书介绍的这些活动在技术层面并没有太大难度。第二，学习这个体系所得到的回报是真真切切的，一旦这个体系在战略制定团队或者组织中得以执行，好处很快就能显现出来。当课程结束时，很多高管认为这些活动有助于他们看清和简化问题，而不是把问题复杂化。

本书内容是我们多年来在为高管、企业家和 MBA 学生教授战略学和组织设计课程的过程中形成的。在写作本书时，对我们的思考方式尤其重要的是我们在斯坦福大学参与设计和教授的另一门课程，它本身不是战略学课程，而是"批判性分析思维"（Critical Analytical Thinking，CAT）课程。这门课程旨在把规范有序推理（包括逻辑、论证和开放式争辩）的基本原则教给学生。我们起初想探究的是，如果把 CAT 工具应用于战略和战略管理会怎么样？它有助于构建对战略的思考方式吗？商业领袖可以通过有效学习和应用 CAT 工具来制定卓越战略吗？

显然，我们最终对这些问题给出了非常肯定的答案，但为了得出这个答案，我们花费了数年的时间来试验、学习和收集高管与学员的反馈。在这一点上，我们特别感恩有机会在课堂上，尤其是在我们为阿尔法（Alfa）、卡特彼勒（Caterpillar）、英特尔、通用汽车等公司设计、主导和讲授的高管拓展培训项目中，应用和开发这个活动体系。

如果没有朋友和同事的鼓励，本书就不可能呈现给读者。我们特别感谢迈克·埃布尔森（Mike Ableson）、迈克尔·阿里纳（Michael Arena）、内德·巴恩霍特（Ned Barnholt）、保罗·布兰斯塔德（Paul Branstad）、比尔·米汉 (Bill Meehan)、埃德·拉普（Ed Rapp）、戴维·罗吉尔（David Rogier）和汤姆·沃斯特（Tom Wurster）等高管投入大量时间，和我们深入地探讨战略。我们感谢迈克尔·阿里纳、比尔·巴尼特（Bill Barnett）、约翰·本道尔（John Bendor）、保罗·布兰斯塔德、帕特里夏·张（Patricia Chang）、约翰 - 保罗·弗格森（John-Paul Ferguson）、约翰·德菲格雷多（John de Figueiredo）、弗兰克·弗林（Frank Flynn）、迈克尔·汉南（Michael Hannan）、厄兹盖肯·科查克（Özgecan Koçak）、比尔·米汉、梅琳达·梅里诺（Melinda Merino）、贾科莫·内格罗（Giacomo Negro）、查尔斯·奥赖利（Charles O'Reilly）、戴维·珀文（David Pervin）、保罗·普夫莱德雷尔（Paul Pfleiderer）、拉齐·波洛斯（Laci Pólos）、加斯·萨洛纳（Gath Saloner）、蒂姆·沙利文（Tim Sullivan）、罗伯特·厄斯坦（Robert Urstein）、王丽华和汤姆·沃斯特对本书初稿提出的有益建议及对我们的鼓励，若本书中存在任何错误或不当表述，与上述人员无关。我们对加斯·萨洛纳表示特别感谢，他塑造了我们对战略的思考方式，并对帮助我们形成写作思路的斯坦福大学 CAT 课程提供了鼎力支持。亚伦·卡什（Aaron Cash）通读了接近最终版本的手稿，并帮助我们找出了一些问题。我们也感谢马库斯·巴伦杰（Marcus Ballenger）、詹姆斯·库克（James Cook）、梅琳达·梅里诺、戴维·珀文和蒂姆·沙利文提出专业的编辑建议。最后，我们向斯坦福大学商学院表示感谢，它为我们探索这些问题提供了高效的创作环境和慷慨支持，包括授予杰斯珀·B.索伦森组织行为学罗伯特和伊丽莎白·杰夫讲席教授、凯瑟琳＆戴维·德维尔德教员学术研究奖金，以及授予格伦·R.卡罗尔管理学亚当斯杰出讲席教授、组织学劳伦斯·莱恩讲席教授和斯彭斯教员学术研究奖金。

　　最重要的是，感谢我们的妻子和孩子们的支持和耐心。在过往几年中，我们对他们提出的问题及要求，要么以一副空洞无神的表情作为答复，要么用更糟糕的语气反问："你的论证究竟是什么？"我们毫不掩饰地认为，本书的出版会让他们认为一切付出都是值得的——这本书总算出版了。感谢他们！如果没有他们的付出，我们就不可能完成这部作品。谨以此书献给他们。

目录

MAKING GREAT
STRATEGY

| 第四部分 | **更深入的论证**

| 第五部分 | **结论**

| 第六部分 | **附录**

第一部分

引 言

MAKING GREAT
STRATEGY

第一章

为组织优势而辩

企业高管面临的战略挑战：3 个案例

2016 年 7 月，在一次与华尔街分析师讨论财务业绩的电话会议上，一位摩根大通的代表质问西南航空的首席执行官加里·凯利（Gary Kelly）：“投资者对西南航空的印象就是公司当前的战略优先项的排序可能出错了。在投资者的印象中，西南航空的战略是把乘客排在首位，其次是工会，最后是股东。当天下太平的时候，这样的排序当然没有问题，但是，当行业处于危机中时，大多数公司会重新考虑战略优先项的排序，至少在短期内，它们会做出调整。”[1]

其他分析师也扎堆质疑为什么竞争对手能成功实施各种创造收益、节约成本的方案，而西南航空却以失败告终。美国航空、达美航空、美国联合航空等具备全程服务能力的航空公司，最近通过对航班改签、提前选座等服务项目实行收费政策，并提高托运行李的价格，增加了收入并提高了盈利水平。同样地，西捷航空、捷蓝航空等廉价航空公司也采取了类似的举措。另一组分析师还曾提出，西南航空可以效仿其他大型美国航空公司的做法，取消定期航班以更好地实现运力和市场需求之间的匹配。但是，时至今日，凯利仍然对此持拒绝态度。

分析师们怨言满腹，尽管他们都很了解西南航空过去持续获得成功的光辉历史。航空业的竞争非常残酷，行业发展可谓跌宕起伏，同业并购、新的竞争者进入市场、落后企业被淘汰等不断发生。但在当时讨论财务业绩的电话会议上，西南航空报告了它连续赢利43年，它也是美国航空业中唯一保持这个盈利纪录的公司。20世纪70年代初成立的西南航空，已经从一家以得克萨斯州为主要基地的小型区域航空公司稳步发展为美国最大的国内航空公司。西南航空首创了一种独一无二的廉价商业模式，被全球范围内的其他廉价航空公司纷纷效仿。正因为如此，在全球顶尖商学院的案例教学中，西南航空已经成为卓越战略和组织的典型代表。

事实上，所有企业的高管都明白这样一个道理：过去的业绩并不能为未来的成功提供保障。在2016年那次讨论财务业绩的电话会议上，分析师们还指出西南航空的近期收入和盈利水平呈下降趋势。分析师们认为，西南航空之所以没有尝试新的行业实践，是因为公司领导层成员沉浸在过去的成功之中，没有直面市场中出现的新挑战。

凯利面临的正是战略领导者会面临的典型问题。在企业收入和利润空间双双承压的情况下，应该采取什么举措？确实正如分析师们所言，业绩下滑反映了西南航空在基本的业务战略层面存在问题吗？或者，西南航空的战略在根本上是没有问题的，业绩下滑只是源于西南航空不可控的一些因素？如果是后者，那么在战略并未出现实质性问题的情况下进行变革可能会造成极大的破坏。例如，西南航空的忠实客户们习惯于提早在登机口排队，按照"先到先得"的原则选择自己喜欢的座位。如果发现最佳座位已被提前出售，这些客户可能会心生愤怒。

* * *

2014年年底的一天，一位在百威英博工作了18年的"老兵"佩德罗·厄普（Pedro Earp）意外地接到了首席执行官卡洛斯·布里托（Carlos Brito）的电话。更令他吃惊的是，布里托要求他从巴西搬至纽约，负责管理一个新成立的独立运营的业务部门——颠覆性增长部。[2] 布里托在遭到百威英博董事会的批评之后创建了这个部门，他遭到批评的原因是董事会认为公司在适应新兴消费趋势方面的速度太慢了。

董事会特别关注的是，在百威英博的核心业务市场中，精酿啤酒呈现出显著且持续的上涨势头。酿酒商协会的首席经济学家巴特·沃森（Bart Watson）注意到，"2014年啤酒市场整体销售收入仅上涨了0.5%，精酿啤酒制造商对行业整体保持创新力和增长势头发挥了关键作用。这一平稳增长趋势表明，精酿啤酒是美国啤酒文化深刻变革的一个组成部分"。他还指出，"独立运营的小型啤酒制造商在持续激发消费者热情、吸引更多品鉴者的同时，也在加强它们与当地啤酒爱好者之间的联系"。[3] 2014年，精酿啤酒在行业整体收入中占比近20%。百威英博在精酿啤酒领域基本没有什么业务，历史上它一直聚焦于整合和提升其作为批量啤酒制造商在全球范围内的市场拓展和运营能力。

厄普被委以设计出一项应对战略的重任，他和同事们对精酿啤酒业务采取了收购的举措，这与百威英博收购百威（Budweiser）、时代（Stella Artois）、科罗娜（Corona）、贝克（Beck's）等著名啤酒品牌如出一辙。在厄普的领导下，截至2017年年中，百威英博购买了美国精酿啤酒市场中一些最受消费者青睐且增长速度最快的啤酒公司的全部股权，或者实现了对它们的控股，而且百威英博保持了这些公司的正常运营。这些啤酒公司包括：鹅岛（Goose Island）、伊利希安（Elysian）、巴乐丝平（Ballast Point）、恶魔支柱（Devils Backbone）、蓝点（Blue Point）、十桶（10 Barrel）、明太（Meantime）、四松（4 Pines）、海盗生活（Pirate Life）、拳击猫（Boxing Cat）、邪草（Wicked Weed）等。厄普解释说："我们使百威英博转型为一个可以与精酿啤酒制造商建立合作伙伴关系的平台。我们完成了交易，但实际上，原有的团队会继续在业务运营、创新等各项工作中发挥主导作用。也就是说，我们通过建立精酿啤酒领域的创新生态圈，取代了从公司内部进行创新的尝试。"[4]

问题是，百威英博以平台为基础的精酿啤酒业务发展战略能取得长期成功吗？这是卓越的战略吗？这样的战略会让百威英博在高品位、高利润的精酿啤酒行业树立起口碑并占有一席之地吗？百威英博的企业形象对其在精酿啤酒领域获得早期成功造成了阻碍，那么平台模式是否足以突破这一阻碍呢？除此之外，他们还面临着更为紧迫的运营问题，包括厄普应该如何确定和选择未来的收购目标等。厄普还要具备对其所制定战略的"健康状况"持续进行评估的能力。相关的关键绩效指标是什么？哪些数据可以说明，战略正在正确的轨道上运行？如果核心高管有意干预，厄普可以采取哪些应对策略？

***

2009 年，Tableau 公司的埃莉·菲尔茨（Ellie Fields）和市场营销团队面临着一项不同寻常的挑战。当时，公司管理层宣布即将推出一款基础软件产品的免费版。[5] 身为一名在莱斯大学接受过专门培训的工程师，菲尔茨在 Tableau 市场营销部的职业发展很成功，她主要负责该款产品付费版的市场营销。现在，公司委派她设计和运行免费的"Tableau 公众版"。菲尔茨和她的团队面临着产品经理会遇到的典型问题：如何才能设计和推出一款与公司的总体战略完美契合的产品？

Tableau 是一家位于西雅图的数据可视化分析软件公司，由斯坦福大学的校友于 2003 年组建。它的成立基于其创始人克里斯·斯托尔特（Chris Stolte）在博士论文中对关系数据库和多维数据集的可视化技术的研究。这家公司使用的软件技术通称为"VizQL"，通过图片拖放功能，为用户挖掘并分析数据提供便利条件。这家公司的产品设计具有人性化的特点，即使是没有技术知识背景的用户也可以基于自身的直觉和理解来开发和分析数据模式。拥有技术知识背景的用户则可以更为深入地使用这款产品的功能，比如自己编写代码进行计算、管理元数据、创建数据仪表盘等。正如这家公司的介绍所说："Tableau 利用人们天生具备的快速识别视觉图形的能力，既能帮助人们在日常生活中发掘良机，也能帮助人们寻找到更多的灵光乍现的时刻。"行业分析师认为，Tableau 开发的软件已经成功破解了让可视化技术同时具备全面性和互动性的密码。

　　Tableau 创建了自助式商业智能软件部门。在该部门创建后的头 5 年中，公司提供了两款基础的软件产品安装包，即 Tableau Desktop 和 Tableau Server。Tableau Desktop 个人版的售价为 999 美元起，单一用户可以获得永久性的许可证，另加每年支付一定金额的维护费。这家公司发展迅猛，早些年的销售额以每年翻一倍的速度增长。外部评论员对 Tableau 给予了高度褒奖：在 2008 年，Tableau 获得了由美国软件与信息产业协会颁发的科迪奖项——"最佳商业智能解决方案"奖。

　　2008 年金融危机之后，Tableau 在 2009 年经历了发展减速的困境，销售量的增速下降至 37%。Tableau 的大部分现有客户仍然忠诚，但是公司管理层和员工开始在市场中寻找新的潜在用户，以帮助他们开发具有创意的新型数据解决方案。这确实是一项挑战，正如菲尔茨所说："我们对市场有一定的牵引力，但我们毕竟不是那些'网红'初创企业，它们天天能登上 TechCrunch 头版头条，我们完全就是'无名之辈'。"[6]

　　经历探索期后，Tableau 得出的结论是需要设计和推出免费的"Tableau 公众版"。联合创始人克里斯蒂安·沙博（Christian Chabot）是此结论的主要倡导者。在他看来，Tableau 公众版的推出将提升公司在企业产品领域的知名度。同 Tableau Desktop 一样，Tableau 公众版允许用户开设数据集，使用 Tableau 的图片拖放功能创建可视化场景，但数据集的体量会比较受限。Tableau 公众版的缺点是，在这款产品上面创建的可视化场景只能以在互联网上进行公开分享的方式来保存（基于 Tableau 的公共云服务），因此其他用户也可以公开访问。如果用户有意，他们也可以通过社交媒体或者嵌入网页的方式，在更广泛的范围内分享这些可视化场景。在设计 Tableau 公众版时，团队对该产品的功能进行了慎重考虑，嵌入上述产品特性的目的是保证在销售过程中不至于产生自家产品相互抢夺市场份额的问题，因为企业用户几乎不会希望基于它们内部数据创建的可视化场景成为公开资源。

菲尔茨和她的团队担负着把理念转变为现实的重任，他们必须设计出 Tableau 公众版的用户交互界面和功能，并确定目标用户群体。他们清楚地知道，推出 Tableau 公众版的目标是提升 Tableau 产品的知名度，但是对于具体的实施战略，他们并不是很清楚。它应该是一个独立的应用程序，用户可以下载并使用它来设计可视化场景，并在互联网上进行公开分享吗？许多软件公司采用类似的推出"免费试用版"的方式，允许潜在用户在部分功能受限的条件下试用产品，寄希望于他们购买拥有全部功能的正式版。或者，Tableau 应该建立用于分享通过 Tableau 公众版创建的可视化场景的网站吗？建设和维护一个可靠且有活力的网站需要公司投入更为充足的资源。由于这样的网站对企业客户缺乏吸引力，选择这种方案意味着 Tableau 要与博主、数据新闻记者、知识工作者等新的受众群体加强互动。考虑到 Tableau 的主要收入来源是企业客户，博主不可能成为 Tableau Desktop 的潜在购买者，这样的投入真的值得吗？

合乎逻辑的论证是战略成功的基础

显然，加里·凯利、佩德罗·厄普和埃莉·菲尔茨面临的挑战在很多方面并不相同。这三位领导者身处不同的行业，需要满足公司提出的不同要求，承担着不同层级的责任。就像是一位率领部队的将军，凯利在西南航空面临的处境是人们对战略领导力进行思考时所能想象到的典型场景：在公司经历了业绩表现不佳的一段时期后，首席执行官承受着压力，被要求改变公司的前进航向，并效仿使其竞争对手已经取得一些成果的举措。凯利必须在对分析师的意见不能完全不顾不问的情况下，做出一个能证明其合理性的决策。相反，百威英博的厄普收到的要求则是构想出一个进军精酿啤酒领域的新方案。他面临的关键难点是，过往公司为打入该领域，做出了一些不尽如人意的错误举动，他必须确保平台战略能够避免重蹈覆辙。厄普需要找到一个方法来评估他的新战略是否具有可行性，哪些内容需要做出调整，以及此战略是否符合百威英博的整体战略框架要求。Tableau 的菲尔茨则需要让某个不太清晰的指令从"高处"落地，转化为一款新产品，让 Tableau 的创收产品如虎添翼。为了增加 Tableau 企业版的销售量，她需要弄明白自己收到的指令，并思考清楚应该以哪个消费群体为目标，理由是什么。

尽管凯利、厄普和菲尔茨面临的挑战各有不同，但他们成功应对挑战的核心要素是一样的，即获取战略成功有赖于合乎逻辑的论证，除非他们只想靠运气。论证，是指通过一个逻辑推理链条，从一组假设或前提中得出结论。合乎逻辑的论证，是指能通过逻辑验证的论证。我们把合乎逻辑定义为根据严格的有效性验证原则来构建或者评估推理链条。[7]我们在后面章节中会详细论述，有效性是指前提自然而然地就指向结论，即推理链条是讲得通的，而且是合乎逻辑的。因此，从这个定义来看，合乎逻辑的论证是有效论证（但它未必是可靠论证，我们将在后面的章节中讨论其他的逻辑概念）。可以肯定的一点是，组织在对战略进行讨论时，并非所有的论证都合乎逻辑。这是组织下大力气进行合乎逻辑的论证的重要原因。持续的成功本身就有其内在逻辑，因此，合乎逻辑的论证过程有助于保障战略的成功实施。

要获得战略上的成功，组织的高管必须具备退一步考虑问题的能力、辩证的思维方式以及放眼全局的大局观。人们只根据实施别人所制定的固定战略的能力来评判一位高管的时代早已一去不复返了。鉴于当今市场和技术变革的发展速度，在战略和执行之间不再存在一条清晰的分界线（如果过去存在过的话）。有效的战略不是在每年的董事会会议上计划出来的，而是在日常工作中逐渐形成的，因为众多的管理者和领导者时常需要就资源分配做出决策来应对一些无法预知的变化。当管理者展开行动，将深思熟虑的计划完美地付诸实践时，战略就实现了。

这个现实给不同层级的管理者都带来了压力。他们必须理解他们所在组织预期的成功逻辑，然后依据所获得的清晰信息做出决策。当先前的假设被证明有误时，他们要有能力对战略进行调整；当战略的基本面未变时，他们还要能够在艰难时期坚持他们的战略。同时，他们还必须有能力把上述两种情形区分开。

当压力开始累积时（正如凯利、厄普和菲尔茨面临的情况），领导者们很容易一时冲动，忍不住根据自己的直觉或者之前的经验来对挑战做出应对。这样做可能会导致临时做出一些随机决定，偏离（甚至可能破坏）公司原本成功的运营轨道。为在不确定条件下做出有效应对，高管需要根据战略方向及指示标志来做出艰难的决定，同时也要确保公司不会在通向成功的高速路上翻车。他们必须既能向外部听众也能向内部利益相关方清晰地传达他们的战略。他们要用辩证思维来思考如何评估公司的战略形势，确定当前战略是否仍然在正确的轨道上，并明确可能使战略有所改善的举措。

面对这些战略挑战，领导者们也会寻求帮助。他们可能会回顾一下商学院的培训内容，并试着把学到的知识和技能套用到当前的情境中。领导者们通常的做法是购买商业类畅销书，寄希望于在日益纷繁的战略框架中，总有一个能帮助他们清晰地制订行动方案。或者，他们还会聘请专业能力强的战略顾问和战略管理协调专家来帮助他们制订方案或者证明其方案的合理性。以上每一个获取建议的渠道都是容易找到的，而且选择非常多，但没有一个是能百分之百保障成功的。

当代的企业高管不仅拥有自身累积的战略智慧，还可以获取大量的咨询建议，你会认为他们对做出战略决定充满信心。然而，事实并非如此。普华永道旗下的思略特（Strategy&）战略咨询公司对6000多名企业高管进行了一次问卷调查，并在2019年发布了调查报告。[8] 仅有37%的参与者认为他们的公司制定了清晰明确的战略，而仅有35%的高管认为这些战略会引领他们的公司走向成功。在参与问卷调查的对象中，仅有20%的高管认为，在他们的公司中，关于哪些能力会对公司的成功起到关键作用，大家是有共识的。

缺乏信心并不是什么新鲜事。《麦肯锡季刊》在10年前（2010年）对2000多名高管进行了一次问卷调查，仅有28%的高管认为他们公司的战略决策质量良好。60%的高管认为从本质上来看，战略决策的质量就如同抛硬币，好决策和坏决策出现的概率是一样的，而12%的高管则认为良好的决策是极其少见的。[9]

这些数据令人感到震惊，以至于你在第一次看到时会难以置信。遗憾的是，这些数据是真实的。我们亲眼看见资深领导者们纷纷表示（或者说透露）他们甚至对公司战略的基本面都缺乏共识。是的，他们知道公司在做什么，但是他们通常不能透彻地搞明白为什么（或者是否）这些行动计划是有意义的。即使是在拥有坚实的基本战略的公司，核心高管缺乏自信的现象也是真实存在且令人感到惶惶不安的。这种现象通常也会引发一些后果，对公司战略没有表现出信心的高管对员工的承诺水平较低，对关键战略任务的落实不到位，也会错失战略调整的机会。

即使有各种各样的战略框架、案例研究和咨询顾问的意见，许多高管和企业家也很难从中看出能组成一个成功战略的系统性要素。这一点可能令人大伤脑筋，但也是可以理解的。现代高管极少有后退一步进行深度思考的时间。而且，把战略教给他们的方式，以及在会议中对战略进行讨论的方式，都会让他们只见树木不见森林。

作为商学院的教授，我们不仅亲身经历过这种现象，而且也出于无心地助长了这种现象。我们已经花费了数年的时间进行案例教学，分析西南航空、沃尔玛、苹果、经济学人、脸书（Facebook）、淘宝、爱彼迎和迪士尼等各类取得巨大成功的企业。这些企业的战略故事，当然，还有许多其他企业的战略故事，都是值得讲述的，这不仅因为它们本身的故事具有说服力，而且因为它们传递了关于市场和组织如何运作的重要学习点。

然而，每个战略故事都不同。如果套用沃尔玛的经验，苹果是不会成功的。就像公司数量众多且各有千秋一样，成功的理由也是多种多样的，与公司环境的具体细节相关联，反映了不同的经济学和社会学原则。鉴于这样的分散性特点，出现只见树木不见森林的现象也就不足为怪了。我们很容易得出一个结论：没有可以把所有故事联结起来的单一途径，每个故事都具有独特性。

但是，一个潜在主题确实能够把所有具有可持续性的成功战略联结在一起，这是一个普遍真理，正是因为简单，所以它没有得到充分的认同。任何一家能持续地获得成功的组织的战略都拥有一个合乎逻辑的推理过程，这个推理过程可以通过论证的方式来表达，或者我们可以称之为"战略论证"。战略成功的具体原因对不同的公司而言虽然各有所异，但每家公司所取得的成绩都可以通过合乎逻辑的战略论证来理解。然而，战略论证是一个比较笼统的维度，在对具体成功路径不同的案例进行分析时，这个维度通常会被忽略。当这个维度被忽略时，我们就难以理解如何在新形势下形成和制定卓越战略，因为这项任务有赖于使用战略论证的常用技能。因此，我们把战略论证作为本书的核心。

在我们的描述中，战略论证是指对如何把公司的资源和业务活动与外部条件结合起来，进而创造和获得价值进行清晰的诠释。总体而言，论证是以说服他人相信一项行动或者一个想法正确与否为目的而给出一系列理由。相似地，战略论证是指某个人，通常是公司高管，针对一个公司资源和业务活动与外部条件的特定组合是否可以让公司创造和获得价值，为说服他人而给出一系列理由。这是一个由公司领导者（或者其他人）所讲述的关于公司为什么这么做的故事。

战略论证有优有劣，因为这是一个关于实证准确性的问题，即论证是否准确反映了事实。但是，战略论证的质量最终取决于它的逻辑有效性。

遗憾的是，商学院或者广受市场欢迎的战略书籍通常不会开门见山地讲授形成和评估战略论证所需要的常用技能，尤其是涉及战略领域时。根据我们的经验，在大多数公司，这些技能既没有特别受重视，也没有成体系地得到运用。这一点不足为奇，许多领导者发现对公司战略进行系统思考是有难度的。它要求领导者从决策的具体细节（比如生产设备未来安置在哪里，市场宣传活动的讲演人应该由谁担任等）中抽离出来，检查推理的架构和质量。如果不能用论证的方式对战略进行评估，他们就会跟着直觉来采取行动。正如辛西娅·蒙哥马利在《超级战略家》[○]中所说，许多领导者对他们所选择的行动方案的理解是浅显的。

> 许多领导者从来没有对公司的战略进行过深度思考，他们不能明确公司发展要满足的具体需求，抑或是除了在一个浅显的层面，他们也不能找到那些能将公司与竞争对手区分开的独特之处。如果连领导者都对此糊里糊涂的，试想一下比领导层低三个或者四个层级的业务部门，又会是多么困惑呢。[10]

简而言之，如果不重视公司战略推理的逻辑性，那么，系统性思考就会被战略执行（即做一些事情）取而代之。

对战略论证进行构建、争辩和评估的技能，是战略制定过程的支柱。没有这个支柱作为支撑，战略就会坍塌成一堆杂乱无章的客户同理心建设实践、分析式洞察及市场调研。如果没有严谨有序的演绎推理过程作为支撑，高管会发现他们并不能真正理解公司的战略。战略论证技能并不能取代高管"装备库"中的其他工具，但它确实是能对"装备库"起到补充作用但又经常被人们忽视的必要技能。本书的目标是通过磨砺领导者在严谨有序的战略推理方面所具备的技能，帮助领导者及其所在的组织赢得优势。

○ 本书已由机械工业出版社于 2024 年 1 月出版。——编辑注

实践中的战略论证：高管案例回顾

我们再重新看看加里·凯利在西南航空所面临的窘境。一个不可否认的事实是，西南航空在过去 3 年多的时间里，第一次出现利润同比下降的情况，而其他航空公司则通过增加新的收费项目（或者提高收费）的做法改善了盈利状况。凯利和他带领的高管团队是不是有点自信过了头，以至于他们坚持认为，即使在外部环境可能已经发生改变的情况下，西南航空经过考验证明有效的战略仍然适用？分析师们当然会这么认为。

凯利所面临的挑战是，业绩，尤其是短期业绩，不是衡量战略健康状况的一个优良指标。相比于得出一个明确结论所需要的证据，能够对公司过去的业绩做出解释的种种因素往往会更多。一家公司会因为它实施了一个卓越的战略而在某个季度大获成功吗？还是因为这家公司正好在合适的时间点出现在合适的市场上——这个市场的环境特别有利于这家公司？如果公司业绩下滑，比如西南航空出现的情况，原因在于公司战略出现了问题，还是一些不可控的因素？因对分析师的责难做出过度反应而对一个卓越的战略造成破坏的风险，是真实存在的。

如果公司的近期业绩不能对管理决策发挥指挥棒的作用，那么和凯利拥有相同处境的人如何能有信心地应对市场变化呢？答案就在于能够理解和传达公司获得成功的逻辑，并对公司的战略论证进行清晰的陈述。正是因为手头备有清晰的战略论证，处于凯利所在位置的领导者才能够快速、自信地对公司所面临挑战的性质进行判断，并对拟采用的行动方案是否有可能获得成功，是否会对公司的成功逻辑造成破坏进行评估。正如加里·皮萨诺所说："如果没有一个能说清楚的战略，每个决策都必须经过争论。"[11]

加里·凯利已经为这家公司工作了 30 多年。在此期间，公司战略发生的变化大多是边际递进的，他对西南航空的战略及战略运作，以及为什么它的战略能创造可持续的成功了如指掌。他对公司战略的许多细节都进行了深刻思考，了解了这些细节是以何种方式在何种情形下联合在一起发挥作用的，以及是如何对客户产生吸引力的。这些信息令他有信心认为，西南航空的业绩下滑并不意味着公司战略论证的关键性假设出了问题。这些信息也引导他得出这样一个结论：采用其他航空公司的做法非但不能强化西南航空的成功逻辑，反而更有可能产生破坏作用。

凯利和他的团队顶住压力，拒绝复制其他航空公司一窝蜂地对所有项目增加收费的做法。基于他们对战略论证的强烈信念，凯利的团队宣称，对托运行李收费并改变收费标准的做法，可能会让西南航空的客户因有被苛喜对待的体验而产生疏离感。他们也给出了另外一个理由，即在短期内减少航班数量可能会让客户对航空公司的航班可选性及可靠性失去信任。确实，西南航空不仅一直拒绝做出改变，而且还把拒绝做出这些改变转化为区别于其他航空公司及吸引更多客户的手段。例如，西南航空的"Transfarency"营销活动，非常讽刺地描绘了一名乘坐其他航空公司航班的乘客因没有足够的零钱而无法在飞机上使用收费公厕的场景。

后来，一些分析师对凯利提出了严厉批评，并下调了公司股票的评级。一位分析师写道："对一家在 13 个季度中第一次遭遇年度毛利率同比下降的公司而言，我们和市场都在期待着一个更为契合实际的应对策略，比如降低客运量。"[12] 但是，凯利的决策最终被证明是正确的，西南航空很快就恢复了创纪录式的正向增长态势，收益也获得了快速提升。多亏有一个清晰的战略论证过程，凯利与客户及分析师就战略进行的沟通是清晰的、有效的；他传递的信息也加深了长久以来公司的强大文化所尊崇的信念。

如果没有一个让凯利充分信赖的且定义明晰的战略论证过程，他可能就会对战略的可行性提出质疑。他可能已经要求团队启动一个进行深刻自我反省的审视和再分析过程，这个过程将耗费大量时间，且可能引发对西南航空的竞争优势造成破坏的各种变化。相比之下，正是因为有清晰的战略论证过程，凯利才能够快速而强有力地反驳对他提出批评的人，详细解释他们所提的对公司竞争优势做出的改变会带来的不利影响。最为重要的是，他能够指出西南航空的客户群如何以及为什么会与其他航空公司的有所不同，尤其是他们对"隐性"附加费用的敏感度。凯利也可能意识到，保持不变反而会强化西南航空的竞争优势，因为这样做会使西南航空进一步区别于其竞争对手。

***

通常，为数不多的熟悉啤酒酿造工业的人们，尤其是那些熟悉安海斯－布希（Anheuser-Busch，百威英博的前身）的少数人，可能会羡慕佩德罗·厄普的工作机会。当精酿啤酒于20世纪80年代第一次在美国出现时，安海斯－布希采用的战略与厄普提议的战略没有什么两样。就像那个时期的所有大型啤酒酿造厂一样，百威英博起初忽略了精酿啤酒的增长，只是将精酿啤酒视为啤酒业余爱好者好奇心的产物。最后，百威英博采取了应对策略，像其他精酿啤酒制造商一样，制造出了具有自己独特风格的艾尔啤酒、波特啤酒、世涛啤酒、小麦啤酒等麦芽酒类饮品。尽管百威英博啤酒的质量受到了高度好评和赞扬，但是，百威英博的产品营销活动并不具有商业可行性。研究表明，失败的主要原因是消费者对精酿啤酒制造商的期望很难与百威英博作为批量啤酒制造商的定位建立起关联，即消费者要的是由小规模的手工啤酒制造商手工酿造的精酿啤酒。[13] 最终，百威英博改变了航道，向红湖、威德默兄弟等处于市场领先地位的精酿啤酒制造商注资，获取少数股东权益，为它们提供资本、分销渠道，甚至是生产资源。但是，这些风投项目至多也就是一些小的成功案例，对阻止精酿啤酒的增长或者强化百威英博在这个领域中的地位起不到什么作用。

或许在了解了这段历史后，厄普为精酿啤酒制定的战略方针就会不同于百威英博之前尝试进入这个细分市场时的战略方针了。在对红湖和威德默兄弟的收购中，厄普把这个新方针比拟为孵化，允许被收购的啤酒制造商原先的领导团队继续经营它们的业务。厄普的想法是，通过一种孵化模式，给百威英博提供一个两全其美的解决方案。在非面向客户的活动中（尤其是分销活动中），被收购的精酿啤酒制造商将受益于百威英博的规模和影响力，同时拥有与消费者有效互动所需要的不同程度的自主权。

佩德罗·厄普面临的挑战与加里·凯利面临的挑战有很大不同，不仅仅是因为厄普要向一位非常严苛的老板汇报。当凯利考虑对一个现有的且得到有效验证的战略进行修正时，厄普需要穿越百威英博之前导航失败的水域，用图表画出光明的航道。他需要制定一个深得公司领导层信任的令人信服的战略。事实上，正是因为对他充满信任，公司领导层才会批准大额的收购支出，制定一个未经检验且未经证明的战略。而且，这项战略必须足够清晰，能使厄普和其他人辨识出决定战略成功或失败的关键能力、资源以及环境的不可预见性。

这是一件难以办成的事情，但也是一个借助于清晰的战略论证，就能较为容易完成的任务。为什么？如果没有清晰的战略论证，厄普和他的团队就可能会忍不住选择任何一家看起来有潜力的精酿啤酒制造商，而不顾及其产品在产品组合中的兼容性或者适合度，并让它在被收购后继续以独特的方式运营。相比之下，具体的战略论证会促使厄普和他的团队解释清楚一系列具体的投资和业务活动是如何以及为何让百威英博作为一个整体在精酿啤酒领域获得成功的。一旦以这样的方式讲出来，就能通过论证的逻辑有效性对其进行评估：预测结果是不是从团队的假设得出的，或者团队的推理是否存在瑕疵。对于任何一个向前推进的战略决策，具备逻辑有效性应该是其最基本的要求。而且，如果战略论证是以一种严谨、有规则的方式设计的，关键假设就能浮出水面，其中包括那些第一眼看上去可能并不显眼的要求。厄普应该提出这样的问题：为了让战略获得成功，关于消费者，关于公司，关于竞争对手，哪些假设必须是真的？如果这些假设不是真的，又会出现什么情况？如果没有战略论证，每一个精酿啤酒合作伙伴就会有陷入根据临时设置的且不一致的标准进行管理的一次性风投活动的危险。

如果从一种外行人的反刍思维来看，百威英博精酿啤酒战略的成功似乎至少取决于三个假设：第一个是消费者的啤酒口味喜好的演变（稳定或者继续沿着当前的方向发展）；第二个是精酿啤酒制造商的特性需与消费者的购买决定和对啤酒的享受度相契合（对精酿啤酒爱好者来说，批量啤酒制造商还是有点"瑕疵"的）；第三个是百威英博的组织架构、政策及实践做法（即便是在政策上出现分歧，也会顾及精酿啤酒制造商的自主权）。

这些假设不是哲学问题，而是管理者能够采取行动解决的迫切的实践问题。

- 关于第一个假设，想一想，从某些方面来看，啤酒是一款时尚产品，消费者的口味在一夜之间就可能发生变化，或许在精酿啤酒的细分市场更是如此，比如双倍印度淡色艾尔啤酒、酸啤酒等受欢迎的啤酒类型就不知道是从哪里冒出来的。百威英博采用的方法能让它追踪到消费者口味的变化吗？或者，收购已经具有一定知名度的品牌意味着百威英博总是会滞后于大趋势的发展吗？

- 关于第二个假设，请注意，那些对特定口味情有独钟的精酿啤酒痴迷者，对百威英博收购顶尖的精酿啤酒制造商会持拒绝态度或者以联合抵制购买的方式予以威胁。这群痴迷者对导致百威英博进军精酿啤酒领域的早期行动的失败起到了关键作用。历史会重演吗？或者随着越来越多的对啤酒持随性态度的消费者进入市场，痴迷者对精酿啤酒需求的影响会降低吗？

- 在讨论百威英博的全局性政策可能将如何塑造它在精酿啤酒领域的成功时，请注意，百威英博已经在它的2017年年报中宣布："我们组建了专业团队，致力于提升百威英博在啤酒市场（包括精酿啤酒市场）的增长率，使其业绩表现优于历史水平。"这些专业团队将减少精酿啤酒品牌管理团队的自主权吗？类似地，想一想，百威啤酒在2018年启动的百威淡啤电视促销活动，很明显地嘲讽了精酿啤酒的口感和富有层次感的啤酒香味，这几乎将精酿啤酒的拥护者打入了中世纪地牢。

明晰的战略论证为百威英博的高管层创造了几项优势。第一，战略论证将有助于他们确定哪些问题该问，不管是在发布战略之前，还是在战略演进的过程中。例如，喝啤酒的人能准确地把精酿啤酒的品牌和公司所有者关联起来吗？如果能，那么和批量啤酒制造商相关联的"羞耻"会使消费需求降低吗？从广义上讲，消费者对产品及服务的本真的兴趣，会对精酿啤酒消费需求的稳定性和未来发展趋势起到预测作用吗？

第二，关于战略论证的清晰陈述能够帮助企业高管识别出当前或者未来拟采用的哪些政策或做法可能与战略背道而驰（这一结果可能是间接导致的），以及这些政策或做法在造成巨大损害之前，是否还有调整的余地。例如，百威英博提出的关于增长的硬性要求，是否会给它在精酿啤酒领域的产品创新及市场营销带来负面影响？实施具有普遍性、统一性的人力资源措施会产生什么样的影响，特别是对薪酬的影响有哪些？

第三，正是因为采用了切中要害的战略论证，厄普和他的同事将能更好地确认合适的收购目标，并使它们的所有者相信，把企业出售给百威英博对他们而言也是有价值的。这样，在应付不合适的收购目标上花费的时间和精力将会减少。

第四，对战略背后的假设进行条理有序的陈述，也能帮助企业高管确认未来应监测的一系列背景指标，以确保战略执行维持在正确的轨道上。从这些指标也能自然而然地得出一组一致的用于评估和对比处于不同发展阶段的被投企业组合的业绩指标。

　　谁都不应该期望处于厄普所在位置上的企业高管在第一轮尝试时就把战略制定好。战略的形成具有向前看的内在属性，并且没有人能完美地预测未来。战略制定要求经历一个交互式的过程，一方面是围绕成功要素形成战略论证；另一方面，如果初始假设被证明有误，或者客观条件发生变化，就要对战略论证进行改进、完善。通过循环往复的方法实现成功的战略学习，得益于一个严谨的战略论证过程，以及对成功的真实假设做出明晰的陈述。随着经验的累积，这种战略学习会导致假设发生大扭转，有时候甚至会发生根本性的改变。

***

　　埃莉·菲尔茨身处的情境可能是产品经理及许多其他中层管理者所特有的。作为专门负责一款产品的企业高管，他们总想做些事情来提升产品的质量和销量。然而，他们所做的事情应该与公司在更广泛的范围内制定的支配性战略保持一致。最重要的是，它们一定不能削弱公司已经在市场中取得的成功。理想的状态是，公司整体的支配性战略会对如何管理产品提供指导，但是，即使是在最佳情境下，它也不会提供太多细节。产品经理必须定期做出大量细小但有潜在影响的决定，并且不能一遇到问题就向高层汇报。身处这个情境的任何一位产品经理都渴望有一个框架，可以帮助他们思考并做出决定。

　　对菲尔茨而言，核心问题是把"Tableau 公众版"设计成一款独立产品，还是投资建立一个网站，以便让产品使用者分享他们创建的可视化场景。在这两个选项之间做出选择会令人焦虑，因为每个选项都可能实现提升 Tableau 产品知名度的既定目标。通过构建战略论证来评估这两个选项，需要提出如下问题：在哪些条件或假设成立的前提下，这个选项才能成为一个可行的行动方案？对于 Tableau 公众版，把它设计成一款独立产品的核心假设是，提高销量的主要障碍是企业用户在购买之前不能对创建可视化场景进行体验。从这个角度来看，客户知道他们想创建可视化场景，但是他们需要在体验过"免费试用版"之后，才能说服自己至少花 999 美元购买 Tableau Desktop。相反，关于建立网站的论证的初始假设是，许多潜在用户不理解什么是可视化场景，并且外行人对 Tableau 的品牌并没有太高的认可度。建立公开的网站能实现两个目的：创建一个可供几千个用户分享大量使用案例的论坛，通过展示 Tableau 的可视化能力来说服消费者相信，可视化场景可以在他们的公司得到富有成效的应用；把 Tableau 定位为一项领先科技。

通过清晰的战略论证对未来选项进行评估有诸多优势。在某些情形下，只须系统性地把每个选项的逻辑说清楚，哪个是较优选项就将立即变得清晰起来，这是因为这种做法能够揭示出一个事实，即某些选项只有在"激活"非常夸张的或者令人完全无法接受的假设时才能取得成功。但在其他许多情形下，比如菲尔茨面临的这种情形，有几种选项是占优的。

在这种情形下，战略论证如何发挥作用？首先，在凯利和厄普面临的情形中，对战略论证进行清晰陈述将有助于厘清需要接受检验的假设是哪些，每个选项的最佳绩效指标是什么。其次，对菲尔茨而言，更为重要的是，在对那些看起来无法做出取舍的可替换战略情境进行比较时，成体系的战略论证会对这一过程起到促进作用。如果不能通过清晰的战略论证把对每一个可选项的假设和预期梳理清楚，做选择看起来就具有随意性或者可能依赖具有特殊性的个人经验。因为运用了严谨的战略论证，菲尔茨和她的团队能够为每个选项识别出最重要的假设——那些对战略成功起到最关键作用的条件或者事件，以及存在很大不确定性的情况。这样做，菲尔茨不仅能够精准地看清她所做决策的本质，也能更清晰地看到和监测可能会出现的问题，比如无法为网站吸引足够多的新流量和提供新创意，或者新产品与主打畅销款产品之间出现相互蚕食的情况。这不仅提高了菲尔茨在正确的时间点做出正确决定的概率，而且还提高了项目得以成功实施的可能性。

在经过一番深思熟虑及对科技博主等潜在用户进行调研之后，菲尔茨选择把 Tableau 公众版作为一个网站来推销。结果非常好：用户发布了多项富有想象力和创意的产品用法，其中包括令 Tableau 员工都感到惊讶的创新型用法。随后，2008～2015 年，Tableau 的年均增长率为 82%，它在 2015 年的销售额达到 6.54 亿美元。Tableau 为超过 3900 个企业用户提供服务，包括富国银行和陶氏化学公司。

逻辑论证型领导力

在我们看来，成功的战略领导力的精髓在于构建、传达能把企业的各种成功和失败解释清楚的战略论证。一个战略建议只有在为它提供支撑的论证可靠、有逻辑且易于理解的情况下，才是完备的。战略论证必须能对两类事实做出解释，一类是当前所处的两难境地或者出现的机会，另一类是如何（重新）打赢手头这副牌。论证必须有说服力，但是，只有它的内在逻辑具有一致性，它才会有说服力。如果不进行论证，战略通常是空洞的、令人一头雾水的，或者会存在方向性的错误。在最坏的情况下，没有论证支撑的战略可能是在毫无头绪地拿公司未来做赌注。

加里·凯利、佩德罗·厄普和埃莉·菲尔茨面临的情形，充分说明了一名企业高管如何能从一个清晰易懂的战略论证中受益，这样的论证包括充足的背景假设，这些假设说明了战略取得成功所需要的条件。无论是从对企业如何获得成功进行论证的角度来评估战略，还是把战略制定当作一种论证形式，都能为企业高管带来许多强大的优势。这些优势列举如下：

1）它允许企业高管运用简单的、具有普遍性的原则来评估一个既定战略的内在一致性。尽管在业务中很少采用，但这些都是大家熟知的活动，不像火箭科学算法那般令人伤神。我们将在下文中介绍，核心活动包括让战略论证具备有效性或者逻辑的内在一致性。并不是所有的不确定性都能消除，事实远非如此，因为任何一个论证终究都包含一系列假设。但是，把注意力放在有效性上，可以给领导者提供评估其战略质量的明确标准，这些标准的应用与公司的业绩记录无关，因此主要应用于战略落地之前。

2）对一个战略论证进行清晰易懂的陈述，能帮助企业高管明确那些对既定行动方案成功与否起决定作用的关键能力、投资和环境不确定性。如果一个领导者有一套清晰明了、逻辑合理的战略论证，他就会担负起推动执行和适应变化的双重职责，而且他的履职效果要远远强于仅有战略视野的领导者。当每个人都理解战略论证时，资源分配决定引发的争议就会减少。论证帮助企业高管明确战略成功的充分条件，只有这样，他们才能监督战略的具体表现，并在必要时做出调整。此外，确保一个战略论证具有内在一致性，有助于领导者找出战略中未明说或隐性的假设。

3）当认识到所有战略都可以按照客观标准进行评估时，企业高管层就会采用一个约束度高、争议性低的方法来展开讨论并制定决策。当高管团队的首要关注点是确保不同的战略建议保持逻辑连贯性时，对所提议的行动方案的所有疑虑和反对意见就会转化为找出使战略建议成功的充分条件。这种方法不仅能提升战略论证的质量，而且能集思广益，帮助领导层团队在公司战略层面集体承担领导责任。

4）逻辑连贯的战略论证使企业高管有能力为拟采取或者不计划采取的行动方案找出最为充分的理据，并能对反对意见给出深思熟虑的回应。清晰连贯的论证为有效的战略沟通提供了一个模板，对内可以促成卓越的战略执行，对外则可以促成对利益相关方的卓越管理。企业高管可以把对增长和执行做出的模糊不清的吹嘘，替换为对行动如何促成结果进行清晰明了的描述。由于关键绩效指标来源于战略论证的核心原则，因此根据长期目标来评估战略进程就会变得更为容易。

本书为构建、评估和传达战略论证提供了一个灵活的活动体系。这个体系使用严谨的逻辑推理，并将其应用于对公司核心竞争机会和挑战的分析中。我们认为这个体系可以帮助企业高管做出更好的战略决策，并提升其对自身所制定的战略的信心，明确公司战略健康的关键指标。

本书的内容体系建立在两个根本性假设之上。第一，我们相信任何一家公司的长期成功都有一个内在逻辑。尽管我们总是在说公司成功靠运气，但是，正是因为一系列在逻辑上相互关联的原因共同作用，公司才能获得可持续的成功。第二，我们认为，对任何一位"一把手"而言，其角色的一个重要方面包括理解、塑造和沟通成功的逻辑。要为一家公司的战略成功做出有效贡献，企业高管就必须构建和评估能把公司的成功和失败解释清楚的逻辑论证。

逻辑论证活动

我们相信，最清晰明了的战略论证必须基于对公司成功逻辑的正式表达。在理想情况下，这种表达对公司的战略争辩和决策至关重要。因此，出色的领导者和战略家会创造各种以成功逻辑为中心点的环境，让人们不断想方设法地理解战略论证，利用人们对战略论证的理解来形成战略决策，并通过参与经过缜密思考且令人心服口服的对话来打磨、完善战略。

当逻辑论证像一个支柱对战略起到支撑作用时，对战略本身进行论证的行为对战略领导力而言就变得必不可少。如果是这样，那么很多人可能认为，构建、评估和修正逻辑战略论证的专业知识遍地都是。遗憾的是，事实并非如此。实际上，我们甚至会说，在很多公司中，企业高管没有意识到或者没有理解构建、评估和传达战略论证这样一个具有高度约束力的过程的重要性。

我们就这个问题访谈过多位高管，他们认为应该不计一切成本地避免战略论证。或许他们对论证的反感，源于他们希望保持组织的团结性或者对组织的控制力。但是，我们认为这种反感之所以产生，也是因为在很多公司中，战略争辩通常是指人们分享他们对未来的直觉，而不是彼此交流有理有据的各种论证。当需要在两个或者更多的选项中做出选择时，企业高管就会凭直觉选出较为喜欢的那个选项。这种做法没有什么不好，而且是任何一个决策制定过程的自然组成部分。问题就在于，当需要在做出决定之前对各个选项进行讨论和评估的时候，应该怎么做。

依照我们的经验，企业高管有时候会就他们的直觉达成一致意见，但这种情况并不常见。然后，激烈的争吵就开始了。大家的争吵声越来越大，各方也都各持己见，互不让步，直到大家都争论得脸红脖子粗。到了这个地步，几乎很少有人会被另一方说服，然后一场交流想法的会议就演变为一场用尽极端手段来占据上风的体育竞赛。最终，一方会让步，可能是因为另一方叫嚷的声音更大，更固执己见；也有可能是因为赢的一方在公司内有更加强大的靠山。

显然，这不是一个做出战略决策的好方法。有些人像战败的斗士一样离开会议室。更为重要的是，许多与会者并不相信选定的行动方案是最佳选项。如果大家看到战略决策是在权力和政治的压力下做出的，而不是在对各个选项进行公平、有理有据的考虑后做出的，大家对战略的信心就会下降。最终，战略执行也会遭殃，因为大家对战略决策并不买账，也没有真正理解指令背后的推理思路。

即使高管们就他们的直觉达成了一致意见，也避免了争吵，但如果支撑那个选项的论证还没有浮出水面，那么麻烦仍会在水面下呈现暗潮汹涌的态势。例如，两个同事可能都同意外包部分产品开发流程要比内部承担全部流程更好，但是他们给出的理由可能有很大不同。最初看上去，这并没有太大问题，至少他们达成了一致意见，而且也避免了争吵。但是，当涉及执行过程及后续的决策过程时，这些没有明说的不同意见可能就会造成严重后果。同事甲可能是考虑到外包服务比内部开发的成本低而倾向于选择外包服务，而同事乙的考虑则可能是因为外包服务的产品开发能力更胜一筹。最坏的情况是，两方要实现的目标背道而驰，结果，因为不舍得花钱而把高质量的服务供应商拒之门外。最好的情况也只是两位同事之间的争吵延后发生罢了。

遗憾的是，在当今时代，对战略的讨论方法并没有为领导者（或者有志成为领导者的人）提供具体的指引，告诉他们如何把市场洞察或者战略愿景转化为一个有理有据、切实可行的战略。一方面，很多深受市场欢迎的商业类书籍最关注战略创造力、战略愿景和成功领导者的驱动力，却很少关注把天才与疯子区别开的分析和说理能力。另一方面，太多的战略书籍从经济学、社会学、心理学及领先企业的成功中汲取深刻的见解，为企业高管提供大量的分析工具和框架。这些分析技巧对了解世界的真实状况是极其重要的。如果市场准入门槛低，你制定战略时就必须考虑到这个事实。但是，框架很少能提供行动指引。同样，对战略的分析方法也很少能为领导者提供如何从战略分析中获得见解，并把这些见解转化为战略的思路。这里讲的战略是可以把一系列投资和行动与一组想要达成的结果关联起来的逻辑合理的论证。

相比之下，本书为战略制定提供了一个具有灵活性的活动体系，想要达成的结果是在全公司范围内提升战略决策的质量。这个体系包含三项相互关联但截然不同的活动。

1）视觉想象。第一项活动重在强调视觉想象对形成、阐述、修正战略论证的重要作用。我们聚焦于把促成公司成功或者失败的各种因素用图表绘制出来。视觉想象不仅是一个发现不同概念之间所存在的各种关联的方法，也是一种通过创新、合作来驾驭不同观点的方法。

2）正式表述（逻辑推理）。第二项活动包括把一个论证的轮廓图或者草绘图转换为一个更加正式的逻辑表述。正式的表述方式可以给个人思考施加纪律性约束，有助于辨明在产生不同结果的因素之间所存在的核心关系。尽管正式表述可能在各项活动中最具挑战性，但它能带来一项重要回报，即内在一致性。任何一个成功的战略在逻辑上都必须具有内在一致性，尽管正式表述不能保证战略的假设都成立，但它能确保逻辑的内在一致性。

3）建设性论证（讨论）。第三项活动关注与其他人进行讨论的过程。视觉想象和正式表述提升了领导者个人的战略性说理技能，建设性论证则可以使领导者如虎添翼，尤其在纪律性强的组织中这一点更为突出。成功的战略型领导者希望在组织内部实现富有成果的争论，他们不仅需要对战略论证进行沟通，也需要依据情况变化对战略论证进行更新及调整。

这个具有灵活性的活动体系是培养企业高管具备战略论证所需要的技能和思维习惯的一种方法。虽然我们按照各项活动之间看似存在的自然顺序对这几项活动进行了描述，但是我们意识到，这些活动的开展通常是没有固定顺序的，而且会重复发生，甚至是同时进行。大家不仅应该对此有所预期，而且要鼓励这样的做法。最为重要的是，我们提供的这个体系也为创造一个专注且富有成效地开展战略讨论的环境打下了基础。

我们的方法为战略制定提供了一个新颖的视角，同时，它与许多为保持可持续竞争优势而广泛使用的战略理论仍然是一致的。也就是说，这个体系使用了众所周知的战略思考和解决问题的技能，大多数管理者对这些技能并不陌生，但是，他们运用这些技能的纪律性还不够。

我们在本书中设计和阐明的这几项活动将使得各类组织的领导者都受益，不论是开始发展壮大的初创型企业还是发展成熟的企业的领导者，也不论是营利性企业还是非营利组织及政府机构的领导者。类似地，这些活动与领导战略制定和决策过程的高层管理者是相关的，同时，对那些希望确保他们的决策能够强化组织的战略逻辑的中层管理者而言，这些活动也是相关的。本书尤其对领导团队而言是有价值的，他们经常渴望找到彼此围绕战略开展有效互动的方法，并寻求在不同的观点和利益之间实现和解，以明确开辟最佳途径的共同努力方向。我们强烈认为，卓越的战略源于这个体系中的因素，而且只有当各个因素被广泛知晓、全然接受，且在整个组织中得到实际应用的时候，卓越的战略才能得以产生，战略的质量也才能得到保证。这一点对决策制定者而言尤为如此。

本书用大量的篇幅对战略论证做出了深度解释，包括它的组成部分、抽象程度及对战略的评估。此外，我们还对战略论证能够得到有效运用了且为企业高管、领导团队及组织传递价值的许多途径进行了说明。为了完成这两项任务，我们运用了西南航空、苹果、沃尔玛、英特尔、推特、谷歌、经济学人、本田汽车、迪士尼等许多企业的案例。我们对其中的一些案例进行了深度挖掘，其他则通过逸闻趣事的方式来呈现。

战略论证应该来自何处？如何就战略论证进行沟通？战略论证如何得以维护？我们在本书中也就这些问题进行了解答。因为我们对这些问题的基本观点会让人感觉有悖常规，在此有必要预先进行铺垫。我们认为一个战略论证的形成、传达和维护最好通过在组织中实实在在地公开展开论证的过程、进行富有成效的讨论来实现。许多人会发现这一点出乎意料，他们认为论证会适得其反。的确，正如前文中提到的，许多公司公开压制不同意见及冲突，甚至对相关人员施以处罚。正如加里·皮萨诺的观察："在一些公司中……争论会心照不宣地被压制，因为它与'团队精神''合作精神'的行为标准是背道而驰的。"[14] 还有许多其他公司认为，论证浪费精力和时间，与其在论证上浪费工夫，不如把业务经营好。

我们对这些观点持坚决的反对态度。我们意识到，论证在组织中经常不能产生什么作用。但是，在我们看来，只有当大家对战略是什么没有清晰的概念，不清楚如何对战略进行富有成效的论证时，这种情况才会发生。但是，如果做法正确，当一个组织中的董事、领导者和员工能公开地对战略进行论证时，战略制定最终就会达到最佳效果。如果部分或者整个战略制定过程都有允许参与者对上述问题进行公开论证的环节，这家组织就会获益颇丰。

必须引起注意的是，论证不是让大家一味地强化自己的观点、直觉和偏好，而忽视其他人的想法。我们将在下文中做出解释，论证应该是制定卓越战略的本质所在，战略管理应该包括在一个精心组建的团体中基于清晰、充分理解的基本互动原则开展有建设性意义的论证。

但是，对一个组织的首席执行官和其他高层领导者而言，制定战略和做出决策难道不是他们的主要工作吗？在某种程度上讲，是的，这些领导者当然是要为战略失败负责的人，他们通常也是在战略获得成功时收获丰厚奖励的人。但是，问责制并不意味着责任人要执行一项任务的所有细节，甚至对战略的完成情况进行整体把控。问责仅仅是根据结果接受奖励或者惩罚，而不问过程如何。取得长期成功的优秀战略家和企业高管，无论是有意识地还是无意识地，通常会鼓励决策制定团队在较大型的讨论会议上开展有建设性意义的论证。论证过程使得战略及其背后的理由对所有人（尤其是那些持怀疑态度的人）保持透明。这个过程也令组织中的许多成员感受到他们有发表意见的权利，他们可以对重要问题提出自己的想法，他们的观点会得到领导者的重视。如果不在多个利益相关方之间开展有建设性意义的论证，战略就会存在与组织的关键组成部分脱节及被误解的风险。如果在没有多方参与或者征询多方意见的前提下制定战略，战略就很容易无法达成目标或者难以执行。

我们的方法论

我们提出的由三项相互关联的活动及相关战略理论框架所构成的体系，与大多数战略书籍中提及的内容不同，主要体现在两个方面。一方面是，我们没有更进一步地挖掘任何一个战略成功理论，也没有试图对一家公司应该如何在市场中取得成功开出处方。[15] 更确切地说，我们提供了一个活动体系，它与众多的战略成功理论是共生的，实际上，它有助于在一个特定情境下决定哪个理论最适用。另一方面是，我们明确地对形成、制定和修正战略的行为进行了重点说明。我们这样做的原因是，我们认为，在公司内部进行战略讨论的过程中，战略管理的这些部分通常是缺失的。相应地，我们还针对如何把洞察转换为论证，如何通过视觉想象构建起富有成效的战略讨论的架构，如何通过运用逻辑使未明说的假设变得明朗等提出了建议。我们提供了一种通过视觉想象、逻辑推理及讨论等具体活动，并应用论证来形成、制定和管理战略的方法。

除此之外，我们的目标还包括在本书中说明如何使用简单的演绎式命题逻辑，这种思考方式对许多人而言，或许有种模模糊糊的熟悉感（可能在刚上高中或者大学的时候应用过）。即使有这种熟悉感，我们也认为这种思考方式对现代企业的高管而言并不是自然而然或者容易的事情（至少在初始阶段不是）。我们也意识到，这看起来可能是一本需要精读的书，需要慢慢消化。因此，我们对本书的定位是介于结构松散的论文、工作手册及教材之间。我们已经力求全面，尽可能多地囊括我们认为有用的方法论的各个细节。因此，我们认为许多读者不会一页一页地翻阅本书，而是会碎片式地吸收本书的内容，而且阅读顺序可能与章节顺序不一致。不管使用何种阅读方式，我们希望本书能成为管理者的一本指南，帮助他们就其所在组织的战略形成正式的论证，并以论证为基础，构建连贯一致的组织行动。

我们尽量减少了这个逻辑方法论的偏技术部分，但是一些技术细节是无法避免的，特别是涉及命题逻辑的内容。对于有兴趣深入了解技术细节的读者，它与其他逻辑论述的关联应该是显而易见的。我们认为没有必要，甚至也不推荐进行深入研究。我们已经尽力使本书是自成体系且完整的。

当然，领导者应该培养构建战略论证的技能，并将其应用于规划和执行——这样说要远比做容易。逻辑科学语言与管理学语言之间存在巨大的差异，尽管从概念上看它们所面临的问题是相类似的。这正是我们写作本书的原因，我们想尽量消除两者之间的差异带来的影响，使理论家和科学家从事的各项活动变得通俗易懂，并根据需要使其应用于战略管理的特定问题。

如何阅读本书

本书用案例说明了构建、讨论和评估战略论证的重要性。它就如何应用视觉想象、逻辑推理和讨论这三项相互关联的活动，为企业高管提供了具体、实用的指引。因此，本书中的每一章（除第一章和最后一章之外）都包括三个部分。第一部分介绍对该章讨论的特定话题采用本书所建议的方法论的好处。第二部分更多地讨论实际问题，详细解释如何应用各项活动。第三部分总结该章的核心观点和关键学习点。

我们努力通过生动的案例及非技术性的散文式写作风格，使本书成为适合受过良好教育的企业高管和管理类学生阅读的书。可以说，我们意识到与逻辑和战略形成相关的部分内容从技术上来讲更具挑战性。这部分内容最初读起来可能有点晦涩，尤其对不熟悉逻辑学知识的读者来说更是如此。我们希望这些更具挑战性的技术性内容不会妨碍读者吸收和领会书中的观点，这些观点可以透过逻辑论证这面棱镜从对战略的思考中获得。

本书的章节结构是以解决上述挑战为目的进行设计的，每一章的第一部分（"……的好处"）和第三部分（"章尾思考"）属于非技术性讨论，而第二部分"……的实践"）则包括技术性内容。阅读本书的一种方法可能是先阅读每一章的第一部分和第三部分，消化这三项活动带来的价值，然后再阅读技术性较强的第二部分，即如何应用各项活动。类似地，希望在组织中增强战略讨论的逻辑严密性的领导者可能会要求团队先阅读相关章节的第一部分和第三部分，然后再把第二部分作为他们开展讨论的指引。

主要观点总结

- 许多企业高管对战略制定过程感到挫败和信心不足，源于他们很难看清楚卓越战略共同拥有的系统性因素。特别是，把从先进企业获得的启发带给领导者所在的组织并为其所用，是具有极大挑战的。克服这个挑战需要认识到，任何一家成功组织的成功最好通过逻辑连贯的战略论证来理解。

- 本书对通过运用论证来形成、制定和管理战略提供了一个实用的、系统性的方法。具体来说，我们对制定卓越战略所需要的由三项相互关联的活动组成的体系进行了介绍和解释，这三项活动包括视觉想象、逻辑推理和讨论。

- 战略领导者对构建和传达能把公司的成功及失败解释清楚的战略论证要承担核心职责。重点关注战略论证的逻辑内在一致性，能为企业高管评估不同战略建议的质量提供清晰、客观的标准。如果这些论证得到了广泛理解，管理团队就能采用一个条理性更强、争议性更低的方法来制定战略决策，这种做法要优于许多组织中使用的战略争辩。

- 一个陈述清晰、逻辑合理的战略论证能让领导者切实履行他们的核心职责——推动战略执行、因势而变，这远比仅仅凭借直觉和说理来承担职责的领导者高效。一个逻辑连贯、具有内在一致性的战略论证会形成一个更有说服力的案例，有助于领导者预见和回应反对意见。

第二部分

制定卓越战略的三项活动

MAKING GREAT
STRATEGY

第二章

绘制战略地图

绘制战略地图的好处

2020 年，极为少见的市值 10 亿美元的初创企业开始被称为"独角兽"。在 2000 年之前，这些获得巨大成功的企业更为稀有，且没有受欢迎的昵称。但是，在 20 世纪 90 年代，吉姆·克拉克（Jim Clark）创办了两家这样的企业，即硅图公司（Silicon Graphics）和网景公司（Netscape）。

克拉克是出了名的想干大事的人。因此，在 1995 年，当这位斯坦福大学的工程学教授兼企业家向聚集在非常有名的门洛帕克沙丘路上的形形色色的硅谷风险投资人宣称，他的下一个项目将会是他迄今为止开展的最为宏大的工程时，人们并不感到惊讶。克拉克大胆地说，他将解决美国医疗体系所存在的问题。他的目标是通过消除文书工作来减少医疗体系中的浪费。据克拉克估算，美国民众每年在医疗上花费的 1.5 万亿美元中有 1/3 就纯属浪费。他的想象是：

> 互联网将使得任何一笔医疗服务交易所涉及的各方都处于同一个空间中，病人可以走进他素未谋面的医生的办公室，向医生提供一组密码，几秒钟之后，医生可以看到该病人的病历和医保范围。在病人离开几分钟之后，医生可以通过互联网向保险公司开具账单，并通过互联网收到保险公司的付款。如果病人需要开药，他也可以直接在医生办公室的电脑上下单。没有表单，没有纸张，也没有任何麻烦。[1]

据克拉克估算，如果减少浪费，他就能把节约的一半资源留作利润，这个令人震惊的数据将会使他的新公司（最初命名为"健景"）的市值比微软公司还要大。

这个想法实际上是宏大的、不切实际的、鲁莽的且令人难以置信的。让这个想法落地面临着很难跨越的技术、法律及社会障碍。然而，克拉克说服了拥有医疗服务专业经验且在业界处于领先地位的风投企业恩颐投资作为他的首轮投资方。领先的风投企业凯鹏华盈也入股了他的公司。而且，为了能让健景公司从梦想变为现实，克拉克说服了 10 多位硅谷最优秀的工程师签约成为它的第一批员工。

克拉克是如何做到的？当然，他的过往成就和声誉发挥了很大作用，大家喜欢追随一位常胜将军。你可能也会认为他编制了一份出色的商业计划书，对公司将如何克服所有复杂的、重大的障碍都给出了具有战略意义的答案。你错了。克拉克不仅没有一份出色的商业计划书，甚至根本就没有商业计划书。他真正拥有的，以及他向众多潜在投资者、合作伙伴、未来的消费者和员工真正展示的，是一个关于公司打算做什么的视觉模型，是他的核心理念的简化表达。克拉克的视觉模型如图 2-1 所示。它描述了医疗体系中由主要参与者构成的网络。他的想法是，公司（更名为"永健"）位于网络中央，参与每一笔交易（分得少量收入）。克拉克和他的合作伙伴称该模型为"魔法钻石"。克拉克最终对这个模型进行了修正，在论证过程中，这个网络起初包括 11 类参与者，最终简化为仅包括 3 类参与者（病人、医生和医疗服务机构），它们被称为"黄金三角"。永健公司始终位于中间位置。永健公司的首席执行官通过运用这个简化的视觉模型，在 1999 年年初公司上市之前向潜在投资者广泛推销这家公司。

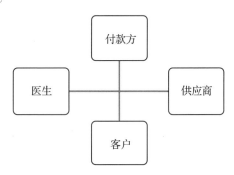

图 2-1　吉姆·克拉克对永健公司"魔法钻石"的描述

资料来源：改编自迈克尔·刘易斯，《将世界甩在身后》（纽约：Norton，2000）。

这种做法的效果有多大？在上市当天的交易结束时，永健公司的市值上升到 22 亿美元；在随后的几周内，其市值攀升至 30 多亿美元。就这样，吉姆·克拉克创建了他的第三家"独角兽"企业。他也是有史以来第一个完成这项壮举的人。

"黄金三角"视觉模型对一个非常复杂的现实进行了极大的简

化，并简单明了地对永健公司希望在战略上达成的目标进行了展示。它把商业想法背后的基本信息组织了起来。它还是一个强有力的沟通工具，有助于大家理解一个复杂问题，并思考这个问题如何得到解决。这样一个强有力的视觉模型是创建公司、吸引投资者和客户、招募员工的良好工具。[2]

对一家公司或者其他组织而言，创建视觉模型也是开始形成一个更加严谨的战略论证的好方法。确实，我们提倡运用我们称之为"战略地图"的一种特殊视觉模型作为战略分析的第一步。[3]作为一个概念，地图通常是指陆地区域或者其他物理实体的图像，但是它的核心是对相互关联的地点、物体或者行动的排布进行直观的展示。战略地图不仅展示了相互关联的战略概念和资源之间的排布，还展示了各种力量朝哪个方向发挥作用才能促成组织的产出。战略地图可以为做出严谨评估所需要的更加正式的战略论证提供基础。[4]（很明显，吉姆·克拉克的"魔法钻石"并不是一幅合格的战略地图。）

为了构建战略地图，我们建议由简到繁，即先构建最容易确认的部分，把它写下来，把零散的板块拼合起来，然后再逐步地对其进行反思、修正，最终绘制出一幅战略地图。简而言之，即在战略地图中把战略论证的思路勾画出来，而且勾画的方式要灵活，允许论证结构随着新想法或者更好的想法的出现而改变。绘制战略地图需要把主要事实和概念写在白板上，依据它们彼此之间的关系来通盘考虑它们的排布，这有助于从整体连贯的角度来考虑各个因素彼此之间的关系。

本章描述了战略地图的产生过程。我们主要通过举例来对其进行论证。这个过程可以由个人完成，但是，我们的经验表明，当这个过程由小团体来完成时，它会更加容易，也更加有趣。在小团体中，至少有些成员对组织有充分的了解。视觉想象的社会性因素将协同产生能量，让大家通过征询彼此的意见厘清思路，并使想法快速迭代。同时，团队的视觉想象练习需要有纪律约束原则和紧迫感，而且需要在概念化过程的不同阶段，通过不同的方式来完成。我们在本章中首先关注视觉想象过程本身，在后续的章节中，我们会针对如何管理群体活动过程中的共性问题提出一些建议。

战略地图的价值：西南航空

我们简要回顾一下第一章中加里·凯利在西南航空面临的情形，并以此为例进行讨论。我们想要说明的是，对战略论证的简单可视化表示如何能解释清楚一个战略选择可能会带来的结果。

在西南航空历史上，绝大多数时候它实行的都是"公开选座"的做法，也就是说它不会在售票或者办理值机手续时为乘客分配座位。相反，当乘客办理值机手续时，他们的登机牌会显示一个登机组别（A、B 或者 C），后面跟着一个数字。在即将登机时，乘客按照登机牌上的组别和数字排队等候，随后依次登机，并按照"先来后到"的原则选择空位。

其他航空公司很早之前就允许乘客在购票时选择座位。从 2010 年开始，部分航空公司就把优先选座作为一项潜在收入来源。乘客要么支付较高的费用来获得选择座位的权利，要么支付额外的费用提前锁定座位。当看到这些航空公司因为采用这种做法而提高利润时，分析师对加里·凯利和西南航空施压，要求西南航空也采用类似的做法。分析师的观点看起来很清楚：引入座位分配的做法在技术上并没有什么难度（几乎所有的航空公司都会这么做），而且实施成本也低。如果不采用这种做法就好像是对桌上明摆着的钱视而不见。

西南航空对这一想法的抗拒表明事情并不简单。领导层认为放弃公开选座的做法可能会引发后续的复杂难题。原因可能是什么呢？我们把西南航空作为课堂案例进行讨论，分析它面临的座位分配问题。

在讨论西南航空的战略时，人们的注意力很快就转向它所具备的快速让飞机"调头"的出色能力，即在短时间内完成抵港乘客下飞机和离港乘客登机的流程。在西南航空的早期发展阶段，一位负责运营的管理层人员就宣布，西南航空能避免继续亏损的唯一做法就是在 10 分钟之内完成飞机调头，这在航空业中前所未有。[5] 即使西南航空的规模越来越大，多年来它仍然保持 15 分钟之内的调头时间，而其他航空公司通常需要半个小时或者更长的时间。

当课堂上参与讨论的学员第一次提出这个事实时，学员的讨论方向就自然地转为理解这个事实对西南航空取得成功的重要性。对此项事实有认知的学员很快就意识到，产能利用率对航空业务的成本控制是极其重要的。飞机是一项大额的固定成本投资，它只有在天空中搭载乘客飞行时才能赚钱，它们停留在地面上是无法赚钱的。一架飞机每天飞行的航段越多越好。对于执行长途飞行任务的飞机，调头时间对产能利用率没有太大影响。如果飞行时长是 10 个小时，飞机在登机口停留 15 分钟还是半小时是没有太大区别的。但是，西南航空最初是一家提供得克萨斯州内城市之间的航班的区域性航空公司，即使在今天，它的许多航班也仅有不到 2 小时的航程。为了每天能更多地完成起飞和着陆任务，在登机口节省的每一分钟都能使产能利用率得到明显提升。

能够有条不紊、循环往复地快速执行飞机调头流程，要求航空公司在运营上有纪律性，在执行上有协调力。因此，关于西南航空的案例讨论又转向了组织设计，具体而言就是负责不同工作的人员开展团队合作的核心作用。当飞机抵达登机口时，每一位工作人员都要快速行动起来，以使飞机能够快速离港。离港旅客排好队，准备登机。在登机口及飞机上的每一位工作人员，包括空乘人员、飞行员、行李搬运工、登机口检票员等都要全力协助。团队合作使西南航空公司能够灵活且快速地应对突发事件，而不是像许多其他航空公司那样坚持谁的工作谁负责。团队合作还使劳动力的利用率得以提升。举个例子，据报道，在 20 世纪 90 年代中期，"西南航空的登机口通常只有 1 位检票员，地勤服务人员也仅有 6 位或者更少，而其他航空公司常见的配置是 3 位检票员和 12 位地勤服务人员"。[6]几十年之后，与其他大型航空公司相比，虽然西南航空的航班里程较短，但它可以提供的每位员工的可用座位英里[⊖]数仍然较高。[7]

在课堂上讨论这些问题时，我们通常会在白板上画一幅图，对不同的想法及它们之间的关系进行排布。这些图反映了随着讨论的演进，我们对论证进行抓取、记录的每一次尝试。图 2-2 是一个示例，它记录了我们先前对西南航空所面临的座位分配问题提出的想法。

图 2-2 展示的就是一幅战略地图。战略地图包括战略论证形成的"文字和箭头"式的视觉形象。文字反映了想法、概念、资源，甚至是行动事项；箭头代表可能存在的因果关系。因此，箭头从 A 指向 B 表示 A 代表的想法、概念、资源或行动事项可能引起（或导

⊖ 1 英里 = 1609.344 米。

致、产生）B 代表的想法、概念、资源或行动事项。[8]

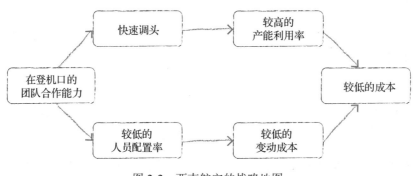

图 2-2 西南航空的战略地图

一幅战略地图会尽可能地展示和记录一个战略论证的方方面面，或者通常是论证的一个部分（正如该案例所示）。在战略地图中，我们会对资源、行动事项和未来情形进行简要描述，并用箭头把它们联系起来，以展示投入如何带来产出，以及原因如何引发结果。通过这样的方式，在战略地图上就可绘制出一条能产生特定结果（比如公司的竞争优势，该案例中指西南航空的低成本优势）的因果路径。我们称之为战略地图，是因为它展示了战略论证中不同要素的排布方式及其相互之间发生联系的路径。

战略地图有用吗？如果有用，原因是什么？我们再想想加里·凯利在引入座位分配这一做法上所面临的压力。他要做的是推测如果西南航空放弃公开选座的做法，会产生什么样的后果：是正如分析师所料，利润上升吗？还是仅能带来微小的，甚至是负面的影响？这样的推测会引发反向思考，即凯利需要设想在未来两种不同的情境下，西南航空将会有什么样的绩效表现。一种情境是坚持公开选座的做法，另一种情境是乘客提前选座。这两种关乎未来的情形还没发生，而且在某一个特定的时点上，只会存在一种情形。

那么，领导者如何决定哪种情形更有优势呢？

运用现成的模型对备选情境进行思考会比较容易，它是对现实的简化表示，便于识别各种相关的作用力，并预测如果某些条件或者变量发生改变，将会发生什么情况。模型有很多种形式，从简单的可视化关系图，到复杂的反映因果过程的图表，再到复杂难懂的数学公式。[9]无论采用何种形式，战略地图始终是一个简单、直观的战略论证模型，它能较为容易地反映出一个特定变化将如何在整个体系中产生深远而持久的影响。

例如，图 2-2 中展示的战略地图聚焦于西南航空登机口的工作人员如何通过团队合作，既提升了产能利用率，又降低了人员配置率。在这个例子中，在登机口的团队合作能力是一个关键变量，因为它对西南航空的成本结构有多重影响。如果团队合作失败，西南航空的竞争力也就随之急剧退化。

通过使用战略地图，我们可以发现引入座位分配的做法所带来的影响。放弃公开选座的做法看起来会增加登机口检票人员的工作量。在传统的航空公司，登机口检票员的很多时间都用于回答关于座位分配的问题，处理座位调整及舱位升级等事项。相比之下，西南航空登机口的检票员完全不需要花费时间来考虑哪位乘客坐在哪里的问题，他们只需要确保乘客在登机时有序排队即可。因此，这幅战略地图显示，引入座位分配的做法可能导致团队合作能力下降，原因在于当登机口检票员忙于解决选座问题时，他们就没有充分的时间来为下一个航班的出发做好准备。

从公开选座转换为座位分配也可能影响乘客行为。经常乘坐飞机的乘客熟悉传统航空公司那套冗长的登机流程，他们杂乱地排队登机，寻找座位，当有其他乘客坐在中间或者靠窗位置时，他们不得不起身站在过道中等待。西南航空的登机流程称不上让人很愉悦，但至少先到先得的流程极大地提高了登机效率。

　　这条推理依据表明，西南航空的公开选座政策对公司的竞争优势带来了微小但重要的间接影响。相应地，我们对战略地图进行了修正，即把公开选座政策放到其中。图 2-3 表明，公开选座为在登机口的团队合作提供了便利条件，因此间接地对飞机的快速调头及降低人员配置率起到了推动作用。公开选座还通过改变乘客行为及让乘客快速完成登机流程，直接提高了调头效率。

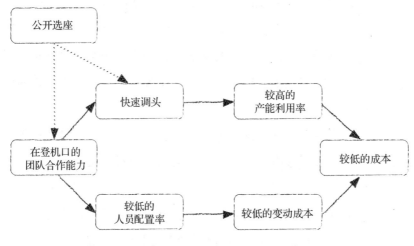

图 2-3　西南航空的战略地图（修正版）

　　如果西南航空的战略模型正确，那么它就表明座位分配可能会打破一些组织惯例，削弱西南航空低成本结构背后的一些优势。在新闻发布会上，凯利也表达了对在花钱上很计较的乘客的担忧，这表明他基于西南航空客户群的期望值，对提前分配座位能否增加公司收入持怀疑态度。凯利的意见表明，提前分配座位的做法很可能不仅不会提高公司的利润，还有可能让航空公司承受事与愿违的后果。

我们的观点不是要宣称图 2-3 的战略地图反映了西南航空领导层的一致意见，也不是说他们拒绝采用提前分配座位的做法就是出于我们已经列举出的这些原因。实际上，西南航空的领导层、分析师或读者，可能都不认同我们关于采用分配座位的做法会引发后果的结论。或许这种做法可以在不影响登机口检票员的工作量或者是将影响降到最低程度的前提下来实施。如果提前分配好座位，乘客的登机速度可能比在公开选座的情况下还要快。甚至有可能，图 2-2 中战略地图所反映的我们对团队合作的核心作用的理解有偏差。

如果对比不同的假设情境，我们会发现这些分歧是有道理的，甚至是可以预料到的。但是，我们绝对不会怀疑的是，如果参与讨论的人明白他们为什么会有不同意见，并能通过一种结构化的方式精准地找出原因，那么这些争论就会更有成效。图 2-3 中的战略地图把看似合理的战略论证通过视觉形象呈现出来，为大家创造机会来认识到并清晰表达出他们各自的战略论证有何不同。如果他们用正面的心态来评估分配座位的做法，那么战略地图就有助于他们（实际上几乎是恳请他们）明确地表达为什么会持不同意见。尽管这样的争论并不能保证团队最终会做出正确的决策，但是它能让每个人的推理变得更加清晰，进而提升他们所做决策的正确率。同样重要的是，如果事情的发展方向确实出了错，把决策背后的推理过程说清楚有助于领导者从错误中学习。

通过重点强调对公司成功逻辑发挥作用的主要因素，战略地图让大家更容易想象一个特定的战略变化会带来什么样的结果，西南航空的案例对此做出了证明。战略地图为战略思考提供了一个架构，它是有效的沟通方式，有助于梳理清楚公司战略的各个要素之间存在的错综复杂的关系。最后，战略地图也可以作为领导团队战略讨论的聚焦点。团队成员可以在战略地图上表达他们的观点和关切，而且也能更容易地找出和解决关于公司的真正成功逻辑的不同意见。

绘制战略地图的实践

案例研究：沃尔玛

我们以沃尔玛为例来进一步说明如何对战略地图进行可视化呈现。重点关注一家与其他竞争对手相比持续保持成功的业绩纪录的公司是有好处的，因为我们可以信心十足地把它的成功归因于战略，而不是运气或者其他外部因素。我们也认为关注沃尔玛是有实用意义的，因为对它的深层次分析是相对直接且无可争议的，而且它也是一家很多读者都熟悉的公司。

在 2020 年 1 月 31 日结束的那个财年，沃尔玛在年报中披露的收入总额超过 5240 亿美元，员工人数达到 220 万（美国员工人数为 150 万），每周接待的顾客近 2.75 亿人。沃尔玛在美国及其他 27 个国家经营不同的业务。沃尔玛最为人所熟知的是如下三类业务：一是它的折扣零售业务，包括由日用百货和食品供应相结合的超级购物中心；二是它旗下的山姆会员店，这是服务零售客户的会员制仓储式商店；三是在 Walmart.com 开展线上购物业务。我们的分析聚焦于沃尔玛在美国传统折扣零售业的统治地位。虽然沃尔玛偶尔也会经历低迷期，目前也面临着来自亚马逊的严峻挑战，但与其他公司相比，它所面临的挑战已经很少了。换句话说，几乎没有人会质疑沃尔玛在过去 40 多年持续取得的战略成功。

　　沃尔玛的发展历史是众所周知的。[10]它成立于 20 世纪 60 年代初期，在阿肯色州的乡村小镇开始经营业务，并没有像凯马特（Kmart）、塔吉特（Target）、Venture 等竞争对手一样选择发展迅速的城市郊区作为业务发展的重点区域。有一段时期，当许多美国人从乡村搬迁到城市及郊区时，山姆·沃尔顿（Sam Walton）在乡村开店的决定就与许多人（包括大多数投资者）的直觉相违背。然而今天，许多分析师指出这一决定对沃尔玛的成功至关重要，因为这意味着沃尔玛面临的早期竞争压力来自小型的街边店铺，而不是大型的折扣零售商。随后，沃尔玛非常从容地扩大它在乡村地区的足迹范围，有意识地在乡镇中开设新店，而这些新店都位于已有沃尔玛店铺的乡镇的附近乡镇。一旦店铺的密度在一个地区中达到一定的水平，沃尔玛就会建立一个配送中心，为一定半径范围内的所有店铺提供配送服务，同时，它也会建立自己的货运部门。沃尔玛是首先采用"交叉配送"做法的企业，当来自不同供应商的货物送达配送中心时，这些货物就会被立即装载到货运车辆上，运往不同的商店。沃尔玛在信息技术方面也进行了大量投资，包括早期采用条形码扫描，通过自己的卫星通信系统在不同的店铺、配送中心及总部之间传输数据。

　　从 20 世纪 70 年代开始，沃尔玛便实现了快速增长。在那 10 年间，店铺数量的增长超过 10 倍，达到 250 多家，新增店铺主要集中在美国中部。到 1990 年，沃尔玛成为美国最大的零售商，它的店铺数量是 70 年代的近 5 倍；到 2000 年，沃尔玛的店铺数量又增长了 1 倍多。2000 年，沃尔玛通过增设食品店，把多家店铺转换为了超级购物中心。因此，今天的沃尔玛在美国的零售业中占据了很可观的份额。

从成立之初，沃尔玛就展示了强大的勤俭文化，这种文化源于山姆·沃尔顿自身的习惯。店铺布置坚持朴实无华的实用主义，而且多年来，沃尔玛很少花钱打广告。在旅行时，员工共享房间，而且有可能是和山姆·沃尔顿共住一间。沃尔玛和供应商进行强硬的讨价还价也很有名。当供应商到访沃尔玛的总部进行谈判时，他们会被领入简朴的会议室中，坐在令人感到不舒适的椅子上，谈判时间也非常有限。所有从沃尔玛打出的电话，都由接听方付费，而且供应商不能使用特快专递寄送信函或者合同。沃尔玛引入了自有品牌产品线。同时，经验丰富的供应商也能从沃尔玛关于采购模式的丰富数据中获得好处，这有助于他们更高效地对生产进行规划。

沃尔玛对在其不断发展壮大的店铺网络中共享最佳实践和信息进行了大量投资。沃尔玛使用自己的卫星通信系统定期召开公司会议，让店铺经理和员工了解公司的发展情况和新的业务举措。从店铺网络中获得的实时数据有助于总部仔细地跟踪记录各个店铺的经营业绩，同时，总部也给予店铺经理适度的自主权。沃尔玛没有通过搭建精心设计的组织层级来管理遥远地区的业务运营情况。沃尔玛明确规定，总部的经理人员要频繁地在不同店铺之间出差，每周回到阿肯色州的本顿维尔时，一定要带回来能在更广泛的范围内分享的好创意。

沃尔玛战略地图的构成要素

正如前文所述，战略地图是关于战略论证的图表。在战略地图中，我们会对想法、对象、资源和行动事项进行简要描述，并用箭头把它们联系起来，以展示投入如何带来产出，以及原因如何引发结果。通过这样的方式，战略地图就绘制出了一个能产生特定结果（比如公司的竞争优势）的过程。

任何一种绘图方式都有它自己的特性，但是我们提倡遵循几条指导原则，以使整个过程保持聚焦和高效。这些原则包括如何开始论证，如何构建论证，如何改进论证，如何评估论证。

以终为始

如何开始构建一幅战略地图？我们强烈建议从你正在努力解释清楚的地方开始，即从战略地图上想要抵达的终点开始。换句话说，开始绘制战略地图包括提出以下几个问题：关于战略，你想得出的结论是什么？关于战略以及此后的战略论证，你想得到什么样的结果？答案往往基于组织的愿景或使命及其长期发展目标。在这些情况下，尤其有价值的是关于公司竞争优势的通用性质的结论，比如由低成本或者品质认知所带来的价值创造优势，抑或是议价优势、位置优势（如果不熟悉这些战略学的概念，请参照附录 B 中的简要介绍）。

以终为始及逆向推理可能看起来有违常规思路。当我们遇到一个正式的论证题时，我们通常会使用与"以终为始"相反的思维来解题，即从初始假设到结论，想一想大家在高中课本中遇到的关于几何定理的证明。然而，如果你和世界一流的数学家和科学家交谈，你会发现他们通常会从他们想要证明的见解或者直觉开始。然后，他们会努力找出能使结论成立的条件（假设或者前提），逐步地进行验证。

从结论开始绘制战略地图也具有类似的优势。最根本的优势是战略直觉通常会以一种对具有吸引力的潜在机会突然有所认知的形式展现出来，而基本的战略问题就是哪些条件成立才能让机会变成现实。此外，因为战略论证的结论通常描述的是一个希望获得的结果，以终为始在绘制战略地图的开端就提供了正向的聚焦力和能量。

当然，你最初可能会想到很多可能的结论，并以此作为论证的起点。你应该选择哪一个呢？依据我们的经验，绘制战略地图的做法可能在两种情况下尤其富有成效。一种情况是你试图把结果理解清楚，比如一个组织、业务举措的成功或失败。在解释西南航空在航空业中取得成功的关键因素时，我们提到了这种方法。

另一种情况是，在对涉及新战略举措的具体决定或者行动事项进行斟酌时，绘制战略地图也将发挥非常高效的作用。例如，关于进入一个新地理区域的战略建议。我们在考虑这些行动事项时，内心早已暗示了一个结论（由拥护者提出的想法），即从某种意义上来讲，新倡议将会带来好处。如果战略地图以对假定优势（即结论）进行明确说明为起始点，绘制战略地图就有助于厘清因果关系。

有效的战略地图绘制活动极有可能会质疑或者推翻位于战略地图起始点的结论。这个过程可能看起来会令人感到沮丧，甚至会让一些人对战略地图绘制过程的核心要点产生怀疑，认为这种做法是在浪费时间。就如同科学实验一样，能认识到推翻一个结论的价值是很重要的。这样做意味着在推理面前要摈弃先入为主的观念。通过花费一个小时的时间在白板上绘制战略地图来发现结论行不通，往往要好过花费数月的时间及大量金钱来试图让结论变得真实。

每次只得出一个结论

当绘制战略地图在一个小组情境中完成时，出现不同的观点和偏好是很正常的。实际上，当大家开始绘制战略地图的时候，各自可能持有完全不同的且有倾向性的结论。在小组中存在分歧显然是造成紧张关系的潜在根源，这会导致战略地图的绘制偏离正确的方向。但是，即使是由个人绘制战略地图，对重点关注的结论做出决定或者选择也并不总是那么容易。任何一家公司的整体战略论证都包括多个可以变动的部分，因为一家公司可能拥有多种多样的不同优势。

例如，为了把沃尔玛的成功理解清楚，我们可能会提到沃尔玛的多项战略优势。公司成立于乡村地区，远离其他折扣零售商，表明它受益于位置优势。类似地，沃尔玛的规模也表明它对供应商有议价优势。当然，沃尔玛可能由于很多不同因素而具备低成本优势。所有这些因素都有可能促成其整体优势的形成。我们应该从更广泛的结论入手，还是从其优势的具体构成要素入手呢？[11]

这个问题没有统一的正确答案。正确的方式取决于具体的情形及每个人的理解。然而，从一开始就明确哪个结论将是战略地图的聚焦点是很重要的。关键在于不能陷入情绪化或者无法预料的争辩中。换句话说，你不想对每个可能的结论都费力地构建论证，并据此决定应该聚焦于哪个结论。那样的路径将会花费大量的时间，并形成浩如烟海的材料。相反，选定一个结论的过程必须非正式一些，驱动力主要源于组织、领导者及参与者的战略优先事项。例如，组织可能已经确立了几个目标：通过占有最大的市场份额，在其所属领域中实现最高收入；成为领先于竞争对手的一流创新企业；成为用具体行动回馈社会的负责任的社区公民。

许多组织宣布了多个高优先级目标，也就是战略论证的多个结论。如果有可能形成多个结论，然后分别针对每个结论绘制战略地图，那么这个过程就需要经历多轮讨论。

有时候，绘制战略地图的过程中也会出现需要做出详尽解释的额外结论。例如，有人可能会从某个角度出发来理解沃尔玛的整体优势，随后认识到是不同的因素造就了沃尔玛的优势，比如它的价值创造优势、位置优势都极其复杂，每一项都需要单独绘制一幅战略地图。

为了把观点说清楚，我们将重点关注的结论是，大家普遍认为与竞争对手及其他零售商相比，沃尔玛拥有低成本优势。我们重点关注这个结论，部分原因是它应该没有太大的争议性。沃尔玛最出名的就是其降至冰点的价格，在保证盈利水平高于竞争对手的同时，它还能持续保持低价，这要求沃尔玛具备低成本优势。因此，战略地图上的结论表述如下：

沃尔玛的成本比竞争对手的低。

我们喜欢这一结论，因为它用没有歧义的说法陈述了沃尔玛的战略优势。它也清楚地表明，这项优势是相对于沃尔玛的竞争对手而言的。同时，这项低成本优势的形成可能出于几个原因，包括拥有价值创造优势和议价优势，这意味着我们的证明过程不会十分简单。

找到看似合理的解释

一旦为论证选定一个（试探性的）结论，下一步就是找出看似能推导出结论的原因（或条件、假设及前提）并把它们写下来。换句话说，根据我们对公司及市场环境的了解，可能会产生战略优势的重要因素有哪些？因为我们的目标是对沃尔玛为什么具备低成本优势构建一个论证，这个步骤包括找出可能对公司的低成本优势产生重大作用的所有不同因素。在这个时点上，我们并不关心一个因素是独立发挥作用，还是依赖另一个因素来发挥它的影响力。重要的是找出看似合理的解释。这一步是战略分析的核心。

头脑风暴

绘制战略地图的过程能带来的一个主要好处是它具备突破初始的、浮于表面的解释的潜力。这种做法的目标是产生新洞察，而不是简单地陈述大家事先已经形成的观念。为了实现这个目标，我们强烈建议在试图找出有助于形成结论的所有因素时运用头脑风暴。头脑风暴就是尽可能多地产生各种想法，包括一些（许多）打破常规的想法。有效进行头脑风暴的方式有很多，它们通常包括如下要素：

1）事先宣布一个有明确截止时点的固定时间段。

2）小组中所有成员必须积极参与。

3）参与者有充沛的精力，并经常通过站立、吃零食的方式来"补充"能量。

4）开始时由参与者分别提出想法，然后以所有人都能看见的方式分享和公布这些想法。

5）在这个阶段不允许对任何想法进行批评，鼓励对提出的想法展现热情。

6）鼓励在已有想法的基础上提出新想法（"是的，下一步的方向是……"）。

7）尝试在短时间内尽可能多地把想法记录下来（在白板上或者其他地方）。

在进行头脑风暴时，首先关注想法的数量而非质量是有帮助的，即起初在无须担心想法能否或者将如何对结果做出解释的情况下，提出大量的想法。类似地，起初不要担心不同的想法是否会重复、冗余，或者是否为同一个想法的不同表达。想法上的共性之后可以被识别出来，当不同的人在一起工作时，想法的重叠恰好表明大家在观点上的相似性。

今天，这个过程通常被称为"构思"，它在结构上应该尽可能地凌乱一些，让意想不到的深刻见解涌现出来。但是，简约型的结构可能还是有帮助的，对那些不知道从何入手来构建战略解释的人尤其如此。一个简单的有益提示是要求大家关注组织有什么与组织做什么这两者之间的区别；或者，一方面关注公司的核心资产和资源，另一方面关注公司独特的业务活动和能力。[12]

举个例子，一项核心资产或者资源可能是公司对一项关键技术拥有知识产权，而且这项知识产权受到法律的有效保护。比如，一家医药公司对广泛使用的药品立普妥拥有知识产权。核心资源可能是可交易的有形资产，比如门店网络或配送中心。核心资源也可能是无形资产，比如品牌声誉或者客户基础。

除资产和资源之外，一个组织也可能具备特有的活动或者能力。特有活动是指一家公司具备的其他组织并不具备的流程，而特有能力是指一家公司在某些流程和例行程序上比其他公司做得好的能力。例如，多年来，西南航空通过让乘客按照值机顺序来排队登机的做法是其特有的活动，因为没有一家航空公司采用这种做法；而它能快速完成飞机返程就是一项特有能力，因为它比其他航空公司做得更快更好。

在许多案例中，我们应该注意到，我们试图得出的战略结论可能只是一个相对结论。例如，在我们对沃尔玛的论证中，我们没有试图找出影响沃尔玛成本结构的那些因素。相反，我们想确定哪些因素使得沃尔玛的成本比其竞争对手的低。在构建此类论证的过程中，会出现的一个现实问题是，何时引入与公司竞争对手的明确比较。例如，在头脑风暴阶段提出的每个想法都应该是相对命题吗？

我们的建议是在绘制战略地图过程的初始阶段，各个想法宜采用隐性对比，而不是显性对比的方式。过早地采用显性对比的方式会抑制想法的产生，因为大家会花费大量的时间来努力评估他们对于公司和其竞争对手之间有何不同的直觉是否正确。[13] 相反，一个更高效的方式是让大家跟随直觉，找出公司和其竞争者之间的关键不同之处，然后再回归主题，让这些相对命题变得清晰明了。

根据我们的经验，把每个想法都简要地写在一张便利贴上，这种方式最容易产生大量想法（即使是单独工作的时候，也是如此）。中等型号的便利贴（4 英寸⊖ × 6 英寸）有助于大家简明扼要地表达想法。快速地把一个想法写在一张便利贴上，然后把这张便利贴放在一旁，接着写下一个想法。使用便利贴的另外一个好处是它们很容易移动并重新排列，这对后续绘制战略地图的过程将是很有用的。

下面的表 2-1 说明，基于我们对沃尔玛的简单总结及大家熟知的一些事实，在分析沃尔玛的低成本优势时，产生一个想法可能带来什么样的结果。表中带有下划线的要素可能是沃尔玛的核心资源及资产，而加粗字体的要素可能是沃尔玛的特有活动和能力。我们强调这些分类，目的是想让大家使用术语来分析沃尔玛的案例，证明可能会产生的想法有哪些。但是，需要注意的是，表 2-1 中的很多想法都不能十分贴切地归入这些分类，这也是件好事。

　　⊖　1 英寸 = 0.025 米。

表 2-1　在头脑风暴过程中产生的关于沃尔玛的低成本优势的想法

• 位于乡村地区	• **交叉配送**	• 工人的工资低
• **分享最佳实践**	• 配送中心	• 没有工会
• 自有品牌产品线	• 对信息技术的投资	• 自有货运业务
• 采购量大	• 规模经济	• 店铺的布置朴实无华
• **成熟的物流能力**	• 廉价房地产	• **勤俭节约的文化**
• 中心辐射型的配送系统	• 覆盖全国范围的门店网络	• **强硬的谈判风格**
• 议价能力	• **数据分析能力**	• 在乡村地区面临的竞争压力小
	• 以"天天低价"著称	• 巨大的销售量
	• **十分有限的广告宣传**	
	• **实时的业绩数据**	

注：表中带有下划线的要素是核心资源和资产，加粗字体的要素是特有活动和能力。

表 2-1 中的很多想法仅仅是对事实的陈述。有一些非常具体（比如"位于乡村地区""店铺的布置朴实无华"），而另一些则比较抽象且偏概念化（"议价能力""规模经济"）。这是想法产生过程的常见结果。有人可能不认同这张表，认为只有简单事实陈述的解释是不完整的，而且表 2-1 中的每一项想法与沃尔玛的成本优势之间的关系在很大程度上是隐性的。事实也确实如此。在论证过程的这个阶段，缺少明显的解释性关联是一个特征，而不是缺陷。我们在这个阶段要尽可能多地获取多元的想法。如果在把想法写到便利贴上之前，就对其相关性进行充分的确认和解释，那么创造性和洞察力最终就会被削弱。简而言之，在这个阶段，大家应该相信，如果有人提出某个特定事实可能与正在论证的命题相关，那么就存在一些值得思考的关联。

排列组合和优化完善

一旦对战略地图的绘制过程产生一系列丰富多元的想法，大家的注意力就会转向发现这些想法的规律和相似之处。一场非常好的头脑风暴会激发大量的想法，以至于它可能看起来会形成排山倒海之势。随着想法越来越多且变得难以管理，把这些想法按照相关主题和概念进行排列组合就会很有帮助。如果已经把这些初始想法写在了便利贴上，对它们进行排列组合就会特别容易，因为当我们发现这些想法的相似之处时，我们能够随意移动它们，而当新的规律和洞察产生时，也很容易再次移动它们。

应该如何对这些想法进行排列组合呢？例如，对于表2-1中提到的想法，大家很容易也自然而然地会根据核心资源和资产之间的区别，以及特有活动和能力之间的区别来对这些想法进行排列组合。或者，一个组织中的成员会本能地根据组织中的不同职能来确定分类主题，比如市场营销、销售、生产等。在这两种情况下，如果按照"投入"和"产出"两个大类来分，只有当这些想法都可以划归为"投入"类别时，它们才会被认为具有相似性。

对绘制战略地图而言，我们认为这些确定分类主题的方法可能没有太大帮助。回想一下，绘制战略地图的目标是构建战略论证。因此，这些想法应该按照脑海中想要到达的终点（即你正在试图证明的结论是什么）来组合。在沃尔玛的案例中，我们试图解释"为什么沃尔玛的成本比竞争对手低？"。因此，如果这些想法能对这一结论做出相同的解释，它们就应该被认定为是相关的。它们是因为具有共同的"产出"属性，并非"投入"属性而联系在一起的。

为了让大家理解我们的意思，以表2-1中有关沃尔玛的想法为例，我们认为，"自有品牌产品线""采购量大""议价能力""数据分析能力""勤俭节约的文化"和"强硬的谈判风格"可以有效地组合在一起，至少一开始可以这样组合。我们的直觉是，这些想法都与沃尔玛和供应商如何互动有关，因此可以划分为一类。类似地，我们可能把"分享最佳实践""成熟的物流能力""中心辐射型的配送系统""交叉配送""数据分析能力""实时的业绩数据"和"自有货运业务"划分为一类，因为它们看起来都与沃尔玛的高效运营能力（尤其是配送作业效率高）相关。[14] 当然，其他组合方式也是有可能的。

这些组合的形成过程可能看起来神秘莫测。实际上，在任何一个发挥创造力的过程中，大脑究竟是如何形成这些特别洞察的，原因总是有些模糊不清。然而，根据我们的经验，充分理解业务且对关键战略问题（比如供应商的议价能力或者是成本效益）有基本感知的企业高管毫不费力地就能看清这些想法之间的关联。这种情况发生的主要原因是，我们的头脑是带着解释产生这些想法的，即使这些解释并没有清晰地写在便利贴上。换句话说，当有人提出"采购量大"可能会对沃尔玛的低成本结构做出解释时，这个解释（可能是隐性的）极有可能和沃尔玛与供应商之间的关系相关。因此，一个有效的做法是让大家在与更多的团队成员进行分享时，简要描述他们认为一个想法与结论相关的理由。事实上，当大家这样做时，各种想法的初始组合通常就形成了。

一旦把不同想法划归为不同的组合，大家的注意力可能就会转向在不同主题的组合中对各个想法进行排列。从最简单的方面来讲，这种做法包括剔除用不同方式表达同一个想法的便利贴，以减少冗余和重复。然而，组合中的不同想法抽象程度不尽相同，通常存在一个层次体系。有些表述非常具体，比如"自有品牌产品线"；有些表述则较为抽象，比如"议价能力"。沃尔玛拥有自有品牌产品线这个事实，有助于增强它对供应商的议价能力，因为这意味着沃尔玛即使从与供应商的谈判中退出，它也有产品出售给顾客。

　　抽象化程度较高的想法对绘制战略地图尤其有用，因为它们是形成更为全面的解释的基础。因此，花一些工夫对组合中的想法进行排列，以反映抽象化的层次体系，这是一种有效的做法。越是抽象的概念，越能自然而然地在组合过程中显现出来。如果一个组合中没有抽象化表述的概念，那就补充几张新的便利贴，把这个组合反映的核心主题抓取出来。

　　排列组合过程的最终结果是形成一系列主题和抽象概念，它们将作为战略地图的构成要素。每一个抽象概念，比如"议价能力"或者"规模经济"，都将在战略论证的过程中发挥核心作用。同时，较为具体的想法将成为抽象概念的形成原因或者依据。

构建战略地图

　　关于沃尔玛的想法形成和完善之后，留给我们的是一组能对沃尔玛的低成本优势做出解释的可能原因。大家会很容易停留在这个阶段，认为战略分析已经完成，就如同已经完成对传统 SWOT（优势、劣势、机会和威胁）四个象限的战略分析。但是，对于构建一个好的战略论证，这只是一个中间环节，它对于证明这些不同的可能原因之间存在的相互关系，以及它们与结论之间的关系是一项必要且重要的投入。

　　想法形成和完善之后，我们就会有一长串的"想法清单"。我们这么说，并不是想贬低把战略想法写下来的价值，或者是低估集体头脑风暴及对各种想法进行合成处理的价值，恰恰相反，它们的价值可能是巨大的。但是，我们确实认为，突破清单范围的限制，我们还将能有更多的收获，既能排除不相关的想法，又能加深我们对各种想法的理解。

换句话说，这个时候需要构建一幅战略地图，开始对各种想法进行分类"清洗"。我们建议用一种合理的方式来对这些想法进行排列组合，以说明"投入"如何促成"产出"，或者"原因"如何引发"结果"。战略地图的基本结构一旦形成，就代表战略论证的基本结构已初步形成。

如何做到这一步呢？我们建议把不同的想法组合留在便利贴或者白板上，并开始在一张空白纸上绘制战略地图。我们先把想要得出的结论写在一张纸上或者一块干净的白板上。写结论时要给画出战略论证的形成过程留出空间。我们建议把结论写在白纸或者白板的右侧边缘处，以便给战略地图的剩余部分留足空间。我们把结论写在右侧边缘的位置，因为我们通常是按照从左到右、从原因到结果的顺序来阅读完整的战略地图的。其他人也可能倾向于采用从右到左或者竖向排列（自上而下或者自下而上）的顺序。只要大家达成一致，选择什么样的顺序并不重要。

绘制战略地图的目标是形象化地表达形成结论的想法序列。也就是说，我们的目标是描述不同因素之间存在的相互影响。我们通过一系列箭头指向来表示不同想法的序列，通常把想法写在文本框中或者是便利贴上。有些序列可能相对较短，而有些则是因果关系较长的链条。在沃尔玛的案例中，一个简单的因果序列是：

自有品牌产品线→对供应商的议价能力

这个序列应该这样理解："沃尔玛拥有自有品牌产品线的事实，使其具备对供应商的议价能力。"我们可以把议价能力与最终结论联系起来，稍微加大这个因果序列的复杂度，如图 2-4 所示，我们可以这样理解："沃尔玛拥有自有品牌产品线的事实，使其具备对供应商的议价能力，进而使沃尔玛的成本比竞争对手的低。"

图 2-4　对沃尔玛成本论证的直观表述（初始版）

大家注意，图 2-4 是一幅战略地图。它很简单，是一个初步设想，当然也只是绘制一幅关于沃尔玛的全景战略地图的开端。但是，它是一个重要的起点。我们可以从这个起点出发，也可以通过对这个起点进行修正，来为关于沃尔玛的战略论证过程构建一幅更为全面的图景。

在对图 2-4 中的初始版战略地图进行详细说明之前，我们就如何从一个结论及想法清单到形成一幅战略地图提供一些大致的思路。

首先，战略地图的构建可以是正向构建，也可以是反向构建。在头脑风暴阶段形成的想法清单包括多个可能的战略论证起点。正向构建的过程包括思考一个想法对最终结论可能产生的影响。

换句话说，我们从"沃尔玛拥有自有品牌产品线"开始正向构建，思考从这个事实可以推断出哪些与"沃尔玛的成本比竞争对手的低"相关的观点。巧的是，在这个案例中，"沃尔玛拥有自有品牌产品线"所带来的影响已经出现在我们在头脑风暴阶段形成的想法清单中，即"沃尔玛具备对供应商的议价能力"。

在最初的头脑风暴阶段就找到不同想法之间存在的关系类型，是对不同想法进行组合和优化的重要步骤，而且，当大家在思考并理解这些想法的时候，这个步骤自然而然地就会发生。但是，在探究一个想法可能带来的影响时，没有必要只局限于那些已经产生的想法。在绘制战略地图的过程中，将组合优化后的想法与具有新意的洞察相结合，新的想法就有可能涌现出来。

从想法清单开始正向构建所面临的挑战是，任何一个起点都能带领大家通往许多不同的方向，但并不是所有的方向都能带领大家得出想要的结论。如果大家在形成想法的时候，头脑中始终记着想要达成的结论，那么这种风险在一定程度上会降低。但是，尽管如此，讨论还是会偏离主线、超出边界。这也是为什么从结论倒推通常是很重要的。

我们退后一步，想一想哪些前提能使结论成立。例如，在试图证明沃尔玛的成本比竞争对手的低这一结论时，我们知道实现低成本的一个可能条件是在与供应商议价方面处于优势地位。碰巧，在表 2-1 中，这个想法被归类为可能对结论做出解释的较为抽象的观点，尽管这样的洞察通过对战略的基本理解和行业分析也能够形成。类似地，我们可能会想到，实现低成本的一个基本途径是具备最高效的运营能力，即对每一笔交易的配送服务承担较低的运营成本。如图 2-5 所示，我们把这两个想法融入到了修订后的战略地图中。

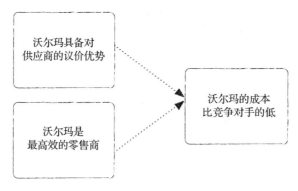

图 2-5　对沃尔玛成本论证的直观表述（修订版）

在构建战略地图的过程中，反向构建的好处是大家可以根据需要进一步做出的解释来决定往回走多远。也就是说，看位于战略地图最左侧的陈述在多大程度上能够立得住脚。在图 2-4 中，"自有品牌产品线"是一个很容易得到验证的简单事实陈述，因此，我们不需要再倒推。但是，位于图 2-5 左侧的两个陈述则确实需要进一步说明理由，即我们为什么认为沃尔玛具备议价优势或最高效的运营能力。

关于议价优势，我们在图 2-4 中研究"自有品牌产品线"的影响时就给出了部分答案。但是，如果我们认真思考图 2-5 中的战略地图，就会发现表 2-1 中的其他想法可能看起来也是相关的。因此，在下次复述战略地图时，我们可以继续倒推，然后形成图 2-6。在这里，我们把"沃尔玛具备对供应商的议价优势"当作一个需要验证的命题，而它本身也可以作为一个结论。

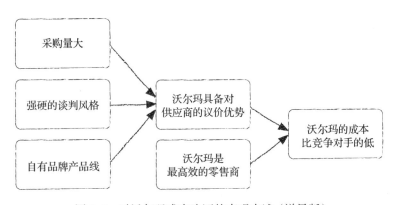

图 2-6　对沃尔玛成本论证的直观表述（详尽版）

我们的战略地图逐渐变得更加详尽，但我们认为它还不完整。例如，表 2-1 中还有些想法可能与沃尔玛的议价优势相关。此外，如果我们进一步分析，也会发现表 2-1 中有些想法也可能与沃尔玛的议价优势不相关。例如，当与宝洁公司等经验老到的供应商交锋时，强硬的谈判风格真的有助于把价格降下来吗？在这里，我们不想解答这些问题。相反，我们想强调的是，对这些问题的讨论可能是非常有成效的。

认真的读者会发现，我们在构建图 2-6 时，引入了一个并没有涵盖在表 2-1 中的非常宽泛的想法，即"沃尔玛是最高效的零售商"。我们从结论"沃尔玛的成本比竞争对手的低"倒推时，在图 2-6 中引入了这个想法。这个想法在倒推的过程中产生，我们问自己：一般来讲，一家公司具备成本优势的不同原因可能是什么？在我们看来，这种做法表明，在绘制战略地图的过程中，至少对某个部分进行倒推是有好处的。可以这么说，这种做法有助于我们不再对一个具体案例的诸多事实紧抓不放，而是会促使我们从更具广泛性的理论角度来思考。在战略地图中引入这样的概念后，我们当然就有责任思考如何通过有关沃尔玛的事实及想法来对其进行验证。从表 2-1 中的一些想法入手是推导出图 2-7 中的战略地图的第一步。

特别值得注意的是，针对沃尔玛具备最高效的运营能力的深层次原因，图 2-7 补充了三个前提。每个前提都代表一种可能会对沃尔玛的整体效率产生作用的驱动力。"规模经济"的意思是因为沃尔玛的规模大，它有能力以较低的单位成本提供产品。"分享最佳实践"的意思是一旦在公司中的某个部门或门店发现了有效的低成本做法，那么其他部门或门店也要学习并采用（在许多公司中，这些想法没有得到广泛分享，有时候甚至会被刻意隐瞒）。"交叉配送"的意思是货物一旦到达沃尔玛的配送中心，配送中心就立即卸货，并装到配送货车上运往各个零售商店，货物完全不会在仓库中停留。我们在战略地图上补充了这三个前提，而没有选择从表 2-1 中寻找其他可能的因素，这说明根据我们自身的最佳判断，基本上可以说这些驱动力是使沃尔玛具备最高效的运营能力的最为重要的基本因素。

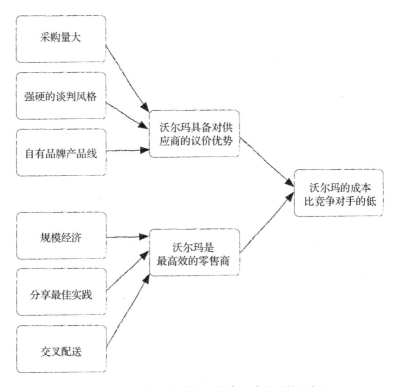

图 2-7　对沃尔玛成本论证的直观表述（扩展版）

在这个阶段，这些表述在战略论证中还只是未经论证的命题，它们的真实性和重要性还有待证明。我们在下文中很快就会对其进行证明。当然，我们尽最大的努力使我们提出的命题正确，并按照我们认为命题成立的方式来对其进行表述。但是，我们这样做仍然有点冒险。提出这个主张通常会让管理者感到不舒服，因为这不仅意味着他们可能出错了，而且还有可能引发与其他人的分歧和冲突。尤其对公司的管理者而言，在工作场所存在这种模棱两可的可能性，是需要花时间来适应和进行一些练习的。这也是制定战略的难度如此之大的原因之一。

即使绘制了图 2-7 中的扩展版战略地图，我们仍然还有许多工作要做。例如，关于"规模经济"的命题需要进一步验证。这可以通过沃尔玛的巨大销售量以及它对配送中心、货运车队、信息技术等进行大量固定成本的投入来解释。但是，在绘制战略地图的这个阶段，我们先做出另一种判断，随后再对战略地图进行详细解释。在我们看来，我们通过这幅扩展版的战略地图，已经把沃尔玛与其他零售商相比具备的竞争优势说清楚，并且已经找出了对形成和维持这项竞争优势而言比较重要的因素。对于那些认为公司的其他方面或者公司的行为方式同等重要或更为重要的读者，我们鼓励大家继续研究，并把战略地图构建得更加完善。我们在第八章也会回顾这幅战略地图，并对战略论证进行更加深入的解释。

总结一下战略地图的绘制过程，我们对构图方法提出了如下建议：

1）战略地图中的箭头代表不同想法之间的因果关系。箭头从原因指向结果，或者从投入指向产出。也就是说，箭头应该总是指向结果或者产出。

2）想法、概念、资源、系统状态及结论都应该写在文本框中或者便利贴上。

3）箭头一般应该传递一种过程。在 A 和 B 两个文本框之间画箭头时，应该问自己："如果把 A 转换为 B 要经历一个什么样的过程？"如果没有清晰的答案，那就不要画箭头，而是应该对问题多进行一点思考，因为论证中的某个部分可能缺失了。

4）绘制战略地图是一个反复的过程，要求大家有耐心、懂幽默。用文字表达一个良好的绘制战略地图的做法具有反复性对我们而言是有难度的。然而，大多数出色的战略地图都是历经多次错误的开端、对问题多次尝试做出澄清、探寻新想法、因为新洞察的出现而对论证结构进行回顾和修正的产物。这个过程有时候会令人感到沮丧，但事实上是非常有价值的。

我们在这里也应该提到一个非常重要的观点，尽管这个观点未必总是正确的。在为沃尔玛绘制战略地图的时候，我们假设每个原因（前提）都能独立地推导出结论。也就是说，我们把这些前提看作是可以独立推导出结论的单个原因，即任何一个原因都可以做到这一点。因此，从论证的角度来看，沃尔玛拥有较低的成本优势，要么是因为它具备对供应商的议价优势，要么是因为它是最高效的零售商。类似地，在相同的论证中，沃尔玛对供应商的议价优势，可能是采购量大的结果，可能是强硬的谈判风格的结果，也可能是拥有自有品牌产品线的结果。我们将在第三章中做出解释，图 2-7 就是把这些原因作为独立的因素，对战略论证进行了精准描述。当然，在一些论证中，各种不同的原因（前提）也可能不应被认定为是相互独立的。例如，有人可能认为议价优势要求采购量大和强硬的谈判风格这两个条件同时成立。我们将在第三章中讨论如何把这些相互依赖的原因画出来，并在论证中把它们写出来。

章尾思考

作为一种直观表示，战略地图既是形成战略论证的强大工具，也是有效的沟通方式。绘制战略地图的一个强大之处在于它具有灵活性和创造性，主要表现为：在白板上的两个想法之间画一个箭头，可以简单直观地表示两者之间的关系，而且，这些概念和关系可以很快地被重新排列，进而实现战略地图的快速迭代。许多人是视觉型思考者，至少在过去是这样。通过图表的形式来表达两个概念之间的关系可以快速激发新想法和新联想，因此，绘制战略地图的过程可能具有极大的生产力。类似地，一个能充分代表战略论证的视觉图形会清晰地反映出，与其他要素相比，哪些行动或者资产是更为关键的，因为它们将会与战略论证的其他部分产生多种关系。

因此，好的战略地图是强有力的协调工具。如果没有战略地图，大家通常对具体行动和结果之间的关系会有不同的想法。他们可能不认为各项行动之间是相互关联的，或者他们可能对关系的本质有不同看法。他们甚至可能都没有意识到他们竟然持有不同的观点。一幅好的战略地图能够让这些潜在分歧浮出水面，并运用事实和数据来展开讨论并进行更深入的调查。

尽管战略地图具备这些优势，但它并不是完美无缺的。事实上，如果构建战略地图的时候不仔细，它就可能会产生误导性影响，就如同本地人为游客在餐巾纸上潦草地画出一幅去往某个地方的路线图，十有八九会让人迷路。在白板上的两个概念之间画一个箭头似乎没有难度，但是，这种误以为存在的关联可能只是草率的或者一厢情愿的想法，而没有经过严谨细致的思考。遗憾的是，绘制战略地图并不能把站不住脚的推理排除在外。类似地，尽管战略地图有助于找出和解决分歧，但它具备高度精简的本质，这会使得许多争议处于悬而未决或者模棱两可的状态。大家在一幅反映因果关系的战略地图上，对同一个关系的解读也会不一样。这就是在第三章中，我们将要讨论逻辑评估工具是形成和修正战略论证的关键组成部分的原因所在。

主要观点总结

- 战略地图是对领导者们认为能够达成特定战略目标的战略论证、因果路径的直观表示。这幅战略地图说明了在组织活动和资源、环境条件以及战略利益成果（比如一个组织的竞争优势）之间存在的假设性关联。

- 战略地图通过反复思考和修订来促进战略论证的形成。同等重要的是，战略地图是强大的协调和沟通工具。战略地图有助于大家发现各自对战略问题的不同想法，并通过解决分歧来达成一致理解。大家后续运用集体智慧绘制出的战略地图，有助于企业高管在应对战略挑战时确保思路一致，前后连贯。

- 作为对复杂战略事实的简化表示，战略地图可以发挥心智模型的功能。这些模型有助于领导者进行逆向思考。在面对战略决策时，一幅能够找出相关驱动力的战略地图更加有助于领导者想象，如果某些条件或者变量发生变化，可能会带来什么样的结果。

- 富有成效的战略地图绘制过程要求坦诚、直率地交换想法。我们很容易在白板上把文本框和箭头画出来，但是大家看待和解读这幅战略地图的思想要统一，因为它是制定战略决策的坚实基础。

第三章

战略的逻辑

正式论证的好处

在组织学的学生中，广泛流传着这样一则故事。[1] 在第一次世界大战期间，一支匈牙利军队在瑞士山区展开军事行动。这支军队被中尉派出去执行侦察任务，但是没有按照原定计划返回驻地，而且在数日之后仍然不见踪影。雪一直在下，因此，中尉担心这支队伍失踪了，而且处于危险之中。中尉一直在和自己的愧疚感作斗争，他开始对自己的判断以及这场战争的目的产生怀疑。幸运的是，这支队伍在失踪后的第三天意外地返回了驻地。这让所有人都如释重负，内心充满喜悦。当被问及发生了什么事情，他们是如何存活下来并安全脱身时，士兵们给出了一个出人意料的答案。他们起初都感到茫然无措，担心自己面临死亡，直到他们当中有人在口袋里找到了一幅地图。他们安营扎寨并等待雪停，然后他们利用地图找到了安全返回大本营的路。中尉提出要看看这幅地图，然后他发现这幅地图描述的地理位置是比利牛斯山区，而不是士兵们实际所处的阿尔卑斯山区。实际上，这支军队是按照一张错误的地图，找到了回大本营的路。

在有关战略的传说中，这则故事带来的启示是，当你迷失方向时，任何一幅老旧地图都能带你找到回家的路。我们想要表达的思想是，即使是一幅错误的地图，也比没有地图强，因为它能带来希望，建立信心，并激发行动力。就战略而言，这一启示表明了在不确定时期制订战略计划的价值，即便是一个有瑕疵的战略计划，它也是有价值的。

我们在这里讲这个故事是想提出一个同等重要的不同观点。这个观点的成立以我们观察到军队自己没有意识到拿错地图为基础。实际上，他们认为自己手里拿着一幅他们所处山区的精确地图。这怎么可能呢？我们认为，答案就在于地图所固有的不确定性。地图是对现实的抽象化表达。从定义上来看，它要省略许多事物。两个人看同一幅地图，可能会看到两个不同的事物，会对他们所看到的事物进行不同的解读，并用不同的方式填充缺失的部分。好的地图以图例取胜——我们会就地图上应该包括哪些事物，以及不同的事物应该用什么符号来代表达成一致。但是，请想象一下，你拿到一幅地图，但不知道或者不理解它想传递什么信息，以及图注所代表的含义。你可能会认为你懂这幅地图，它看起来和其他地图一样，因此，你可能会把它当作一个行动的基础，并按照你认为它所暗含的意思来解释它、填充它。但是，如果你之后发现它描绘的是无法穿越的小径，而不是柏油公路，你就会很轻易地以一种不明智、不安全的方式来采取行动。

　　我们来回顾一下第二章中的战略地图。在一步一步推导出沃尔玛的战略地图之后，我们设想，许多读者可能会问战略地图是否足以为一个组织提供指引。我们的观点是，战略地图可以做到这一点，但条件是我们绘制战略地图的过程足够严谨，而且能充分认识到它的局限性。当然，我们相信，正如"任何一幅老旧地图都能带你找到回家的路"所蕴含的意味，我们认为对手中的地图形成共识将发挥协调行动、激励人心的作用。但是，为了使成功的可能性达到最大，大家都不想用老旧的地图，而是都想要一幅精确的地图。以我们的经验来看，第二章中描述的关于绘制战略地图的练习还远不能保证绘制出一幅精确的地图。但停留在绘制战略地图的阶段至少会让大家失去对战略论证进行深入理解的机会。更为重要的是，在绘制战略地图的时候，大家很容易挥动手中的笔，让战略地图上呈现的"论证"看起来合乎逻辑，但事实并非如此。

　　这样做的风险在哪里？第一，你要注意到，你写在白板上的想法有可能是不够完整的。在沃尔玛的案例中，"议价优势"不够具体，我们需要了解沃尔玛拥有议价优势的原因是什么以及使议价优势成立的条件有哪些，这样我们才能真正地理解战略。找出这些条件可能会涉及其他可能性前提，比如我们在第二章中提及的"采购量大"或"自有品牌产品线"，更为重要地，可能还有我们遗漏的一些前提。找出核心的基本理念是对战略进行分析及理解战略工作原理的关键，同时，也从厘清重点监督事项和确保战略思路井然有序的角度，为管理者提供了指引。

　　第二，对以战略地图形式呈现的战略论证的有效性进行评估是有难度的。如果你已经非常合理地勾画出了战略地图，那么你也就已经勾勒出了战略论证的基本架构。但是，要让论证成立，它就必须具备有效性，即你所期待的结果或者结论必须是由你正在思索或者假设的想法推断得出的。如果不是，你就需要修正这个架构，再添加一些想法和假设。正如我们在本章中解释的那样，评估有效性是关于逻辑的一个技术问题，当以命题的形式陈述论证时，这项工作通常会更加容易。

出于上述原因，我们认为一旦你对你的战略地图感到还算满意，那么它对正式战略论证的形成就会有所帮助。事实上，我们相信如果战略地图的形成过程没有得出一个逻辑合理的论证，那么你大概率不会制定出一个卓越的战略。你也可能会发现，你所在组织中的许多人对组织的战略并不清楚或者被战略搞得一头雾水。

你如何开始学习形成正式的论证，并整合我们推荐的逻辑推理工具呢？我们的经验是，通过参照一个例子的方式进行初步学习是难度最小的途径。因此，我们的大部分论述都会援引沃尔玛的案例，以及我们在第二章中描述的战略地图绘制过程。本章的目的是根据第二章中的战略地图，形成一个分析性的战略论证。因此，我们仍然会继续解释沃尔玛的战略是如何以及为什么会引导它走向成功的。在形成战略论证之后，我们将对把逻辑书写出来的整个过程进行更为概括的评估。

逻辑严密性的价值：发布苹果手机

公司内部的战略讨论在很大程度上依赖相对非正式的论证形式。企业高管围绕战略结果或战略行动，对竞争对手、政府的政策变化或者新技术表达自己的想法。这被当作说服他人的手段，即通过说明某种做法正确的一个原因（或者多个原因）来试图说服他人采取一个特定的行动方案。简而言之，这些想法是支持结论成立的论证依据。但是，因为这种论证通常以一种非正式的、非结构化的方式来呈现和讨论，所以把它们作为制定战略决策的基础是有极大风险的。

正如第二章中西南航空分配座位的例子所示，战略地图是一种强有力的方式，它能将关于战略关系的非正式说法转化为对不同要素如何产生关联的更加系统化的理解。然而，因为战略地图代表非正式的论证，它的影响力和效用是与风险伴随而生的。这些论证的风险源于大家可以轻松自如地在文本框之间画出箭头，在没有对各种关系进行透彻思考的前提下，就断言两个行动事项或者想法之间存在某种关联。出于这个原因，我们提倡用命题形式的正式战略论证来补充战略地图中的可视化论证。虽然正式的论证不如可视化的战略地图那样易变换且灵活度高，但构建一个正式的论证对时间和规则的要求，可以避免展开没有章法或者是一厢情愿的思考。正式的论证有助于我们把聚焦点放在论述的逻辑结构上，也有助于明确利害攸关的核心问题，为最为关键的假设提供深刻洞察，并开展更加富有成效的讨论。

为了证明构建正式论证的价值，我们思考一下手机制造商是如何应对 2007 年苹果手机的发布的。当第一代苹果手机上市时，诺基亚等市场上领军企业的高管并没有对此表现出担忧，如果他们有什么表示，那就是声称欢迎苹果手机进入市场，这将有助于扩大手机市场的规模。为什么？因为诺基亚的工程师此前就断言从可靠性和通话质量的角度来看，苹果手机不算是一款出色的移动电话。苹果手机只能在 2G 网络中运营，而诺基亚则具备按照全新、更高的

3G 标准来开发新手机的强大能力。[2]诺基亚手机电池续航时间长、抗摔能力强，而且尺寸与口袋大小适配。诺基亚的首席战略官得出的结论是，苹果手机是款不错的产品，就像苹果在个人电脑市场推出的 Apple Macintosh 电脑一样。其他手机制造商也同样没有表现出担忧。手机及电子设备制造商奔迈（Palm）的 CEO 埃德·科林根（Ed Colligan）说："这几年，我们一直在学习，也费了很大劲，想设计一款精巧的手机……他们不会简简单单地就想出来，也不会轻而易举地就大获成功。"[3]

为了给读者做出解释，我们设想一下，竞争对手可能会对苹果手机的发布开展哪些讨论（澄清一下，我们没有从手机制造商那里获得任何内部信息，只是从公开来源获取资料）。诺基亚和奔迈的领导者所表达的带有情绪的观点可以用如下非正式的说法来概括："因为苹果手机不具备出色的移动电话技术，所以它不会在智能手机市场中取胜。"

听到这个说法后，许多高管会自然而然地做出回应，针对苹果手机能否获胜发表自己的意见。换句话说，他们在表达自己对于结论的直观感受，或许也会给出一两个简单的理由。例如，他们可能会这样回应："苹果拥有令人惊叹的设计灵感，所以它们将在手机市场中占据主导地位。"而对最初想法持赞成意见的人则可能会回应说："算了吧，这是一款差劲的手机，绝对没有胜算的可能。"如此等等。

这样的争论很少会有成效，就算大家吵得脸红脖子粗也不会有结果。但是，这是一个大家普遍都会落入的陷阱，它最终会导致糟糕的战略决策以及对最终的行动方案缺乏责任感。在我们看来，问题的起源就是最初的非正式论述（"因为苹果手机不具备出色的移动电话技术，所以它不会在智能手机市场中取胜"）。就像许多非正式的论述一样，这是一个不完整的论证，因此不具有逻辑有效性。这个论证无效的原因在于，结论（"它不会在智能手机市场中取胜"）并不是基于上述前提或假设（"苹果手机不具备出色的移动电话技术"）推导出来的。为了确保逻辑的有效性，这种类型的论证要求我们再增加一个隐含的但没有用语言表达出来的前提。[4]

在战略争辩中，不完整的论证会占据很大分量，因为它们会唤起听众头脑中的隐性前提。当我们的头脑中呈现出一个不完整的论证时，我们会下意识地把脑中浮现的没有用语言表达出来的想法当作一个前提，并用它来填补空白。这种无意识地填补空白的动作有助于轻松地进行交流、生动地开展讨论，因为大家只是快速地交流想法，并通过简略记录的方式把各种想法汇集在一起，而不需要对每个假设都进行正式的陈述。

但是，它也可能存在很大的问题。填充隐性前提的过程通常都是即刻发生的下意识行为。在对同事的论述填充好缺失的前提后，我们可能在没有搞清楚隐性前提是什么的情况下就点头表示同意。此外，让前提保持隐性会增加后续引发困惑及分歧的概率，因为两个人可能都没有意识到他们给出了不同的隐性前提。

如果通过两个陈述句的形式重新陈述论证，那么初始说法存在的缺陷就很容易被看出来。

陈述 1：苹果手机不具备出色的移动电话技术。

陈述 2：苹果手机不会在智能手机市场中取胜。

第一句是一个前提，是关于苹果手机的经验假设，可能正确，也可能不正确，而第二句是一个结论。论证通常用以下方式来思考：如果（陈述 1 正确），那么（陈述 2 正确），即"如果"引导的是隐含的先决条件，而"那么"引导的则是隐含的结论。这个论证存在的逻辑问题是它的结论（陈述 2）未必是由前提（陈述 1）推导得出的。

现在用倒视镜来看这个问题，原因不言自明。我们想一想下面的这个谜题。从作为电话的功能来看，与市场上其他经济实惠的智能手机相比，第一代苹果手机被普遍认为不是一款非常好的手机。[5] 然而，我们今天知道，诺基亚和奔迈最终都是苹果手机大获成功的牺牲品。苹果在智能手机市场取得了决定性的胜利。因此，回头想想，我们可以看出，即使论证的前提正确，但如果结论是错误的，那么这意味着论证中肯定有些内容缺失了，这些内容导致了初始前提成立，但是结论错误的局面。

更为普遍的做法是（在没有了解后见之明的好处时），当我们意识到在两个陈述之间缺少一个有明确界定的关联时，我们就能发现论证是不完整的。陈述 2 是如何从陈述 1 推导得出的？出于直觉，我们能感觉到两者之间是存在关联的，但是我们不能肯定每个人的直觉一样。相反，对于陈述 1 如何与陈述 2 关联起来，我们应该有具体、精准的解释。

建立关联可能看起来容易，做起来难。我们尝试着做一次练习：

如果

　　陈述 A：苹果手机不具备出色的移动电话技术。

且如果

　　陈述 B：如果一款产品具备出色的移动电话技术，那么它将在智能手机市场中取胜。

那么

　　陈述 C：苹果手机不会在智能手机市场中取胜。

这个扩展型论证做到了几件事。第一，它补充了一个新前提（陈述 B）。第二，这个新前提有几个不同之处：①它会更抽象或者更笼统，并且不是只绑定一个特定的基于经验的说法；②它的复杂度更高，因为它在一个条件从句中包含两个前提。然而，这个论证仍然是简单且容易理解的。

这个扩展型论证有助于我们在对战略的理解上更进一步，因为我们现在更加明确自己所坚持的想法是什么，以及我们的想法是如何关联起来的。在补充了新的陈述 B 之后，我们就可以把第一个前提（陈述 A）和结论（陈述 C）关联起来。此外，陈述 B 中的一般性说法符合大家的直观认识。

遗憾的是，尽管这个论证是完整的（前提没有缺失），但是它的逻辑是不合理的。这是一个关于逻辑谬误的例子，逻辑学家称其为"对先决条件的否定"。[6] 如果我们停下来好好思考一下，很容易就能理解为什么说结论未必是从前提推导得出的。我们可以想到很多款技术含量最高，但在市场中并不占上风的产品。或者说，也有可能市场上没有一款产品具备出色的移动电话技术，但仍然会有一款产品可能是最终的胜出者。

尽管如此，一个完整但不合理的论证仍然要比一个不完整的论证强，因为我们可以对论证重新进行表述，使其变得合理。一个逻辑合理的论证应该如以下例子所示：

如果

陈述 A：苹果手机不具备出色的移动电话技术。

且如果

陈述 B[*]：如果一款产品不具备出色的移动电话技术，

那么它将不可能在智能手机市场中取胜。

那么

    陈述 C：苹果手机不会在智能手机市场中取胜。

单从表面上来看，陈述 B* 与陈述 B 中的初始前提似乎并没有什么不同。但是，两者之间的区别却造成了巨大的差异。陈述 B* 更为精确，因为它清晰地说明，出色的移动电话技术对于在手机市场中取胜是一项必然要求。不同于陈述 B 中的初始前提，它不是一个"可有可无"的条件，而是一个"必须具备"的条件。如果没有这个更为精确的前提（陈述 B*），初始说法（陈述 A）就站不住脚，也就未必能推导得出结论（陈述 C），因为对前提表示认同的人未必会接受结论。相反，我们对论证进行修正之后，对前提中的任何一个（陈述 A 或者陈述 B）有异议的人将不得不承认，如果这两个前提成立，那么结论（陈述 C）也会成立。

这一点很重要，因为它确切地说明了为了接受初始说法，我们必须认定的观点是什么，即哪个前提是必须成立的。你必须认定的观点并不是出色的移动电话技术必然会带来市场上的成功，虽然这个观点看起来足够合理，但出色的移动电话技术只是在手机市场中获胜的一个必要条件。把合理且完整的战略论证表达出来，促使企业高管一心扑在"出色的移动电话技术是在行业中取得成功的必要条件"这个命题上并证明其有效性。例如，这是顾客选择手机的唯一（或者最重要的）标准吗？顾客还会考虑其他因素吗？

明确这个前提也有助于理解苹果高管认定的观点是什么，哪怕是部分观点。因为他们愿意发行一款电话功能不如同行的手机，这说明苹果的高管可能并不认为防止通话中断是取得成功的必备条件。

在苹果手机发布时，他们的想法对错与否尚不明显，也不能说诺基亚和奔迈的高管认为出色的移动电话技术是在市场中取胜的必要前提是不合理的。毕竟在那个时点，通话连接的质量是手机市场竞争中的一个关键维度。但是，如果诺基亚、奔迈及其他老牌手机制造商的高管能想一想，为什么苹果对此问题的看法不同，以及苹果的高管究竟认为哪些驱动因素能使其获得成功，那么这对他们来说是有利无害的。

关于出色的移动电话技术是否为在手机市场中获胜的必要前提，存在不同的观点，这也为我们将在下文中提及的有效性和可靠性之间的一个重要区别做了铺垫。有效性纯粹只是论证的逻辑结构问题，即结论是否从前提推导得出。相比之下，可靠性是关于前提是否成立的问题。如果所有前提都成立，那么论证就是合理的，进而结论也是成立的。如果所有前提中有一个或者多个不成立，那么论证就暗示结论也是不成立的。如果我们所讲的内容对你来说深奥难懂，你也不要着急，我们会多次谈及两者之间的区别，并用实例进行证明。

2007 年，苹果和诺基亚的高管（或者公司内部的其他高层管理人员）可能对于论证的可靠性存在分歧，因为他们确实会对陈述 B* 持有不同的观点。陈述 B* 真的成立吗？他们当中可能没有人对那时会发生什么情况有把握。但是，他们都会认同论证的有效性。不论他们是否接受前提（陈述 A 和陈述 B*）成立，这个论证都是有效的。

如果回过头来看，我们就能意识到在战略论证中，至少有一个前提被证明是错误的。这个论证是有效的，但并不可靠。尽管苹果手机的移动电话技术不如其他品牌的手机，但它在初期取得的成功表明陈述 B* 是错误的，即出色的移动电话技术不是在手机市场中获胜的必然要求。此外，当后来苹果手机采用 3G 技术时，它可能就会把第一个前提（陈述 A）变为假命题，尽管第四代苹果手机遭遇的"天线门"事件表明，几年来苹果手机被注意到的"性能不佳"是一个问题。[7] 然而，我们只有在回头看的时候才能了解这些事情。

让隐性前提浮出水面并确保其有效性会使争辩框架发生显著改变。把一个完整、有效的论证表达清楚，而不只是表达对苹果手机能否成功的直觉，有助于大家把注意力聚焦在关键问题上。大家的关注点就会从争论彼此是否同意结论，转移到争论使结论成立需要具备哪些前提。

因此，承担决策制定职责的企业高管被迫把注意力集中于他们是否接受前提成立，以及原因是什么。在理想状态下，这将有助于开展富有成效的讨论。例如，如果你想让某人相信出色的移动电话技术不是在手机市场中取得成功的必要前提，那么你就要找到论据来支撑这个说法。而且，这样做有可能会使更多的隐性前提和不同观点呈现出来。例如，有些企业高管可能会同意这个说法，因为他们认为非凡的市场营销表现能够克服任何技术缺陷，而其他人则认为苹果手机的高端设计和功能（除通话以外的功能）将使它在市场中取得成功。

正如我们在本章开头所讲，含有隐性前提的非正式说法在公司和媒体的商业语境中是普遍现象。这种现象是不可避免的，毕竟，谁想用正式论证的生硬语言来讲话呢？在许多案例中，不完整的论证也没有什么坏处。可以分享的一个好经验是，如果隐性前提变得显而易见（即大家一看就知道这个隐性前提是什么），且不具有争议性（即大家对隐性前提达成一致意见），那么这些隐性前提就是可接受的。对于日常事项及例行公事，这两个条件很可能是同时成立的。但是，如果利益攸关且决策具有战略重要性，那么假设这两个条件成立就是有风险的。对战略决策而言，隐性前提通常并非显而易见，且具有争议性，而且，依赖错误的且没有直接说明的前提，后果很严重。尽管关于苹果手机的例子看起来是人为编造的，但它说明了使关键战略命题正式化的价值，以及确保战略论证有效的重要意义。

构建正式论证的实践

回顾沃尔玛的战略地图

在第二章中，我们完整经历了一个头脑风暴的过程，产生了一幅由沃尔玛低成本竞争优势背后的因素所组成的战略地图。回顾一下，我们提出了多个不同的想法和概念，对沃尔玛的成本为什么比竞争对手的低做出可能的解释，并开启了对这些想法进行排列组合，形成一幅合乎逻辑的战略地图的过程。

想象一下，我们完成了令自己满意的战略地图绘制过程，并且把所有能对沃尔玛的优势做出解释的新想法都列举了出来。在我们进行分析的这个阶段，即使我们的工作看起来已经告一段落，我们仍然可能会担心列出的清单是否详尽，或者这些要素是否全部正确。我们可能会选择忽略这些担忧，继续以当前的战略地图为基础来做出决策。然而，我们认为如果能突破最初的（或者是扩展后的）"想法清单"，我们会更加受益。部分原因是这将使我们把不相关的因素排除在外。但是，在头脑风暴的基础上继续探索的最重要的原因，是更好地理解如何把我们的想法嵌合在一起，以及找出我们在推理过程中需要填补的空白，以深化我们的理解。

在第二章中描述的战略地图绘制过程是深化理解的第一步。绘制战略地图尤其是一种形象化地展示和塑造论证结构的有力手段。当然，前一章中的图 2-6（复制并重新标记为图 3-1）让我们能够更好地理解沃尔玛在运营上的不同方面如何与它的成本优势相关联。

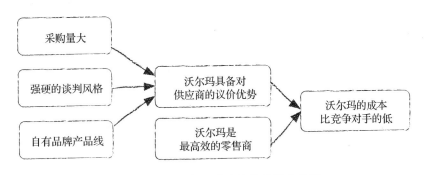

图 3-1　关于沃尔玛成本优势的战略地图

战略地图是一种有助于我们形成论证并做出解释的直观且有力的方式。但是，如果只是在白板上画出简单的箭头，那么很多内容可能会含糊不清、丢失，甚至导致误传。

运用战略地图，构建战略论证

图表缺少正式论证所应有的规矩。我们的经验是规矩很重要，它让我们免于陷入模棱两可的境地，确保我们不会提出无法真正聚拢在一起的松散论证，也不会在不同想法之间挥手画出不易被发现的各种连接。我们需要一个能促使我们做到严谨、细致的不同的框架。

幸运的是，我们认为使用相当简单的演绎式命题逻辑可以同时提供框架和必要的规矩。尽管大家在日常生活中不大可能经常用命题逻辑进行论证，但其基本形式是为大家所熟悉且得到广泛使用的，只不过没有明显地表现出来。例如，一个典型的简单论证会以如下形式呈现：

> **老板**：如果我的员工仔细听我的指令，那么他们就知道应该做什么。
>
> **员工**：我们仔细听您的指令了。
>
> **老板**：你们知道应该做什么。

为了把这个对话转换为命题逻辑，我们先让它变得更加抽象、严谨一些。第一步，通过移除每句话的讲话人，实现去人称化，把每句话仅作为一个不带任何感情色彩的说法。第二步，请注意在这组对话中，有些部分是前提（或者假设），其他部分则是结论。具体而言，前两句话是前提（相比于"假设"，我们更倾向于使用"前提"这个词，因为它更加清晰地表明我们正在让论证变得正式化）。第三句话是结论，它应从前提自然而然地推导得出。这个从前提推导而来的结论使论证成为一个演绎论证。在合理形成的演绎论证中，如果你接受前提成立，那么你也必须接受结论成立。第三步，用符号代表这组对话中的不同想法：用"A"代表"我的员工听我的指令"，用"B"代表"他们将会知道应该做什么"。

把这些拼合在一起，显示出这组对话具有如下简单逻辑论证的形式，这就是人们通常所称的"三段论推理"。我们把每句话用一个字母（S）或者字母和数字的组合（S_1）进行标记，以对它们进行记录并使其方便被引用。数字编码或者次序排列不用于计算，只用于记录。

如果

前提 S_1：如果 A 正确，那么 B 也正确。

且如果

前提 S_2：A 正确。

那么

结论 S：B 正确。

除前提和结论这两个术语之外，我们想在上述论证中再多注意一个概念上的区别。正如陈述 B，其前提 S_1 包含两个部分，第一部分以"如果"开头，第二部分以"那么"开头（我们在正式化的过程中把"如果"和"那么"加粗，以示强调。）

我们把第一部分作为"前因"，第二部分作为"后果"。在运用这样的前提形成论证的过程中，我们通常需要一个像 S_2 这样的前提，逻辑学家称之为"证实前因"，或者对事实正确性的明确肯定。我们需要理解在论证过程中，前提是如何关联的。我们需要两个前提同时成立来得出结论吗？还是只要其中一个前提成立就能得出结论？当需要两个前提都成立时，我们使用"且"作为一个连接词，把两个前提关联起来。当只要其中一个前提成立就能得出结论时，我们使用"或"作为连接词。在第二章中，我们只使用了"或"作为连接词，因为我们把前提作为能独立得出结论的单独原因——这意味着任何一个原因都能产生结论。当需要一个或多个前提或原因一起推导出结论时，"且"就是一个合适的连接词。尽管乍看之下，复杂性有所增加，但这样的分解方式使论证更加精确，且通常也使其更加容易理解和评估。

这个论证应该通过以下形式来理解：如果前提 S_1 成立（即正

确），同时如果前提 S_2 成立（正确），那么就能推导出结论 S。论证是简单的推理练习，这意味着如果两个前提同时成立（正确），那么结论也总是成立的。

我们回顾一下图 3-1 中关于沃尔玛具备议价优势的例子。我们目前具备①对想法 A 的描述（沃尔玛具备议价优势）和②对想法 B 的描述（沃尔玛的成本比竞争对手的低）。缺失的元素是两者之间的关联。在这幅战略地图中，两者之间的箭头让我们凭直觉意识到它们是有关联的。但是，我们如何在构建正式论证的过程中反映这个关联？

在一个正式的论证中，把这两个说法用"如果……那么……"的表述连接起来可以获得相同的理解。正如上文中提到的例子，为了画出一个从 A 指向 B 的箭头，我们引入了一个以"如果 A，那么 B"的形式呈现的前提。举个例子，为了反映沃尔玛的议价优势对其成本带来的影响，我们可以采用如下说法（转换为用序号标注前提和结论，字母 W 提醒我们注意这些前提来自有关沃尔玛的论证）：

如果

前提 W_1：如果一家公司具备对供应商的议价优势，那么它的成本比竞争对手的低。

且如果

前提 W_2：沃尔玛具备对供应商的议价优势。

那么

结论 W_1：沃尔玛的成本比竞争对手的低。[8]

我们又一次注意到，前提 W_1 与前提 W_2 和结论 W_1 有着不同的特点。原因是什么？

首先，它是一个更加复杂、抽象的"如果……那么……"形式的陈述句，而其他两个是简单的基于经验的说法（而且前提 W_2 对前提 W_1 的"前因"进行了证实）。这里需要认识到的关键点是前提 W_1 表达了一个社会经济学理论或者是关于世界如何运转的令人信以为真的推测。"如果……那么……"句式的陈述形成了战略论证的关键组成部分。这些陈述作为解释的发动机——它们具体说明了投入和产出如何相关联，以及行动如何转换为结果的因果理论。

其次，请注意前提 W_1 没有提及沃尔玛。相反，它是一个关于公司的通用说法。这种说法是合适的，因为我们原本就打算把它作为一种通用的因果解释。我们想把沃尔玛作为一个能反映更具普遍性的过程的具体案例来理解它的成功，这样就能看清在什么情形下我们还能运用这个论证。

行文至此，构建正式论证的一个优势应该是显而易见的：它促使我们运用自己的直觉，把世界如何运转的理论或者原则表达清楚。目前，前提 W_1 就反映了核心的理论命题。相对于绘制战略地图，构建正式论证促使我们明确自己认为成立的想法或者观点是什么。尽管大家可以看到白板上的箭头，并在头脑中补充或想象箭头的含义，但是，我们在这一章中把箭头的含义融入具体的想法或者文字中，我们甚至会发现自己在为这些想法或者文字而争辩。

构建正式论证的另一个优势是，因为对表述方式进行了规范，所以正式论证的文字表明我们认为这个理论性的说法是普遍成立的。在我们看来，当我们看到文字而非白板上的箭头时，我们更有可能意识到这一点。在意识到这一点后，我们应该问自己是否认为这种说法普遍成立。我们能想到其他例外情况吗？

当然有例外。尽管前提 W_1 表达的观点令人感觉像是真理，但也不难想象到它作为一个一般性原则存在不成立的情况。最简单的一个反对理由是我们注意到与输入成本相比，公司的成本结构中还有其他更多的成本要素。例如，大家可以想象到，一家公司可能拥有最低的单位输入成本，但它的运营成本或者劳动力成本却可能很高。解决这个问题的一种方式是对 W_1 进行修正，增加一个类似"其他条件保持一致"的分句：

如果

前提 W_1^*：如果一家公司具备对供应商的议价优势，且它的其他成本至少和竞争对手处于差不多的水平，那么它的成本将比竞争对手的低。

且如果

前提 W_2：沃尔玛具备对供应商的议价优势。

且如果

前提 W_3：沃尔玛的其他成本至少和竞争对手处于差不多的水平。

那么

结论 W_1：沃尔玛的成本比竞争对手的低。

一方面，增加"且它的其他成本至少和竞争对手处于差不多的水平"这一处变化，让这个论证完整了。它在初始论证的基础上，并没有增加太多额外的解释，但是，它至少促使我们确认了假设的真实性（具体做法是在前提 1 中加入分句并增加新的前提 3 ）。然而，如果是用这种形式来呈现论证，我们建议再试着更进一步。做出"其他条件保持一致"的假设本身没有什么问题，但是通过对命题做出进一步阐述，通常能有机会产生更多的洞察。

我们在这里忽略的一个特征是前提 W_1 中"如果……那么……"分句具有临时组合的性质，它把关于议价优势的一个陈述句和关于成本的一个陈述句组合在一起，但没有阐明两者之间的关系。我们能够采用的解决方式是更加具体地说明议价优势如何降低成本，并明确指出关于其他成本的哪些前提应该成立。我们可以通过构建一个对较低单位成本的结论进行说明的论证来解决这个问题。

如果

　　前提 W_4：如果一家公司具备对供应商的议价优势，

　　　　　　　那么它将拥有较低的单位输入成本。

且如果

　　前提 W_2：沃尔玛具备对供应商的议价优势。

那么

　　结论 W_2：沃尔玛拥有较低的单位输入成本。

我们现在可以把这个新阐述的论证和前文中提到的论证结合在一起，进而得出一个更加复杂的论证。我们把关于单位成本的论证放在首位，并把它的结论作为一个中间推理，在关于整体成本的论证中发挥前提的功能。正式论证详见下面文本框中的文字表述。它的前提中有两个"如果……那么……"式陈述句，或者叫因果陈述句（前提 W_4 和 W_4^*）。虽然我们仍然需要依赖一个一般性的假设（前提 W_3），即沃尔玛的其他成本和竞争对手处于差不多的水平，但是，在对沃尔玛具备对供应商的议价优势的重要性进行具体说明方面（前提 W_4），我们是有进展的。我们把这个论证解构为两个独立的子论证。在第一个子论证（第一部分）中，前两个前提（W_4 和 W_2）产生了中间推理 W_2。然后，在第二个子论证（第二部分）

中，这个中间推理被作为一个前提，连同前提 W_1^* 和 W_3 一起得出了结论 W_1。

关于沃尔玛成本优势的论证

第一部分：

如果

　　前提 W_4： 如果一家公司具备对供应商的议价优势，那么它将拥有较低的单位输入成本。

且如果

　　前提 W_2： 沃尔玛具备对供应商的议价优势。

那么

　　中间推理 W_2： 沃尔玛拥有较低的单位输入成本。

第二部分：

如果

　　中间推理 W_2： 沃尔玛拥有较低的单位输入成本。

且如果

　　前提 W_1^*： 如果一家公司拥有较低的单位输入成本，且它的其他成本至少和竞争对手处于差不多的水平，那么它的成本将比竞争对手的低。

且如果

　　前提 W_3： 沃尔玛的其他成本至少和竞争对手处于差不多的水平。

那么

　　结论 W_1： 沃尔玛的成本比竞争对手的低。

修正战略地图

在上述文本框中，前提 W_1^* 包含一个由"且"连接的并列陈述句，形成了这个前提的前因。这个由"且"连接的并列陈述句的必要性体现为：对初始战略地图进行正式化转换的过程使我们意识到，这幅战略地图隐含着沃尔玛的其他成本和竞争对手处于差不多水平的假设。这个洞察促使我们对初始战略地图进行修正，确保这个假设的重要性得以清晰地反映。但是，我们需要通过一种方式在战略论证的架构中把"且"与"或"这两个连接词的区别画出来。我们在第二章中没有考虑这一点，因为我们当时想把所有的陈述句都用"或"连接起来。

我们进行如下操作：在图 3-2 所示的战略地图中，方括号代表并列关系，意指当由其连接的两个前提都成立时，结论才会成立。

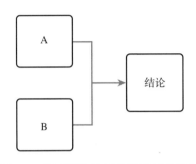

图 3-2　用"且"连接前提的战略地图

相反，如果两个前提都可以推导出结论，但是两者彼此独立，那么它们就需要用"或"连接。我们通过能直接指向结论的单箭头来反映这种关系（如图 3-3 所示）。

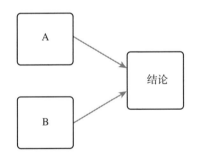

图 3-3　用"或"连接前提的战略地图

当我们对战略地图进行正式表述时，其中的箭头就转换为理论前提或者"如果……那么……"句式的陈述句。在形成战略地图的过程中，大家可能意识到由"且"连接的并列陈述句的必要性，因此图 3-2 包含方括号。当对论证进行正式化转换的时候，代表箭头的理论前提需要包含一个明确由"且"连接的条件。因此，在图 3-2

中，合理的"如果……那么……"句式应该是："如果 A 且 B，那么结论"，即与前提 W_1^* 的结构一致。

相反，在对没有方括号的战略地图（见图 3-3）进行正式化转换时，大家应该意识到它其实是用"或"作为连接词的。这就为大家实现战略地图的正式化转换提供了可能。例如，图 3-3 可以通过形式为"如果 A 或 B，那么结论"的理论前提来实现正式化。类似地，图 3-1 中的部分内容也可以实现正式化表述，即"如果沃尔玛具备对供应商的议价优势，或者沃尔玛是最高效的零售商，那么沃尔玛的成本比竞争对手的低"。在许多案例中，如果大家只考虑战略地图上的独立论证分支（即由"或"连接的陈述句），并分别对它们进行正式化转换，那么实现正式化的过程就比较容易。但是，在这种情况下，在头脑中记住这些隐含的由"或"连接的陈述句，并批判性地检查它们正确与否，就显得很重要了。

通过使用修正战略地图的工具，对沃尔玛进行论证的逻辑结架构如图 3-4 所示。在图 3-4 中，大家可以看到子论证是如何组合在一起的：请注意中间推理 W_2 如何既在第一个子论证（第一部分）中充当结论，又在第二个子论证（第二部分）中充当前提。请读者也注意，如果所有前提是通过一个共同的连接箭头和结论联系在一起的，那么这意味着它们之间就是用"且"连接的并列关系。如果每个前提都有一个独立的箭头指向结论，那么这意味着前提之间就是用"或"连接的选择关系（见图 3-1）。[9] 在实现正式化转换之后再回顾战略地图，我们可能会产生一个错误观念，即战略地图掩饰了那些内嵌"如果……那么……"句式的复杂前提的实际复杂性，使它们看起来更为简单。大家可以通过约定俗成的方式，比如用不同的颜色对那些较为复杂的前提进行编码，但是这种做法的价值取决于具体语境。现阶段，我们仅须牢记，并不是所有的前提都具有类似的结构。

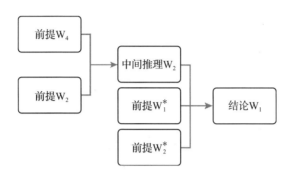

图 3-4　沃尔玛成本论证的逻辑结构

事实上，我们认为除非能获取更有效的信息，通常较为靠谱的做法是假设一个论证中的所有前提都是通过"且"连接在一起的（这是一个较为保守的选项）。因此，在本书的许多论证中，我们都不会把"且"明确写出来。在本书后续的章节中，我们在论证中默认前提之间是用"且"进行连接的，只有当需要使用"或"时，我们才会把"或"明确写出来。[10] 为了保证表达的清晰度，我们也将从论证中移除如果、且如果以及那么等连接词，因为我们进行论证的方式应该可以清晰地反映前提之间的关系。

构思论证

在对文本框中显示的关于沃尔玛的论证进行深入思考时，我们应该再次问自己它是否普遍成立。我们认为，大多数人可能更认同前提 W_4，尽管我们还可以对它做进一步阐释。例如，有人可能会探讨当遇到强势的购买者时，是否所有的供应商都会降低价格。如果供应商在商品市场经营业务，并且已经对所有购买者都按机会成本进行定价，情况会如何呢？

尽管这样的顾虑合情合理，但我们认为，在这个阶段应该更好地把我们的智慧和能量应用于从两个不同的方向对论证进行构思。一个方向包括把前提 W_3 从一个经验假设转换为一个中间推理。这意味着为前提 W_3"沃尔玛的其他成本至少和竞争对手处于差不多的水平"构建一个起支撑作用的论证。我们将在第八章中更深入地讨论这个问题，但是，请大家注意，我们在第二章的想法清单和战略地图中提到的其他要素必定与这个子论证是相关联的。

另一个方向是在图 3-1 中的战略地图上继续反向构建，并为经验假设（前提 W_2：沃尔玛具备对供应商的议价优势）提供支持。这一做法包括把前提 W_2 转换为一个中间推理。例如，子论证可能会如下所示：

> **前提 W_5**：如果一家公司的采购量大，那么它将具备对供应商的议价优势。
>
> **前提 W_6**：沃尔玛的采购量大。
>
> **中间推理 W_3**：沃尔玛具备对供应商的议价优势。

无论是从逻辑的角度，还是从实质性的角度，我们都完全有理由决定不用这种方式对论证进行构思。在较为浅薄的论证中，前提 W_2 是一个简单的经验假设。如果有数据对这个经验假设提供支持，可能就足够了。但是，"沃尔玛具备对供应商的议价优势"是一个非常抽象的说法，我们可能认为它是正确的，但是我们引用的任何证据都可能会遭受争议。一般而言，当论证依赖于一个更为抽象或者概念性的说法时，对支持该说法的论证进行明确说明对我们是有帮助的。

从更为普遍的角度来看，在努力使支撑具体命题的推理充实且完整的过程中，我们可以有很多收获，尤其是能够发现初始战略地图的潜在不足。例如，想一想战略地图反映的这个命题，即强硬的谈判风格与沃尔玛的议价优势是相关的（这是可能形成中间推理 W_3 的另一个论证）。我们按照如下方式来构建正式论证：

> **前提 W_7：** 如果一家公司拥有强硬的谈判风格，那么它将具备对供应商的议价优势。
>
> **前提 W_8：** 沃尔玛拥有强硬的谈判风格。
>
> **中间推理 W_3：** 沃尔玛具备对供应商的议价优势。

前提 W_7 中的关键理论命题应该会受到极大的质疑，因为这个理论如果作为一项普遍的规则，看起来还有很多例外情况。我们当然可以想到很多种情形来说明在谈判中以不友善的态度对待供应商可能不是一个好主意，甚至会适得其反（假如是从长远来看），其结果可能是在大多数情形下，它对最终支付给供应商的价格不会产生任何影响。

当受到质疑时，大家可以用以下两种方式中的任意一种进行回应。正如我们针对形成中间推理 W_3 的第一个论证的做法，一种方式是对命题做进一步阐释，清楚地说明它成立的条件是什么。例如，我们可能会提出有关社会环境或者谈判心理的观点来支持这个案例。另一种方式是做出我们绘制战略地图的做法可能不严密的判断。强硬的谈判风格可能不会带来议价优势。事实可能恰恰相反，即一家公司拥有的议价优势（例如，采购量大）可能会让公司"理直气壮"地以不友善的态度对待供应商，仅仅是因为它们不是必须以友善的态度对待供应商。当然，通常只有通过构建论证来对初始命题进行证明时，我们才会意识到它是错误的，因为这样做会迫使我们认识到之前提出的一些想法是站不住脚的。

这个时候大家可能会问，构建正式论证是否真的能让我们沿着正确的方向前进。毕竟在整个正式化转换的过程中，我们看起来实际上是在战略地图上移除一个论证分支。简化——这就是进步！排除与公司成功无关的因素和找出使公司成功的因素同等重要。从这个角度来看，构建正式论证让我们离真相更近。

抽象化的价值

在这项扩展练习中，我们的目标是阐明构建正式战略论证的过程和好处。当对最初看起来直截了当、简单直观的论证进行正式化转换时，我们已经看到这一过程如何要求我们做得更精确，进而让我们发现自己推理过程中的隐含假设或者空缺内容。在我们看来，尽管这个过程确实要求有耐心，但它并没有什么特别神奇或者令人难以理解的地方。更为重要的是，对论证进行正式化转换的过程要求我们愿意进行抽象思考，能够将关于沃尔玛的具体经验型事实转换为关于一般性的战略流程和机制的陈述。换句话说，构建正式论证的关键是能够用一般性的语言形成"如果……那么……"句式的陈述句，即理论命题，通过这样的方式，关于沃尔玛的战略论证结果就是在更具普遍性的机制中大浪淘沙后留下的具体实例。

这个抽象化的过程有两个优点。第一，当形成具有普遍性的抽象说法时，我们可以较为容易地找出逻辑推理中缺失的假设或者空缺内容。相较于前提 W_7 中更具普遍性的表述，大家更倾向于接受像"因为沃尔玛拥有强硬的谈判风格，所以它的成本比竞争对手的低"这样具体的表述。我们对后者是否真的更为可信持怀疑态度，因为人们已经接受了"沃尔玛的成本比竞争对手的低"这一结论，这会使他们倾向于接受看起来和这一结论保持一致的说法。只有从具体的案例中解锁一般性的理论（机制），大家（包括你在内）才能更好地找出可能存在的例外情况，进而提高论证的可靠性。

第二，抽象化为归纳概括提供了有利条件。大多数研究和思考沃尔玛的成功原因的人并不是沃尔玛的高管。这部分人的目的是去了解是否可以从沃尔玛的案例中总结出具有普遍性的经验并应用于自己所在的机构。这个目的只有在去除沃尔玛特有的某些细节后才能达到。否则，大家只是简单地复制沃尔玛的做法，亦步亦趋。此外，即使你把战略制定工具应用于自己的公司，抽象化对于深刻洞察的产生也是极其重要的，它有助于你所在的组织应对意想不到的情形并发现新机遇。

有效性和可靠性

我们在前文中一直专注于评估单个前提，尤其是集中精力找出具有普遍性且作为论证关键组成部分的"如果……那么……"命题的例外情况。这样做，我们就会聚焦于这些命题的外部一致性，比如，我们试图去理解像 W_2 这样的命题是不是关于世界的普遍真理。当我们感觉可以找到例外情况时，我们就会对外部一致性提出疑问，并试图通过修订命题来使其变得可信。然而，对论证进行正式化转换的一个重要好处是它有助于我们发现论证在内在一致性上可能存在的缺陷，即存在尽管前提成立，但结论并非由前提推导得出的情形。当战略论证存在逻辑瑕疵时，即使所有的前提都成立，也未必能推导出结论。换言之，外部一致性不能保证你有一个好的战略论证，即你提出的所有前提可能都是关于世界的真命题，但结论却未必是由这些前提推导得出的。

逻辑学家把具有内在一致性且没有逻辑瑕疵的论证称为有效论证。当一个论证有效时，如果所有的前提都成立，那么它的结论就不可能是假命题。换句话说，如果你接受一个有效论证的前提是成立的，那么你也必须接受它的结论是成立的。当然，论证的有效性或者内在一致性本身也是有必要的。但是，更为重要的是，我们对论证的有效性进行评估，是为了避免在日常交流中经常发生的逻辑缺陷问题，尤其是在一个快速发展的环境中，我们可能对快速做出决策倍感压力。

一个论证的前提可以保持外部一致性，但这并不意味着该论证一定具有内在一致性。即使并非所有的前提都是关于世界的真命题，一个论证仍有可能是有效的。在我们看来，尤其是当我们尝试为想象中的新机会制定战略，但评估所有前提是否成立的难度大且成本高时（我们将在第五章和第六章进行讨论），上述观点对于评估战略论证的有效性至关重要。如果一个论证不是有效的，那么无论前提是否成立，其结论都可能是不成立的。

这些区别可能看起来难以理解。为了避免因此而困惑，我们来思考如下的"迷你"论证：

> **前提 GM_1：** 如果一家组织的品牌标识中有蓝色，那么
> 　　　　　它就拥有智力非凡的员工。
>
> **前提 GM_2：** 通用汽车的品牌标识中有蓝色。
>
> **结论 GM：** 通用汽车拥有智力非凡的员工。

这个论证证明了一个论证可能具有内在一致性，但未必具有外部一致性。作为一个逻辑问题，这个结论是从前提得出的，我们可能认为其不可靠的原因是第一个前提作为因果关系陈述句，看起来过于天马行空了。我们肯定能想到这个前提存在的例外情况。但是，请注意，我们不能简单地否定"通用汽车拥有智力非凡的员工"这一结论。依据我们的经验，它确实拥有智力非凡的员工。这告诉我们需要用一个截然不同的论证来支撑结论。

现在，我们来思考下面这个看起来类似的论证：

前提 GM_1：如果一家组织的品牌标识中有蓝色，那么它就拥有智力非凡的员工。

前提 S_1：斯坦福的品牌标识中没有蓝色。

结论 S^*：斯坦福没有智力非凡的员工。

这个论证存在很多问题。我们当然不能接受这个结论是一个真命题。而且，正如前文中的论证一样，第一个前提的外部一致性是存在疑点的。

但是，这个论证的更为重要的缺陷是它的逻辑不合理，因为其结论并不一定能由这些前提推导得出。这是无效论证的一种形式，用逻辑学家的话说，这是"对先决条件的否定"。一家组织拥有智力非凡的员工的原因有很多，但没有一个原因和品牌标识的设计有关系。即使我们能接受"品牌标识中的颜色是一些组织拥有智力非凡员工的原因"这样的荒谬假设，斯坦福的品牌标识中没有蓝色这一事实也并没有把其他原因的作用抵消掉。

这个例子可能看起来是凭空想象的，因为它存在的缺陷是显而易见的。我们认为，这个缺陷之所以非常明显，是因为大多数人

（我们希望是这样）都相信斯坦福拥有智力非凡的员工，因为它是一所处于世界领先地位的研究型大学。因为大家相信自己的感觉是对的，所以会对结论 S^* 持反对意见并开始寻找这个论证存在的缺陷。

难度更大的一类论证是，支撑结论的论证在逻辑上存在缺陷，而大家又事先倾向于接受这一结论。例如，下列论证拥有完全相同的逻辑结构：

> **前提 IC_1**：如果一家公司拥有优秀的内燃机专家，那么大家认为它在汽车市场中具备质量优势。
>
> **前提 IC_2**：苹果公司没有内燃机专家。
>
> **结论 IC_1**：大家认为苹果公司在汽车市场中不具备质量优势。

在这个论证中，关于结论的外部一致性看起来是正确的（至少截至目前是如此），但逻辑仍然是无效的。如果我们希望针对苹果公司在汽车市场中不具备质量优势构建一个合理的逻辑，我们将需要形成一个不同的论证。然而，因为根据经验我们知道，苹果公司在汽车市场中不具备质量优势（因为它不制造汽车），所以我们容易接受这一论证。

无效论证的另外一种常见形式被称为"证实后果"。我们以下列论证为例：

> **前提 QS_1**：如果一名销售人员不理解客户需求，那么他就不能完成季度销售目标。
>
> **前提 QS_2**：迈克没有完成他的季度销售目标。
>
> **结论 QS_1**：迈克不理解客户的需求。

当然，迈克没有完成季度销售目标的原因可能有很多，比如，或许一场飓风打乱了他的客户业务计划，或者竞争对手毫无预警地推出了一款新产品。我们来思考一个类似的论证：

前提 QS₃： 如果一名销售人员制定了出色的销售战略，那么她将超额完成她的季度销售目标。

前提 QS₄： 苏珊超额完成了她的季度销售目标。

结论 QS₂： 苏珊制定了出色的销售战略。

在任何一个管理过团队且必须执行绩效评估工作的人看来，这两个论证以及它们存在的问题都是十分熟悉的。在上述两个例子中，从基于经验的角度来看，结论可能都是成立的。但是，这两个论证并不能对结论起到支撑作用。如果这个结论是重要的，那么我们就需要在白板上把思路写出来。

表 3-1 对有效论证和无效论证的最常见形式做出了说明。除表 3-1 中列举的形式之外，还有许多其他形式，我们在这里就不赘述了。[11]

表 3-1 常见的有效论证和无效论证

有效论证	无效论证
前提：如果 A，那么 B 前提：A 成立 结论：因此，B 成立	前提：如果 A，那么 B 前提：A 不成立 结论：因此，B 不成立
前提：如果 A，那么 B 前提：B 不成立 结论：因此，A 不成立	前提：如果 A，那么 B 前提：B 成立 结论：因此，A 成立

从两个方面来看，关注论证的有效性对大家是有帮助的。第一个好处在于，有效性评估是一个有用的纪律约束手段，尤其是当我们形成自己的战略论证时。构建战略论证时会遇到的一个常见挑战

是我们都持有这样一个观点：我们相信（或者想让）某些事情（结论）成立。当我们渴望证明结论正确时，我们倾向于在逻辑上走捷径。尤其是当我们采用非正式的论证形式时，或者当我们试图用战略地图说明论证时，我们很容易就会在两个文本框之间画箭头。在对论证进行正式化转换的时候，把聚焦点放在逻辑有效性上有助于我们得出正确的结论，或者至少会促使我们把证明结论成立所需要的假设梳理清楚。

关注有效性的第二个好处在于战略争辩的质量。制定战略的一个挑战是大家出于各种原因，太过执着于自己的观点（他们想要得出的结论）。这种执着会导致在逻辑上走捷径以及推理过程出现缺陷，而在评估有效性的过程中，这两点会被揭示出来。更为重要的是，执着会导致激烈的分歧和争执。这些争执通常与不同论证分支的假设是否真实（具有外部一致性）有关。遗憾的是，从经验的角度来解决这些问题是有难度的，在当下尤其如此。关注有效性能使这种情况得到缓解。出于判定论证是否有效的目的，评估内在一致性的第一步是对论证的前提赋予真实性。这样做有助于收集不同的观点，这是开展富有成效的战略沟通的一个重要组成部分。此外，依照我们的经验，与不准确的前提相比，大家更容易接受不完美的逻辑（不具备有效性的逻辑）。

当然，在评估论证时，我们不能只关注它的有效性。我们也要关注前提的真实性。正如前文所述，当一个论证有效，且每个前提都成立时，它就被称为可靠论证。如果有一个或者多个前提不成立，那么这个论证就不是可靠论证。一个论证可能是有效的，但不是可靠的，即只是逻辑上讲得通，而且如果我们赋予前提真实性，用这个逻辑就可以推导出结论。比如，关于通用汽车的论证是有效的，但不是可靠的。如果这些前提中有一个或者多个不成立，那么这个论证只能说是有效的。只有当论证有效，而且所有的前提都成立时，这个论证才是可靠的。[12]

作为评估论证的一个标准，可靠性的重要性取决于大家形成战略论证的目的是什么。当试图明确和分析现有战略（无论成功与否）时，专注于构建有效论证的同时兼顾对其可靠性进行评估（比如评估假设是否都成立）很重要。例如，前文中关于沃尔玛的谈判风格的论证是有效的：

> **前提 W_7**：如果一家公司拥有强硬的谈判风格，那么它将具备对供应商的议价优势。
>
> **前提 W_8**：沃尔玛拥有强硬的谈判风格。
>
> **结论 W_3**：沃尔玛具备对供应商的议价优势。

然而，我们发现很难相信 W_7 作为一个普遍性原理是成立的，因此，尽管这个论证是有效的，但是它不是可靠论证。（在这个语境中，"强硬"的含义并不清晰。）因此，我们不认为这个论证是一个令人满意的对沃尔玛的成功的解释。（在第八章中，我们会再次谈到沃尔玛谈判风格的潜在作用。）

在尝试解释一个已知结果时，评估可靠性发挥了很重要的作用，但在对一个具有前瞻性的战略计划进行评估时，评估可靠性是很难做到的。这也是为什么在学习构建战略论证时，我们认为第一步是对一个广为人知的、已经取得持续战略成功的案例进行分析。在这样的分析中，有效性和可靠性的缺失是很容易看出来并进行修正的。大家能更好地找出并具体地阐述产生结果的普遍性原理，以及导致或促使结果产生的条件。如果你做不到这一点，那么你就还没有找出成功背后的战略。

相比之下，正如我们将在第五章及第六章中讲述的内容，当制定一个潜在的未来战略时，它要求我们提前具体说明为取得战略成功，公司需要在未来具备的条件（前提）。这些条件从目前来看是不需要成立的，但是我们的战略默认它们将在未来的某个时点成立。这个依条件而定、向前看的观点让构建和理解战略论证的过程变得极为复杂。因此，在学习我们提出的这个活动体系时，我们建议从较为简单的问题入手，即通过理解公司的实际发展情况来看待它之前所取得的成功，这种做法与根据公司在未来想要获得成功而应该具备什么条件是不同的。

章尾思考

我们回顾一下关于视觉形象化和逻辑正式化的内容。

- 首先把结论具体化。

大家经常认为构建论证要从基本原理入手，原因可能在于有关论证的案例和教科书通常是按照这种方式编写的。在开始一个战略分析时，一个自然而然的结论是，战略分析应该重点关注公司竞争优势（即低成本优势或者品质认知优势）的一般属性。

- 产生想法并对其进行修正，它们将作为论证的前提。

我们在第二章中讨论的头脑风暴和对想法进行排列组合的技巧在现阶段也是有价值的。此外，大家熟悉的战略框架或工具（比如行业分析）可能也是一个好的切入点。我们的目标是产生各种各样的想法，然后在这些想法中找出共同的主题和模式。

● 在战略地图上绘制出论证结构

从想法向前推导至结论（找出潜在的影响因素），从期望得到的结论（以及任何一个中间推理）向后倒推至想法，我们以此对论证结构进行可视化呈现。大家要记住一点，在白板上的两个想法或者文本框之间画箭头或建立关联，抑或是给所有想法列一个提纲是极其容易的。这是产生创造性和洞察的一个重要来源，因为在新洞察产生时，它容易使潜在关联快速地反映出来，并重新排列论证的结构。然而，在这个阶段，为降低正式化转换的难度，设置一些纪律性原则是有好处的。每次当画出箭头或者在想法提纲中增加一个新观点时，问问自己是否能把这两个概念或者事实之间存在关联的本质说清楚。

● 对论证进行正式化转换并评估其有效性。

确定前提（假设它们成立）是否足以支撑结论的成立。如果是，那么这个论证就是有效论证。如果不是，那么其中有些要素存在错误或者缺失了。或许有一个重要的前提没有被包含在论证中，那么这个前提是什么？或者，可能需要重新概念化或者阐释这些前提。如果没有有效论证，真正的洞察是不可能产生的。

● 论证一旦具备有效性，就评估其可靠性。

保证有效性通常需要提出多个假设，而不评估其外部一致性，或者不管它们是否为真实命题。现在，我们要回头看看那些假设是否可信，或者至少确认是否值得对它们的可信度下赌注。如果确保论证有效性要求我们提出违背常理的假设，那么论证的某个环节可能出错了，要么是对公司为什么会取得成功的理解出了错，要么是对新战略的坚定看法出了错。

最后，我们想着重强调一点，尽管我们已经尝试对构建和评估战略论证的过程所需的核心步骤及工具进行了规划和安排，但它最终是一项技能，而不是一门科学。大家最好是通过实际案例和重复应用的方式来学习。因此，我们尝试在本书的阐述中采用分步骤的方式来形成论证，以说明当陈述和仔细审视一个论证的时候，大家的思维可能会如何发展及发生变化，我们使用的方法偶尔也具有不确定性，而且包含很多重新思考和修正的过程。

然而，我们担心的是，把本书写成一部优秀著作要求我们以一种有理、有序的方式呈现论证，因为事实上，为了得出一个我们喜欢且能呈现出来的论证，我们内心有时候也会极度挣扎。可以说，形成战略论证过程中的凌乱状态，以及为了形成一个可以呈现的战略论证所经历的一次又一次迭代都被我们掩盖了。而问题在于，当数学课本以一种有理、有序的方式呈现经过多年而形成的论据时，我们会错误地认为论证很容易形成，大家应该能够快速地写出一个好的论证。然后，当你发现形成论证并不那么容易时，你就会认为自己不擅长论证，能力不足或者方法出了问题。这两个结论都是错误的。

我们为引起的误解而感到抱歉。我们很乐意承认，在形成这些正式论证的时候，我们一般会通过很多不同的方式进行许多次的迭代，这会经历很长的一段时间。形成一个好的论证是一项有难度且杂乱无章的工作。正如高尔夫球运动员所说，你的球技需要磨炼，再磨炼，然后再磨炼一点——永远不要停止磨炼。

MAKING GREAT
STRATEGY

主要观点总结

- 管理人员使用的话语过度依赖包含隐性的、未明说的假设的非正式命题。依赖这些假设形成的论证是不完整的，而且不符合逻辑，这意味着结论未必是由这些假设推导得出的。在很多案例中，这种情形也会导致错误结论。此外，不完整的论证会产生徒劳无益的冲突，并增加陷入困惑的可能性，因为大家没有意识到他们正在激活不同的隐性假设。

- 以命题为基础形成正式论证要求集中精力。无论是与非正式命题相比，还是与战略地图相比，正式论证的易变性和灵活性都比较小，它被赋予了一些约束性原则，有助于避免企业高管陷入一种模棱两可的境地，以及走上一厢情愿或思维混沌的道路。正式形成一个论证促使团队直面他们在头脑中得出的假设，并对他们为什么认为某些具体的行动或者投入与想要达成的结论相关联进行检验。它也对利益攸关的关键问题予以明确，并揭示出支撑战略的最核心假设是什么。

- 聚焦战略论证的内在一致性（逻辑有效性）促使企业高管把证明特定结论所需的假设理解清楚。它能产生更加富有成效的讨论，因为与承认自己所坚持的观点是错误的相比，大家通常更易于承认逻辑上存在缺陷。把注意力放在论证的有效性上，可以让大家从为结论而争执转向找出并认可结论成立需要具备的条件。

- 最佳战略论证使用具有普遍性和抽象性的概念，其中包含清晰的因果关系理论，对投入和产出之间的关系，以及行动如何转化为结果进行解释。具有普遍性的命题不仅促使企业高管找出必要假设，而且也为战略探索新市场提供了可能。

第四章

在组织中进行战略争辩

建设性论证的好处

2017 年 9 月,推特[⊖]宣布将对其平台实施变革,即把每条推文能发送的字符数上限从 140 个提高至 280 个。消息发布后,引发了一场关于服务的争议风暴。大家迅速站队,并参与到激烈的争论中。

那些持反对意见的人认为,这项变革是改善公司时运不济状况的孤注一掷的举动,将会产生事与愿违的后果。它会"每天让众多用户感到恼火……一条好推文把信息浓缩为精华。你看看标题,然后再浏览一点更多的信息,这就够了。这就是为什么只要有新闻事件发生,大家都到推特上围观的原因"。[1] 有些人把这项变革看作是与脸书进行更为直接的交锋但考虑欠妥的尝试,因为脸书对推文字

⊖ 2023 年 7 月推特更名为 X。——编辑注

数是没有限制的。持反对意见的人预测，推文越长就越复杂，也越难实现快速浏览，而且内容的质量也越差。简单来说，推特"不会那么有趣了"。[2]

此项变革的拥护者声称事实并非如此。尽管反对者认为之前对推文字数进行限制有助于激发创造性，但支持者认为"额外增加字数有助于在更好地利用语言力量的同时，持续对作者进行激励"。[3]推特自身认为提高字符数上限将使新用户更容易接受推特的服务，从而提高网站的互动性："试着把你的想法都塞入一条推文中，我们都这样做过，简直令人痛苦不堪。"[4]支持者们注意到有些用户发布的推文已经接近140个字符的上限，他们创造了一种"推特风暴"形式，连续发送多条推文或者是附上文本的截图。一位评论员问："为什么我们会认为21世纪初期对文本信息设置的字符数上限，会以某种神奇的方式，恰巧就达到适合社交网络的柏拉图式的理想型信息长度？"[5]

当然，推特内部关于这个平台变革的争论也如火如荼，大家对这个平台变革表现出的嘲讽、情绪和好斗性与外部相比有过之而无不及。对于这场争论，我们发现令人感到不可思议的是，他们当中有如此多的人虽然并不了解推特的战略或者内部工作机制，却有如此强烈的观点。就像外部很多（如果不是大多数）关于推特的争论一样，大家对推特宣布的决定也是凭借自己的第一反应就立马上阵开始争辩，很少有一方能被对方说服。这个事件就像一场旷日持久的体育竞赛，人人都极端地想占据上风。

我们不知道推特内部的争论究竟是什么样的。但如果说它在很大程度上像一场公开争辩的话，那也不足为奇，因为这就是许多企业高管对其公司内部战略争辩的描述——尽管有的辩论会牵涉到公司的重大利益。（推特最终决定面向所有用户实施平台变革，而最好的结果是给公司整体业绩造成的影响最小。）当一项新举措被提出来时，大家会迅速地表明自己的立场。起初，各方可能会礼貌地交流观点，但是大家的挫折感很快就会越来越强烈，音量也随之变大，进而各方采取寸步不让的坚定立场。最终，大家可能会做出一个决定，而失败的一方很少会为此而感到高兴。

我们把这种现象称为"脸红式争吵"，因为它让我们想起大家争执到脸红脖子粗的场景。关于战略如何在许多公司中产生，一个令人遗憾的事实是，它总是通过"脸红式争吵"的方式发生。在这样的争执中，站队于战败一方对个人的职业发展很不利。因此，大家试图避免对其不认同的提议进行争辩，尽量少惹是非。其结果就是，大家不仅很少就战略问题进行争辩，而且战略论证本身也被轻视了。战略论证很少被看作是认真且富有成效地利用时间的行为。如今，从大型跨国企业到小型初创企业，许多公司都有一种强烈的意识，即不惜一切代价避免争论，尤其是当实际资源分配牵涉到重大利益时，更要避免对战略决策的争论。

我们对此观点持强烈的反对意见。事实上，我们认为关于战略的推理最好通过论证来实现，尤其是运用小组论证的方式。虽然我们在第二章和第三章中讨论的各项活动可以单独应用，而且这样做也可能带来真正的好处，但我们最终相信，一个用心组建的小组执行了部分或者全部流程后，一家组织会获得最大收益。制定卓越战略和进行战略管理的精髓包括建设性地展开论证，它发生在战略制定及战略执行的过程中。不论是有意识地还是无意识地，获得长期成功的优秀战略家和企业高管都鼓励在决策制定小组中开展富有建设性的论证活动。如果不在多个利益相关方之间开展富有建设性的论证活动，战略通常是空洞无物的，在最坏的情况下这可能会赌上公司的未来，而管理者甚至对此还不自知。正如加里·皮萨诺的警告："对于任何一个具备合理复杂性的项目方案，缺乏争论实际上都是令人担忧的迹象。"[6]

有激情、有活力的论证值得鼓励和庆祝，但前提是大家要建设性地展开论证，而不是争执到脸红脖子粗。争执到脸红脖子粗意味着使用书中的每一个技巧来宣扬自己的观点，并任意调动自己能自由支配的可以威胁和说服他人的权力。相反，建设性地展开论证包括阐述关键事实、陈述核心概念并清晰地表达它们为什么是真实的。争执到脸红脖子粗是一种激进、热烈的状态，而建设性地展开论证是一种平心静气、冷静自持的状态。争执到脸红脖子粗是不计一切成本地让自己的观点占上风，而建设性地展开论证是在不采取劝服或者操纵手段的前提下实现最佳效果。争执到脸红脖子粗是带有个人感情色彩且针对个人的，而建设性地展开论证是对事不对人的。争执到脸红脖子粗是冷酷无情的，而建设性地展开论证也是冷酷无情的。争执到脸红脖子粗是依靠强制性的力量或者诡辩来取胜，而建设性地展开论证是依靠推理来取胜。

我们所讲的关键点是，如果没有真真切切地展开争辩，就不可能建设性地形成战略论证。而且，我们都知道，争辩有时候会脱离正轨。企业高管对论证望而却步，是因为他们知道争执会给组织或者个体带来问题，有时甚至会带来永久性的伤害和导致组织功能失灵。论证需要以能产生积极成果而不是带来伤害的方式（即富有建设性的方式）来完成。

在本章中，我们将讨论如何让论证过程保持建设性并富有成效。我们的想法来自对一些公司的观察以及社科理论和研究。这些想法既涉及组织文化的设计和功能发挥等宏观问题，也涉及如何安排和组织一个会议等微观问题。我们不认为只有一条路径可以有效地达成这个目标，我们怀疑在一个组织中运转良好的机制可能不适用于另一家组织。企业高管应该从本书所介绍的想法中挑选并进行试验，判断它们在任何一种情境下的有效性，并努力依靠自身的智慧形成新创意。在这个过程中，总体目标应该是确保沟通合情理、有礼貌且不带个人感情色彩。最重要的是，要避免打口水仗、被情绪左右、展现效忠的态度、背后中伤他人以及基于个人情感进行争辩。千万不要争执到脸红脖子粗。

论证的重要性体现在哪里

即使论证富有建设性，甚至发生在有助于促进健康论证的组织文化中，它也有可能是杂乱无章的。论证也不总是值得投入时间和精力的：你可能认为，大家一定有更加富有成效的方式来分配自己的时间。此外，营造一个适合开展建设性论证的环境需要事先考虑周到并投入时间和精力。同时，总会存在一个风险点使事情恶化到令大家争执到脸红脖子粗的地步。因此，问问自己是否在不择手段地达到目的。这样的争论值得你为之付出努力吗？

奈飞（Netflix）是一家非常成功的公司，它想方设法地在产品市场领航推动了几项根本性的转型：从提供可以从网上租回家的电影影碟，到在线播放其他公司的电影素材，再到今天的原创电视和电影内容的创作。早期曾任奈飞首席人才官的帕蒂·麦考德（Patty McCord）说："尽管有众多严峻挑战以如此迅猛的方式向我们袭来，但公司能够不断创新并实现蓬勃发展的主要原因是，我们教会大家问这样一个问题，'你怎么知道那是真的？'，或者是我最喜欢的另一种问法，'你能帮助我理解是什么让你相信那是真的吗？'"她继续解释这些类型的问题如何在奈飞内部引起了激烈的争论，而这些争论"有助于培育一个充满求知欲和尊重彼此的氛围，并在团队内部和各个职能部门之间创造了宝贵的学习机会"[7]。

我们认为有三个令人信服的原因会促使大家投入时间和精力来参与小组论证。第一个原因是，一个精心组建的团队若能以一种富有建设性的方式争辩将会产生效果更佳的论证，进而做出更好的战略决策。第二个原因是，建设性论证有助于在参与者之间建立认同感，进而缓解任何一次战略变化引发的紧张。第三个原因是，不同于脸红脖子粗的争执，建设性论证能够改变大家的思维方式，帮助大家达成对所处局面的一致理解。当我们把计划转化为行动时，这一点最终会发挥作用。我们会依次对这三点原因进行讨论。

让论证效果更上一层楼

通过小组来论证战略的最重要原因在于决策本身的质量。一个原因是用于决策流程的信息的质量会影响论证结果。相比于任何个人，由拥有多样化背景的成员组成的小组可以获取更多的信息。当论证过程由可以带来不同信息和观点的人员参与，而且这些对比鲜明的观点在彼此之间形成对抗时，小组论证将产生更加优质的决策。在一家组织中，不同部门的工作人员承担不同的工作职责，因此会有不同的深刻见解。小组中的每位成员对公司所处的局面和面临的挑战和机遇都只拥有局部认识。一个和而不同的论证过程可以降低犯错的可能性，因为每个论证的假设（即论证的外部一致性）从多个不同的角度经受了考验。

群策群力式论证能带来的一个更为基本的好处涉及论证本身的质量，尤其是其内在一致性或有效性。尽管获取正确的事实很重要，但大家原则上可以从不同的来源收集这些信息，而且也不需要安排他们参与决策过程。如果论证由一个精心挑选的小组来构建，那么推理的质量就会更高。原因在于人都是容易犯错的，我们不擅于按照演绎逻辑的规则在论证过程中保持一致性，这个事实在过去 40 年的心理学研究中有充分的证据来证明。尽管小组作为审议机构有其固有的弱点，但这恰恰也是它比个人单枪匹马地展开论证有优势的地方。

要在小组中论证战略，而不是孤立地构建战略论证，最具说服力的理由可能是个人容易形成证实偏见（confirmation bias）。这种偏见是指大家普遍倾向于以一种对他们先前存在的看法或者假设进行确认的方式来寻找和解读证据。在战略情境中，管理者通常出于直觉而倾向于选择某个行动方案，这往往源于他们在某个岗位上的工作经验及潜意识中的利益考量。例如，市场部主管可能认为增加收入的最佳方式是开展一场新的市场营销活动，而产品研发部主管则认为最佳方式是加大研发投入。当头脑中有一个渴望得出的结论时，每个人都会寻找事实和论据来支撑他的观点和立场，并倾向于驳回或者无视对不同意见起支撑作用的证据。市场部主管会指出上次推出新的市场营销活动时，产品销量增加了多少，而产品研发部主管则会指出主要销量来自她的团队研发的哪款产品。

个体决策者对证实偏见存在担忧是有充分理由的。然而，正如雨果·梅西耶（Hugo Mercier）和丹·斯珀伯（Dan Sperber）的观点，证实偏见的存在在群体情境中是能够带来实际好处的。具体而言，证实偏见：

> 有助于形成一个有效的认知分工形式……当一个群体
> 必须解决一个问题时，如果每个个体都把大部分精力用于
> 寻找对某一解决方案起支撑作用的论证，那么解决问题的
> 效率就会高很多。然后，他们可以在群体中陈述自己的论
> 证，接受其他成员的检验。只有当大家能够被好的论证说
> 服时，这种方法才奏效。[8]

为了验证群策群力式论证的潜在优势，我们来做一个"沃森选择任务"的经典实验。每个人面前都有四张正面朝下的卡片，并被告知每张卡片一面是一个数字，另一面是一个字母。第一张卡片上是字母 E，第二张卡片上是字母 K，第三张卡片上是数字 4，最后一张卡片上是数字 7。然后，每个人都获取了下列信息："如果一张卡片的一面是一个元音字母，那么它的另一面是一个偶数。"然后，人们被要求通过选择需要翻转的卡片来评估命题，以此来证明该命题的结论是否成立。

当每个人单独参与这项实验时，很少有人能得出正确的结论，事实上，成功率低于 10%。超过 80% 的人认为应该翻转有字母 E 和数字 4 的卡片。正确答案是应该翻转有字母 E 和数字 7 的卡片。原因是什么？请注意，命题形式是"如果 p，那么 q"，其中"p"是元音字母，"q"是偶数。当翻转有字母 E 的卡片时，人们的注意力就集中在一张 p 成立且能决定 q 是否也成立的卡片上，即能知晓这张卡片的另一面是不是一个偶数。一张有偶数，比如有"4"的卡片，表示 q 是成立的。但是，请注意 q 也可能会因为除 p 之外的原因而成立，原始命题并没有排除这一点。如果你翻转了一张 q 不成

立的卡片（即有数字 7 的卡片），那么如果 p 成立，这个命题也可能
会被推翻，因为出现了字母是元音，但数字是奇数的情况。

把成功率从低于 10% 提高至超过 70% 会怎么样？根据大
卫·莫什曼（David Moshman）和莫莉·盖洛（Molly Geil）的研究，
当在小组中解决这个问题时，大家在"沃森选择任务"中的表现就
会发生这样的变化。[9] 即使小组讨论发生在大家单独地完成实验并得
出错误的结论之后，成功率也会出现这样的大幅提升。原因不仅仅
在于得出正确答案的少数人在他们所在的小组中有说服力。事实上，
莫什曼和盖洛发现，最初没有人能得出正确答案的小组，通过群策
群力式的论证过程也能够得出正确的结论。原因可能在于尽管大家
在构建论证的时候会经受证实偏见的挑战，但他们可以更好地对论
证（尤其是别人的论证）进行评估。当个人在实验中失败时，小组
却可以获得成功，因为个人已经对各种论证进行了过滤：

> 在不借鉴他人想法的情况下进行独立思考的个人只能
> 对他们自己的假设进行评估，但是这样做，他们就既是法
> 官，又是当事人，或者说既是法官，又是辩护律师，这不
> 是探求真相的最佳立场。[10]

可以这么说，在小组论证过程中能幸存下来的想法都经过了唇
枪舌剑的洗礼。在经过这样一个过程的磨炼后，论证的薄弱点就能
被发现并得到加固。这个论证已经与其他可选项进行了较量，并最
终获得了胜利。大家对它的假设进行了探讨和深入理解。如果做法
得当，这个争论的过程就能使论证达到反映团队当前知识程度的水
平。此外，这个论证的薄弱点和关键假设（必须为真命题）就更有
可能得到确认。

　　我们为什么如此有把握？从一个层面来看，很显然，如果你掌握全部事实，那么你就更能了解一个情境的全貌。但是，更为关键的是，当拥有不同看法的人聚集在一起时，建设性论证才会触及对话的本质。相应地，马西莫·加尔布约（Massimo Garbuio）、丹·洛瓦洛（Dan Lovallo）和奥利维耶·西博尼（Olivier Sibony）[11] 很想理解战略争辩的本质是否会影响战略决策的质量。他们尤其对"公正无私的对话"感兴趣，并将其定义为满足下列条件的讨论：

- "以事实为基础，公开、透明"。
- "决策制定者的参与应该基于他们所具备的相关技能或经验"。
- 决策制定者"应该能够说出相互冲突的观点"以及"讨论对未来状态的预测所依据的假设"。
- 认识到"每个人都是从带有偏见的视角来看待这个世界的"。
- "使用逻辑和推理来理解这个世界，而不是通过强迫手段或者惯例来施加权威"。

　　为了对这个概念做出解释，这些作者引用了霍尼韦尔公司首席执行官高德威（David Cote）在采访中说的话："我需要的是想要得出自己的结论、愿意进行独立思考，且能够以正确的方式和我争辩的人，这样我将推动对论证过程的内部消化，并使其保持客观性，不带有任何感情色彩。"[12] 简而言之，"公正无私的对话"与建设性论证是相吻合的。

　　加尔布约和他的合著者对超过 600 个战略决策进行了研究，这项研究涉及广泛的行业和地区，其目标是在分析战略决策的有效性时，把稳健性分析的影响（即确保你所掌握的事实准确无误）和开展"公正无私的对话"所带来的影响分开来看。他们的发现给人留下了深刻印象：当细致的分析和"公正无私的对话"相结合时，战略决策的有效性会得到大幅度的提升。事实上，建设性论证要比仅仅掌握正确的事实更为重要，即"公正无私的对话"所带来的影响要远远大于稳健性分析的影响。我们发现，与稳健性分析相比，"公正无私的对话"能对战略决策上存在的分歧做出更加充分的解释。[13]

当然，我们不能保证小组论证一定可以形成更加有效的论证和结论。一方面，各个小组本身具有大量复杂的社会性动机，这可能会产生各种各样的特殊状态。另一方面，大家对小组决策所面临的很多常见挑战的理解都比较深刻，可以通过缜密思考小组成员的构成并且采用周密的商议程序来理解和应对。

产生认同感

战略决策涉及有选择地为某些活动分配资源，在很多情况下，它涉及把资源从旧的行动举措调配至看起来更有前景或者更为紧迫的新方案。有时候，这些变化可能是重大且有实质性影响的。例如，必须在用于市场营销的预算中抽调出 15% 作为对新的生产设备的投资。在其他案例中，比如每条推文的字符数上限调整为 280 个，这样的变革可能不会引发预算或者员工人数上的任何重大变化。但是，这样的变革可能更有象征性，对有关管理者正在尝试做的事情以及它们是否会取得成功的一些固有想法发起了挑战。因此，任何一个事关重大的战略决策都会引导一家组织的管理者把自己当作潜在的胜利者或者潜在的失败者。这也是人们会争执到脸红脖子粗的部分原因，即大家当然会通过唇枪舌剑来保卫他们认为应该属于他们的成果，以及他们认为正确的想法。

"脸红式争吵"是一种危险行为，因为许多战略行动计划的成功将依赖全公司管理者的干劲和参与度，其中包括需要接受预算被削减15%这一现实的市场部主管。如果管理者以一种失败者的心态对战略决策避而远之，那么他们对这项战略行动计划的投入就会受到影响，尤其当他们感觉自己是因为遭遇不公而失败时。一个"技术上正确"但认同感很低的决策是不可能获得成功的。正如弗兰·阿克曼（Fran Ackermann）和科林·伊登（Colin Eden）所说："重要的一点是，一家组织中的管理者必须拥有驱动力，并有意愿来管理和掌控他们自己以及他们所在组织的未来。实际上，这种投入可能比他们设想出一个经分析证明'正确'的未来更重要。"[14]

从这个方面来看，在一个拥有多样化背景的利益相关方群体中开展建设性论证活动的好处是显而易见的。这个过程让大家有参与感，并能够表达自己的观点。参与感会让大家感觉有机会为战略决策的形成提供意见，进而大家会倾向于就决策达成一致或者产生认同感。大多数管理者理解他们不是发号施令的人，组织的决策制定过程是一个妥协让步的过程。他们将为了集体利益承担责任，并在必要时做违背个人利益的事情。但是，他们还是认为自己是有想法的，而且自己的观点是重要且有价值的。质疑和反对并不完全是出于对自我利益的考虑，也会出于对做出最佳决策的真正关切。不论是对具体的战略决策，还是对组织整体而言，如果员工的声音被听见，他们的想法得到认真对待，且员工被允许参与到决策当中，那么随之而来的是员工更高水平的奉献。让员工知道自己能够并且将对重要决策提出建议，有助于激发他们的积极性、增强他们的驱动力，并使他们感觉到自己是有权力的。这样做会使员工感受到自己的影响力和工作重要性。

改变思维方式

建设性论证的最大好处可能在于改变大家的思维方式。正如前文所述，来自组织中不同部门的管理者都从能让自己处于上风的角度来对待每一个战略决策，而他们各自的优势则扎根于他们所承担的职责及过往累积的经验。约翰·M. 布莱森（John M. Bryson）、弗兰·阿克曼（Fran Ackermann）和科林·伊登（Colin Eden）的研究发现："大家对相同事件或者情形的理解各有不同。尽管他们从字面上看到的内容完全一致，但他们会对表面上看起来相同的情境注入自己的不同理解，构建至少部分有所不同的概念体系来对其做出解释，并预测未来。"[15] 建设性论证的一个有用功能是帮助参与对话的人理解小组中其他成员对问题的看法。通过彼此之间谦恭有礼地交换想法和论证思路，论证参与者就能发现他们自己的思维方式之外的其他选项，或者真正意识到大家所持见解的明显不同之处只是表面现象，最终殊途同归，形成统一思路。

如果大家在决策过程的起始点拥有不同的看法和观点，那么形成共识至少要求一部分人改变思路。与简单的交换观点相比，尤其是在专注于详尽阐释因果论证时，建设性论证更有可能引发思路的转变。事实上，仅仅只对个人观点提供理由，可能会让大家更加坚持自己的观点，形成僵持不下的局面。

我们来看一项心理学研究。菲利普·费恩巴赫和他的同事们要求实验的参与者针对一系列有争议的问题提出自己的意见。例如，针对伊朗的核武器问题，他们是赞成还是反对对伊朗实施单边制裁。然后，一个小组按要求列出他们持此观点的一系列原因。另一个小组则按照指引提出一个因果论证，为他们所坚持的立场提供论据支撑，具体要求是：

> 你的解释应该精确地说明在一个自始至终的连续性链
> 条上，每一个步骤是如何引发下一个步骤的。换句话说，
> 尽可能把一个故事讲圆满，不能有漏洞。[16]

大家按要求提出一个因果论证后，当被再次问及他们的立场时，他们所持的观点比最初的更加温和。显而易见的是，那些仅仅按要求列举出原因的人会坚持己见。费恩巴赫和他的同事们把这种现象称为"解释性深度错觉"（illusion of explanatory depth），即我们感觉自己对世界的理解非常有深度，但实际情况却差远了，当我们被迫详细解释因果论证时，我们的肯定性就被削弱了。

对利害攸关的战略问题形成共识或者做出一致解释是极其重要的，特别是当任务从战略制定转为战略执行时。大家的思维方式影响他们的行动方式。当管理者通过公正无私的对话，对形势达成共识并形成彼此互相认可的论证，以证明其决策的合理性时，他们更有可能在行动上团结一致，即按照能推动小组的初始决策的信念展开行动。如果小组成员无法对战略问题做出一致性的解释，那么战略决策的执行难度会更高，成功率也会更低：

> 如果战略管理者无法改变组织成员的思维方式及其相
> 应的行动方式，那么战略仅能依靠强制手段来产生真正的
> 影响。如果不改变思维方式，组织成员就会继续从一成不
> 变的视角来看待同样的问题，他们也会继续按照以往的观
> 念来解决这些问题。[17]

（毫无吸引力的）替换选项

大家还持质疑态度吗？我们思考一下可以替换论证的其他选

项。尽管替换选项多种多样，但所有方法都涉及由专门化小组或者专职小组以相对孤立的方式制定战略决策。在大型公司中，这个小组通常以战略规划小组或者战略规划委员会的形式出现。通常来看，这个小组把战略制定出来，然后再向公司其他部门宣布。有一次，我们听到一位战略规划小组的负责人对公司中身居高位的执行层管理者宣布："我们把战略制定好了，你们去执行吧。没必要进行争辩，你们只管去做就行。"我们感到非常震惊。

很显然，这样的信息没有被企业高管所接受。他们明显认为自己更了解企业所处的局面，知道重心在哪里，应该采取什么举措。因此，实际上经常会发生的情况是，这些企业高管忽略战略规划小组宣布的官方战略，并往往将其视为令人无法默然忍受的无稽之谈。他们不理解战略，甚至都不愿意费神去把战略弄明白。他们在战略产生的过程中没有受到激励，也没有被赋予任何权力。虽然一个专职的战略规划小组未必会这么做，但我们担心事实总是如此。在我们看来，与更大范围的高管团队展开建设性论证是一个较为可取的方法。

建设性论证的实践

精心安排建设性争辩

当问题涉及切身利益时，争执到脸红脖子粗的情况最有可能发生。我们以一家银行（A 银行）拟对另一家银行（B 银行）实施收购方案为例。这个隐去真实信息的案例来自阿拉里克·布古安（Alaric Bourgoin）和他的同事们，他们和 A 银行的 CEO 一起工作，并在

CEO 提出收购 B 银行的计划后，见证了高管团队的内部讨论。根据布古安和同事的说法，讨论很快就变成了争吵：

> 首席财务官托尼直奔数据，向大家展示了他事先准备好的一份 30 页的报告。如果他的计算正确，此次收购将使银行的净收入增加 10%，并提高银行的股价。然而，业务转型发展部门的负责人甚至都拒绝看一眼这份报告。根据他的变革管理经验，他知道这个收购方案将危及他在年底必须交付的网上银行项目。"此次收购将对我们的项目产生什么影响？"他一再追问。然后，首席人力资源官辛西娅再插上两句："具体的实施步骤和时间表是什么？"她为事先没有人征询她对这个重要事件的看法而抓狂，"我会告诉你这是一个巨大的错误，"她用责备的语气说，"B 银行的价值观和我们的价值观简直是天差地别！"数分钟的时间内，这场沟通演变为三位副总裁针锋相对、剑拔弩张的场面。在桌子四周，其他总监听天由命地瘫坐在自己的座位上。冒险说出自己的观点只会火上浇油。[18]

这个小故事表明，大家通常没有意识到群策群力式论证的好处。恰恰相反，大家一开始就争执到脸红脖子粗。这种现象可能太过正常了，我们见过的许多高管肯定都有过这样的经历。布古安和他的合著者都同意："高层管理者在徒劳无益的交谈中消耗了大量精力，最好的结果是什么也改变不了，最坏的情况则是内部打得一塌糊涂。"[19]

这三位高管之间的想法交流像是在吵架，在某些方面就如同我们和孩子或者伴侣之间的争吵。争吵发生的原因是什么？我们认为一个主要的原因是托尼和辛西娅没有向对方表达清楚自己所持立场的原因，或者没有进行充分的自我证明。这可能不是工作没有做到位的原因，毕竟托尼已经编写了一份30页的报告。或许，辛西娅和业务转型发展部门的负责人错在没有让托尼把他的论证解释清楚。另一个原因可能是托尼没有事先分享这份报告，或者在编写报告的时候没有采纳他们的观点。不管导致这个局面的原因是什么，显而易见的是，很多要说的话没有说出口，这使得每个人把自己倾向于得出的结论在起始阶段就变成了一种论断。颇具讽刺意味的是，因为很多话没有说出口，大家感觉他们的声音没有被听到。随着情绪逐渐高涨，大家妄自揣测别人的真正想法，忽然之间，关于是否收购B银行的决策看起来远远超越了收购计划本身。

建设性争辩是指所有参与方按照相同的基本规则构建论证。正如我们在前文中的解释，我们认为这些基本规则应该基于命题逻辑。但是，这些基本规则更多是关于论证的形式，而不是论证的过程。论证过程有它自身的一套基本规则，不管这套规则是多么微妙，大家对其又是多么心照不宣。那么，我们如何确保对战略问题展开建设性的争辩？

这个问题要求从三个层面予以关注。首先，在个人层面，建设性争辩要求个人具备一系列特定技能和思维方式。其次，在集体层面，建设性争辩要求关注对讨论战略问题的正式场合的设计，同时考虑邀请哪些成员参加会议以及会议应该如何进行。最后，确保持续一贯地健康对话，要求关注公司的文化和组织架构设计，比如对有助于形成富有成效的战略论证的行为进行肯定和奖励。

在开始讨论与会议设计及组织行为相关的问题之前，我们简要思考一下在个人层面有哪些要求。哪些因素会促使个人在战略论证中发挥积极作用？本书第二章和第三章重点论述了核心通用技能，即对于公司面临的挑战，以一种既具有创造性又有章可循、有理有据的方式进行思考的能力。遵循演绎推理的原则是一项必要条件，理解论证的内在一致性（有效性）和外部一致性（可靠性）之间的区别也是一项必要条件。对个人思维方式的要求包括：基于个人目前的知识水平，致力于找到可能存在的最佳答案，并对其他人的观点和洞察保持开放的心态。个人应具备的最佳态度既包括对个人知识水平的自信，也包括保持适当谦逊的能力及重新审视个人信念的意愿。

设计和主持会议

布古安和他的合著者明智地指出：“战略对话是一小群专家展开结构化的争辩，他们通过争辩和挑战有充分论据支撑的想法，就所处局势达成共识。”[20] 问题在于结构化争辩很少能自然而然地发生。它们通常必须经过设计才能实现。当一名领导者第一次尝试把建设性论证引入战略过程中时，有目的性的设计可能是尤其必要的。

应该采取什么做法呢？我们认为，在发起一场有重要意义的战略沟通之前，需要对如下问题进行认真思考：

- 为什么需要发起这场对话？目的是什么？我们为什么要这么做？
- 参与者应该是谁？受邀人是谁？哪些人应该参与其中？
- 各自的角色是什么？谁负责哪项工作？
- 这场对话发生的地点应该在哪里？在哪些场合开展讨论？
- 这场会议应该如何安排？

我们针对每个问题提出了一些简要的建议。

目的性：我们为什么要这么做

如果所有参与者对沟通目的都有清晰的了解，那么战略论证就会更加富有建设性。有时候，出于做出某项重大决策（比如是否开拓新市场）的需要，或者因为公司内部在不同的战略选项之间存在争论，因此有必要开展战略对话。开展战略对话的其他情形包括：公司高管需要了解公司当前的业绩表现（不论好坏）；有必要对外部事件（比如核心市场突然发生经济衰退）可能带来的潜在影响进行分析，以理解它对战略的潜在作用（如果有的话）。而其他会议则可能关注长期的战略机会。

不管战略对话的聚焦点是什么，参与者都应该提前对其有清晰的认识。参与者应该事先被告知他们在开始战略对话之前应该做哪些准备工作。这意味着事先投入时间和精力（可能包括征求他人的意见），具体说明想要达成的结果。让参与者清楚在对话中想要解决的问题的范围有助于他们高效地做好准备工作。这也有助于降低讨论过程中会涉及的话题或者问题的不确定性，管理好它们在讨论中所发挥的作用。

需要关注的尤为重要的因素是讨论"范围"及可能会做出的决定。亚马逊的首席执行官杰夫·贝佐斯主张对组织中的重大决策和次要决策进行明确区分。他把重大决策标记为"一类"决策，这类决策在根本上是不可逆转的。重大战略决策属于这个类型。相比之下，"二类"决策不像做出"一类"决策那么重要，如果观点发生变化，"二类"决策也可能会发生逆转。贝佐斯注意到，做出"一类"决策需要投入更多的时间并经过深思熟虑。他说这类决策的制定需要经历一个"重型"进程（"heavy-weight" process）。而"二类"决策能被更快速地做出，且不需要做"一类"决策所需的那样多的考虑时间和信息。

贝佐斯认为，许多组织存在的问题是大家会混淆这两类决策，进而运用了错误的进程。他担忧随着亚马逊的发展壮大，他们会陷入一个倾向于对"二类"决策使用适用于"一类"决策的"重型"进程的困局。他解释说："这种倾向带来的最终结果是进展迟缓，不加思考的规避风险的做法，试验不充分，最终阻碍创新。我们必须找到方式来对抗这种倾向。"[21]

鉴于这项深刻洞察，我们认为致使 A 银行的内部讨论快速脱离正轨的原因可能有两个。一个原因是参会者可能事先对此话题并不知情。因此，参会者对参与一场实质性的讨论会议显得毫无准备、手足无措。另一个原因是他们的第一反应可能出于直觉或者情绪，因此他们把注意力都放在了可能出错的事情上。相应地，他们的回应也带有情绪，他们的论证也是为了合理化解释他们提出的反对意见，而不是展开冷静、合理的分析。

从更为根本的层面来看，这项收购计划显然属于"一类"决策，需要仔细权衡。即使事先已经认识到这一点，A 银行似乎还需要认识到的是，收购计划需要和很多战略重点事项放在一起考虑。首席财务官准备的 30 页分析报告可能只局限于讨论 B 银行是不是一个好的收购目标，基于此，A 银行应该执行收购方案。冲突发生的原因之一可能是没有对公司是否应该收购另一家银行展开讨论，或者说根本没有完成这项讨论。与公司面临的其他挑战相比，这是一个正确的战略重点事项吗？我们从这个故事中得出的教训是，设计一个建设性的战略对话通常要求思考讨论发生的先后顺序。换句话说，首先讨论收购是否为一个有吸引力的行动方案，然后再讨论一个特定收购目标的优点。

参与者是谁

准备一场高效的战略对话的关键环节，包括决定应该由哪些人员参与讨论。如果参与者不合适，我们所需要的信息就不能呈现出来，战略执行也可能会因为前提出错或者缺乏认同感和参与感而遭受挫折。作为一项基本规则，参与者应该包括掌握相关信息和专业知识的人员，以及负责战略执行的人员。这项规则意味着明确哪些人员有权力让事情发生（或者不发生），哪些人员的切身利益会受到讨论结果的影响。在某些情形中，利益相关方可能不属于组织本身，比如关键供应商。

在决定应该由哪些人员参与讨论时，贝佐斯对"一类"决策和"二类"决策的区分尤其重要。每个组织都应该组建一个核心战略团队，负责制定战略并监督战略执行状态。鉴于"一类"决策所涉及的各种利害关系，所有的"一类"决策都应由这个团队负责。这个团队中的所有成员专门负责制定战略，他们应该花费大量的时间来研究战略问题。这并不是说他们应该担任幕僚角色，但他们长时间在职能部门承担管理职责对构建建设性论证所需要的深刻洞察和见解是非常关键的。核心战略团队的成员组成应该保持稳定，但是"二类"决策制定团队可以根据一事一议的原则来临时组建团队。

团队架构中应该包括具备正确思维模式并对建设性论证持积极态度的人员，即使对同事提出的一些假设持不同意见，他们也愿意把聚焦点放在论证的内在一致性上。如果个别团队成员不具备这种思维模式，辅导和培训在某种程度上应该可以帮助他们转变倾向性。

正如前文所述，尽管证实偏见会使企业高管为支持自己的观点而形成有瑕疵的论证，但从某些方面来看，它也有助于他们更好地评估其他人的论证。维护个人利益是确保拥有不同业务部门工作背

景和专业知识的管理者参与战略讨论的一项主要优势。同时，只有
参与者不被自身的知识和经验蒙蔽，这项优势才能让团队受益。比
如在自己的专业知识领域范围内，驳斥或奚落别人提出的假设。因
为来自其他业务部门的人员通常不是你所在领域的专家，因此他们
对你所在的领域有不同的认识和见解也是情理之中的事情。

关于群体的社会学研究表明，最有成效的群体能平衡好拥有多
元化知识的成员之间的凝聚力和信任感。建立信任是有难度的，因
为大家的社交网络通常在他们自己所属的业务领域联结得最紧密，
因此凝聚力和信任感在业务条线内部最强烈。要谨慎选择彼此间有
密切关系的参与者，并重视群体成员之间凝聚力的形成。

个人性格也应该作为一个考虑因素，要尽可能避免选择"愤青"
和已经形成思维定式的人员。不愿意和大家交流想法以及不愿意以
开放的心态来改变观念的人也不应该被邀请参与讨论。这么做的原
因是显而易见的。还有一个不太明显的考虑因素是群体中包括能产
生想法的人和能发挥联结作用的人是极其重要的，前者对意料之外
产生的刺激性观点具有创造性的思考方式，后者则能在不同的观点
之间搭起桥梁。

总体来讲，小组规模应该反映对不同利益和思考角度的需求与
开展富有成效的讨论的可行性这两者之间的平衡关系。尤其是在做
出重大决策时，紧张局面就会出现，因为寻求具有代表性的观点很
快就会让一个群体运转失灵，集体讨论也会变得难以驾驭。如果邀
请太多人参与讨论，许多参会人员就会变成沉默的旁观者，在整个
过程中没有参与感，这就使邀请他们参会变得没有意义。我们建议
尽量把人数限制在 6 人左右，理想情况下，我们建议总人数不超过
10 人。

分工安排

一般而言，只有在会议开始前，大家把各自在组织中的职务和职位留在会议室外面，建设性论证才能发生。就如在"拯救生命"慈善音乐节一样，所有参与者应该"在进场时就对自我意识进行检验"。当然，营造这种氛围也不是那么容易的，但是，争取创造一种让大家在不惧怕遭受报复性打击的情况下，畅所欲言地表达不同意见的情境，绝对是非常重要的。把在层级、影响力等维度上不相上下的人组合在一起会更有助于做到这一点。

我们认为，在正式的战略对话中，应该只会有两个正式的角色：主持人和热衷于唱反调的人。对于主持人的人选，我们应该提前考虑。尤其是大规模且能产生重大结论的讨论，我们建议找一个外部主持人来主持。如果采用这种做法，发起这场讨论的人应该投入时间和精力，帮助主持人熟悉涉及利害关系的重要议题和参与讨论的人员，包括他们的角色及性格。

在大多数情况下，主持人将从战略制定小组中产生，并参与战略讨论。在选择主持人时，要同时关注能力和外在形象。能力是指主持人构建和评估具备内在一致性的论证的技能，以及他以严谨、公正的态度管理一场讨论的能力。外在形象也同等重要：在参与战略讨论的人看来，主持人必须是有能力且公正无私的。

除主持人之外，还应该有人扮演热衷于唱反调的角色，这个角色负责设计和陈述与主流观点或者普遍观点立场相反的最佳例子。所有参与者都应该理解这是一个角色，而不是一种个人观点。如果战略制定小组经常召开会议，那么这个角色也应该在小组成员之间定期轮换。如果同样一个人总是和团队唱反调，那么他很快就会被这个群体忽略。相关研究表明，在战略制定小组中有一个热衷于唱反调的人确实能产生更好的决策：这会在讨论过程中触发多样化的观点。

开展讨论的地点

会议的物理环境设置对定义会议的动机和行动方向具有非常大的影响，尤其是当会议讨论的话题可能引起争议的时候。当对重大决策进行深思熟虑或者寻找长期发展机会时，摆脱每天的例行公事并把讨论地点从常规会议室转换到一个新的物理环境，是非常有帮助的。身处一个新的物理环境能够帮助大家摆脱在平常工作中的角色定位和习惯性行为，为讨论增添能量。从这个方面来看，虽然在公司中找一个特别的会议空间也可能会发挥巨大作用，但举行异地会议（off-site meeting）带来的好处更大。

进行战略讨论的场地布置应该具备灵活性。大家在一个会议室里，坐在一张大桌子四周，几乎没有移动空间，这种布置对激发新的思维方式没有太大作用。在会场中，椅子应该能够移动，大家也能自由走动。会场中应该放置多个白板或者活动挂图板，供大家分享想法时使用。会场中的椅子或者座位应该摆放成一个半弧形状，大家面对着白板或者活动挂图板而坐。这种布置能让所有人看到逐步成型的战略地图，而且，大家不直接面对彼此，可以"让与会者有时间在思考中停顿一下，而不是在承受压力的情况下，对面对面的言语沟通做出情绪化的回应"。[22]

如何主持会议

会议负责人和主持人应该事先就会议启动时的"第一个问题"达成一致。选择一个好问题要求尽力设想谈话可能出现的不同走向，以及拥有不同经验的人可能会如何解读这个问题。避免设计答案非

"是"即"否"的问题，因为这种类型的问题很快就会使讨论出现两极分化，而且也无益于对潜在的根本性问题和流程进行富有成效的思考。用一种与会者都能理解的形式来构思问题，避免使用特定的专业术语。

如果在会议开始前已经把相关材料发给与会者阅读，那么在会议开始时简要回顾这些材料将会是有帮助的。这个过程检查大家对相关事实的理解以及可能存在的疑问，同时也确保参与讨论的人是基于一系列共同事实开展工作的。在亚马逊，每次重大会议的前半个小时内，大家会各自低头默读手边的会议材料。亚马逊的高管已经了解到，如果大家不做会前阅读，就很容易在会议中"虚张声势"。另外，无论是以正式的形式，还是以非正式的形式，关于讨论、思想交流及观点分享的任何规则或者期望都应该设定好。

一旦把"第一个问题"讲出来，我们建议运用社会心理学家所说的"名义群体"技术，产生关于相关问题的想法和答案。研究表明，如果小组成员先单独地产生想法，随后再对想法进行分享和讨论，那么群体就更具有创造力，并产生更多有用的想法。这个过程包括让与会者利用10~20分钟的时间，安静、独立地思考问题的答案。大家应该被鼓励尽可能多地产生想法或答案，并尽可能地充实、完善想法。只有在个人单独工作的阶段结束后，集体讨论才应开始。

"名义群体"技术的一项关键好处是让差异性呈现出来，它有助于大家在不受其他人的想法或观点的影响下产生自己的想法。当与会者的正式权力和非正式权力有所不同时，这个结果尤其重要。权力的不同源于他们的性别、种族、在组织中的级别或者业务背景（例如，在满屋子的工程师中间有一位市场部经理）的不同。

在会议中让差异呈现出来的一个补充性做法是有条理的话轮转换，特别是在集思广益的阶段，这种做法尤其适用。这个时候，主持人对保证每个人的意见都能被大家听到发挥着至关重要的作用。那些没有用语言表达的非文字类线索值得关注，体态、手势和姿势都包含对情绪、倾向性的暗示。即使讨论进入两方之间一来一往的争辩阶段，主持人也要关注那些没有参与其中的人并询问他们的看法。

依据团队的规模和想法的多样性，创建临时的并行讨论思路是有帮助的。这项技能包括成体系地针对问题或者决策，形成不同的视角和方法。具体做法是在团队中开展独立且并行发生的战略对话，目的是形成多样化的可选项。各个小组应该为实现特定目标而独立开展工作。在某个预先设定好的时点，每个小组应该汇报它做出的决策并对其进行论证。在不同的备选方案之间做出选择的过程也应该被展示出来。

塑造组织环境

综合前文，我们已经介绍了开展战略对话的多种方式，以确保建设性论证的落地。然而，大家想要的理想状态是让建设性论证在自己所属的组织中成为一项默认设置。此外，在开展了富有成效的论证活动之后，大家想让组织采取行动，因此，组织中的人员要有执行能力，即使最终做出的决策并不符合他们的初始意向。一旦大家走出会议室，是行动计划将被付诸实施，还是讨论将会继续拖延？上述目标要求关注组织设计等更为广泛的问题，特别是在组织中占据主导地位的价值观和行为规范，也就是组织文化。

英特尔历来重视培养组织文化，尤其是其前任首席执行官和主席安迪·格鲁夫（Andy Grove）在这方面做得很出色。长期以来，英特尔的一项核心规范是大家应该"敢于谏言、服从大局"（Disagree and Commit）。这项规范中的两部分都很重要。"敢于谏言"指英特尔的高管和经理层被鼓励，甚至被期待或者有义务参与对公司计划做出的重大决策进行热烈讨论的内部流程。当他们对基本达成一致的重大决策持有不同意见时，他们尤其会被期待展开激烈讨论。原因为何？英特尔的高管认为，任何一项重大决策都应该能够承受可能把其推翻的最猛烈的批评，他们想在做出决策之前，而不是在决策成为事实之后听到这些批评意见。因此，英特尔的员工被鼓励谏言，并要确保他们的声音在决策做出之前被听到。英特尔具有浓厚的工科导向型文化，它对事实以及原因分析的重视，有助于确保这些讨论都是建设性论证，且不会像通常情况那样演变为脸红脖子粗的争执。

这是对"敢于谏言"的解释。"服从大局"的意思是，虽然你在做出决策之前能够且应该大声说出自己的意见，但是一旦决策做出，争论就应该停止。在决策做出之后，英特尔的员工被期待参与决策的执行，并全身心地致力于落实行动计划。不论他们在论证中坚持的立场是否与最终决策一致，他们都应该这样做。因此，从本质上来看，"敢于谏言"和"服从大局"是围绕重大决策展开争论的基本原则，包括在决策做出前后，对参与者行为的期望，以及这些行为发生的时间点。据说，其他公司也已经采用了类似的原则，其中最有名的是亚马逊。[23]

为什么"敢于谏言、服从大局"的原则能发挥作用？在英特尔，最主要的一个原因是这个流程被大家熟知且接受。公司的长期发展历程让英特尔的员工深知，尽管这个过程中可能会遇到重重困难，有时候还会遭受猛烈的抨击，但它对于做出艰难决定、获知"真理"是一个有益的过程。这种理念与许多英特尔的工程师、科学家以及其他员工的"硬"科学学科背景相契合，因此，在英特尔发生的争论或者冲突，通常都是为了寻求客观答案。部分原因也可能是受安迪·格鲁夫遗留的作风影响，大家都知道他有话直说不拘小节。这种做法可能在一些公司中根本无法运用，有人会认为它太容易引起敌对或者冲突了。

但是，直到今天（在安迪·格鲁夫离任后的很长一段时间内）"敢于谏言、服从大局"仍然能发挥作用的主要原因是，它已是英特尔组织文化的核心组成部分。它能成为组织文化的原因是，它作为一种适用且有效的决策制定方式，在英特尔内部得到了广泛分享。大家通常不会质疑或评价它，只要有需要，它就会被付诸实践。它能发挥作用的原因是，它和英特尔的其他行为标准被一以贯之地执行，实际上是不断得到强化。这些行为标准包括：不以个人利益为首要出发点，不去试图推翻以往的决策，在对决策进行讨论的过程中不对另一方耿耿于怀，等等。为保证"敢于谏言、服从大局"的原则能切实发挥作用，英特尔的每一员都必须意识到有风险的决策并不总是能获得成功的，但是，如果动机和出发点是好的，支持这类决策的人员就不应该受到不公正的惩罚。

换句话说，你要把公司的利益铭记于心，坦率真诚地和其他人展开合作，依靠集体智慧做出最佳决策。我们来看看奈飞公司的文化。帕蒂·麦考德在一篇报道中说："尽管奈飞公司内部的争论经常会激烈到白热化的程度，但是这些争论一般不会变得刻薄无情或者适得其反，无法达成预期目标，因为我们设置的标准是所有争论本质上要服务于业务发展和我们的客户。"[24]

任何一种组织文化都要有独一无二、与众不同的特征来鼓励开展富有成效的争论，并使其与现有文化毫不违和地融合在一起。然而，同样很明显的一点是，塑造一种鼓励建设性论证的文化通常需要制定几条明确的行为标准或者期望。在我们的头脑中，这些标准或期望包括：

1）清楚且具体地说明决策权力以及哪些人员有权力（或者义务）发表意见。

2）在不惧怕引起强烈不满的前提下表达个人想法的自由（尤其是把不同观点说出来）。

3）对在不同与会者之间产生严肃认真又不失礼貌的思想碰撞的期望。

对任何一种组织文化而言，员工都要对这些行为标准的价值以及来自企业高层的支持形成广泛认同和理解。在麦肯锡，每一位新入职员工在进入公司不久后，从公司文化中学到的一条核心原则是他们负有"反对的责任"，这意味着每位员工都应该把他们的不同意见说出来。

领导者的任务是设计并维持一种鼓励争辩以及论证时经常显现且能发挥建设性作用的组织文化。为达到这个目的，我们在这里列举的行为标准开了一个好头，但需要根据组织的具体情况进行调整。关于论证的行为标准也需要结合其他组织行为规范来检视，以确保它们彼此之间不会抵触。

一位领导者能够做的最重要的事情，是把为什么说争辩和论证是好事而不是坏事解释清楚。解释过程包括把争辩和论证重新叙述为一个富有成效的过程，而不是有害无益的过程，即争辩和论证有助于做出更好的决策或者获取隐藏在表面下的真相，这是意料之中的。沿着这个思路，史蒂夫·乔布斯会讲述他的一个童年故事。他的邻居让他从院子里捡几块小石头，然后递给邻居。乔布斯照做了，但令乔布斯感到非常恼火的是，这位邻居把石头放入抛光机中，机器轰隆隆地运转了好几个小时。最后，邻居再次把乔布斯叫过来，并把石头拿给他看。当这位邻居把石头从抛光机中拿出来的时候，乔布斯惊讶地发现这些石头变得如此顺滑、精美、有光泽。乔布斯把这个故事比喻为：

> 一支团队对他们所热衷的事情努力钻研……一组非常有才干的人棋逢对手，展开论证，有时候会发生争吵，唇枪舌剑，但是他们在一起工作，互相"打磨"着对方，打磨着他们的想法，最终的成果就是这些精美的石头。[25]

领导者的一举一动都代表着企业的文化。组织中的成员通常认为行为比任何一种企业文化的官方解释都有意义。为此，除了冷静客观地进行论证，领导者能够做的最重要的事情是证明他的立场与自尊心的驱使没有关系。证明方式包括说出他实际更为倾向或者受益最大的决策，然后接受不同的立场。领导者也可以公开承认自己被其他人的论证说服了，并承认自己先前的想法出错了。我们可能不需要再过多证明论证的价值。犯错很正常。尽管在可能的情况下应该避免出错，但错误确实会发生，而且相关人员不应该为出错而受到惩罚。

领导者应该尽量不去掌控场面，而是要鼓励团队在决策做出之前积极参与论证。有的领导者可能认为把自己的角色定义为"首席调解员"更为合适。领导者可能会发现对一个战略决策先提出几个大胆构想或者整体方向是有用的，但是，应该让其他人知道这些观点可能经不起团队的仔细推敲。如果出现这样的情况，也没有关系。他的目的是为讨论找到一个切实可行的目标，而不是为讨论本身设定方向。

艾伦·穆拉利在 21 世纪早期处于转型发展阶段的福特公司担任首席执行官，他启用了一个被称为"业务流程检查"的全员参与型流程。他组建的团队包括公司的所有高层管理人员，其既负责运营管理，也负责战略制定。穆拉利建立的这个流程把合适的人集合在一起，以做出重大决策并产生所需要的信息，尽管这个流程可能存在很多问题且令人感到不爽。他要求团队在每周的一个特定时间汇报，而且最好是当面汇报。汇报会议的一个关键部分是要求每位团队成员按照一个标准模板提供他所负责领域的相关信息。通过这种方式，团队就能够掌握公司在其每个市场和职能方面的具体表现。

穆拉利接手的是一家员工通常不会坦率、如实地发表看法的组织，他花了很大工夫才赢得了团队成员的充分信任，并让团队成员在"业务流程检查"中给出准确评价。起初，他的团队成员不想分享负面信息。但是，一旦他们这么做，这些负面信息就成为穆拉利领导福特公司实现巨大转变的基础，即他在突然之间就能发现福特存在的问题，并开始制订战略计划来解决这些问题。[26]

迈克尔·阿里纳是通用汽车公司原首席人才官、亚马逊云科技（AWS）原人力资源副总裁，他提倡创建适应空间（adaptive space）。他解释说："适应空间可以理解为大家自由探索、交流和讨论想法所需要的关系空间、情绪空间和物理空间。它包括为大家建立各种连接。想法、信息和资源聚合在一起并产生互动。"[27]

我们认为，创建和维护适应空间对战略制定和战略争辩具有重要作用。也就是说，除可能为争辩提供充足空间的正式战略决策制定流程之外，也需要创建轻松的非正式空间，让大家可以检验各种想法，相互之间进行较量，想常人不敢想，言常人不敢言。适应空间是一个比喻性的用词，它可以由公共午餐区、咖啡屋、庭院等物理空间来支撑。无论把适应空间设置在哪里，它对于战略团队发挥应有功能都是极为重要的，它对组织中的其他成员也是有用处的。

适应空间有助于大家推测、回应和吸收对富有成效的战略制定过程发挥核心作用的信息。适应空间的必要性体现在哪里？阿里纳解释说："组织都是受运营系统驱动的，这些系统会推动正式化、标准化流程的形成和经营业绩的提升。组织也由多个业务团队代表着。"[28] 换句话说，当我们试图把组织变得高效并保护自身利益时，我们就已经把围绕重要组织事项展开轻松交谈的机会和动机剔除在外了。享有盛名的组织学理论家詹姆斯·马奇把这种轻松交谈的机会和动机称为"组织冗余"。[29] 相关理论和研究表明，尽管这种行为在短期看来可能是效率低下且会产生反效果的，但在长期内却有助于做出更好的决策并使决策得到更有效的执行。

章尾思考

优步的创始人特拉维斯·卡兰尼克在与一位优步司机就黑色豪华车的战略和定价争论时，被人录音了。这是一个关于争论的臭名昭著的故事。优步的黑色豪华车服务要求司机投资一辆高档的小轿车，然后以收取高价服务费作为回报。这位司机很生气，因为他购买了一辆好车，却看到优步大幅下调对黑色豪华车服务的定价。这位司机认出了卡兰尼克，他解释说，因为他投入的成本高，客户的消费需求低，所以在过去一年损失了 97 000 美元。卡兰尼克首先回应说，公司正在削减黑色豪华车的数量。这位司机也认同这是一件好事，但他抱怨说公司也同时在下调黑色豪华车的服务价格。根据彭博社的报道，[30] 两人的对话记录如下：

卡兰尼克：我们没有下调黑色豪华车的服务价格。

司　　机：但是大体是下降了。

卡兰尼克：大体上是，但我们也有竞争对手啊。如果不这么做，我们就会在竞争中出局。

司　　机：竞争对手？你自己手里掌握着业务模型，如何定价由你说了算，但你却选择了降价。

卡兰尼克：不，不，不，你误解我的意思了。我们一开始就走高端路线。我们走低端路线，不是出于我们自己的意愿，而是因为我们不得不这样做，如果不这样做，我们就会被市场淘汰……

司　　机：但是大家不会再信任你了。你认为大家还会再购买黑色豪华车吗？因为你的原因，我损失了 97 000 美元。因为你，我都破产了。你的想法每天都在变，每天都在变。

卡兰尼克：你冷静一下。关于黑色豪华车服务，我的想法改变了吗？

司　　机：你把整个业务都变了。你降低了定价。

卡兰尼克：你是说黑色豪华车服务吗？真是胡扯。

司　　机：我们的起步价才 20 美元。

卡兰尼克：你懂什么？有些人自己没本事，却不愿意承认。他们把生活中的一切不如意都归咎于他人。祝好运！

这盒录音带被公之于众，并引发了众怒。卡兰尼克随后道歉，并承认自己作为一名领导者，还需要不断修炼。

卡兰尼克事件值得思考，因为很显然，他试图向司机解释公司的战略，但这一过程暴露了领导者都会犯的一些共性过失（尽管可能没有卡兰尼克的过失那样引人注目和富有戏剧性）。在这个关于优步战略的论证中，究竟是哪里出错了？

我们指出几个问题来强调本章所讨论的关键点。第一，这个论证是一种失策的做法，因为司机不是一个就战略展开争论的合适人选。当然，卡兰尼克和优步的其他高管应该向司机征询意见和建议，因为他们是公司的核心力量。但是，要采取更成体系的做法，不能依赖于在偶然情况下随机遇到的某一位司机。大家可以说，卡兰尼克被逼到了死胡同，他必须做出回应。是的，他确实要这么做。但是，好的回应方式可能是详细询问司机遇到的状况，表达同情，让司机知道有人听到他的想法了，并且他的建议和信息是有价值的。卡兰尼克甚至可以主动告诉司机，他会在公司中指定一名人员来跟进情况。

第二，即使大家认为卡兰尼克应该与司机互动，这次偶然相遇也并不是进行战略论证的最佳时机和地点。没有人知道这场论证会发生什么，而且双方坐的位子也导致他们不可能正视对方，再加之不管讨论是否已经完成，这次行程都将结束。

第三，也是最重要的一点，卡兰尼克对司机失去了耐心并在对话结束时采取了人身攻击。他拒绝接受司机观点的有效性，基本上都是在坚持宣称自己是正确的，而司机是错误的、无知的、不愿意从自身找原因的。听到这段对话后，优步公司里几乎没有人想和卡兰尼克争辩了。

通过阅读本章的内容，我们希望企业高管从卡兰尼克的错误中汲取的教训并不是认识到争论是一种应该规避的冒险行为。实际上，本章的目标是改变对组织中战略论证的价值的认识，并针对如何塑造建设性论证的环境和流程以及使之制度化提供一些想法。我们认为，管理者迫切需要在头脑中牢记这个目标，并根据组织的实际情况采用具体的建议。我们意识到，并非所有建议对每家组织而言都是理想的选择。但是，我们确实认为，建设性的战略论证总是可以带来更好的战略并使战略执行变得更为容易。当建设性论证和我们在其他章节中介绍的视觉工具以及逻辑工具相结合时，效果将尤其突出。这些论证方法和工具应该尽可能地实现整合应用。

MAKING GREAT STRATEGY

主要观点总结

- 企业高管通常避免对组织的战略进行争辩，因为他们担心气氛紧张的想法碰撞很快就会演变为个人之间的交锋，也改变不了任何人的思维方式。然而，没有建设性的战略论证会削弱公司的业绩表现。避免战略论证的结果要么是两个对峙观点之间毫无意义的妥协，要么是对最有话语权的人所提出的有瑕疵的想法冒险进行赌博。

- 对战略问题展开建设性论证能为企业高管带来三个方面的好处。首先，领导者可以更好地做出决策，因为战略争辩会促使他们思考其他观点，而一些纪律性的原则也会推动战略论证实现逻辑的内在一致性。其次，积极地进行论证可以在全公司范围内增强认同感，因为大家有机会提出建议并了解为什么要做出这项决策。最后，建设性论证改变了大家看待组织所面临的挑战和机遇的思维方式，因此提高了战略的执行效率。

- 开展富有成效的论证活动要求每个人都具备构建和评估逻辑论证所需要的技能和思维。要对进行战略争辩的会议和其他场合的设计予以认真思考，同时对与会人员和会议的具体安排进行认真规划。如果组织对和而不同的想法交流予以表扬和奖励，那么论证就更有可能发挥建设性的作用。

- 领导者能够为鼓励建设性论证做的最重要的事情，是解释清楚为什么说争辩和论证能提升组织的文化建设。允许领导者的想法和说法受到挑战，有时在不产生负面影响的前提下遭到拒绝，这能向组织成员表明领导者对不同意见是持欢迎态度的。

MAKING GREAT
STRATEGY

第五章

对不确定的未来进行论证

对不确定的未来进行论证的好处

在 21 世纪 20 年代，没有哪一个商业领域能比汽车行业更加成熟地应对颠覆式变革。知名汽车制造商至少面临三项重大挑战：设计转向电力发动系统；网约车和共享汽车服务的增长；全自动驾驶汽车即将出现。

随着技术的进步和成本的下降，越来越多的电动汽车将上路并成为具有可行性的主流消费产品。鉴于在电力发动系统方面的优异表现、续航里程延长以及可持续性方面的好处，特斯拉等品牌和电动汽车（如通用汽车公司推出的 Bolt 电动汽车）都对公众产生了吸引力。全球各国政府推出的补贴政策和监管要求也刺激了电动汽车产业的发展，而且这种发展势头将会持续下去。快速增长的中国汽车市场已经成为戴姆勒、宝马、通用汽车等公司的传统内燃机汽车的主要销售市场。由于中国政府对电动汽车生产和销售指标的硬性规定，中国市场也将成为电动汽车的主要销售市场。

优步、Lyft、Cabify、滴滴等网约车服务的出现和爆炸式增长已经吸引了大量忠实用户。对许多消费者，尤其是在城市中生活的年轻群体而言，与其花费几万美元购买一辆大部分时间都闲置的汽车，他们更愿意通过手机随时随地地使用叫车服务。因此，汽车制造商可能面临私人自有车辆需求大幅下降，而且许多消费者可能终其一生都不会买车的局面。

近期出现的所有这些发展趋势尽管带来了巨大影响，但与无人驾驶汽车科幻般的发展前景相比还是逊色不少。由于计算机处理能力和存储能力的提升、传感器技术的新发展以及机器学习技术的快速发展，自动驾驶汽车领域在最近几年取得了显著进步。自动驾驶技术取得的突破能够从根本上改变人的出行方式，在它将开创的未来世界中，个人用户不再需要购买车辆，在有需要时呼叫一辆自动驾驶汽车即可。从本质上来看，自动驾驶汽车对人工智能、数据处理、半导体设计等技术和能力提出了一系列要求，但绝大部分的传统汽车公司是缺乏这些能力的。因此，自动驾驶汽车引发了谷歌、苹果、英特尔和英伟达等 IT 公司以及拥有充足资本的多家初创企业（比如蔚来汽车）的兴趣和投资热情。

在这个大背景下，大家不得不怀疑通用汽车公司的首席执行官玛丽·博拉在 2016 年关于汽车行业的发言——"我们在未来 5 年看到的变化，将比过去 50 年都要多"[1]，是否实际上低估了行业的发展态势。

这些发展趋势给汽车制造商提出了巨大的新的战略挑战。它们应该如何做好应对颠覆性变革的准备？福特公司原首席执行官马克·菲尔兹于 2017 年被解聘，主要原因显然是董事会认为他没有充分构建起公司在未来技术和服务领域的能力。韩恺特接替马克·菲尔兹担任首席执行官，虽然韩恺特在汽车行业属于门外汉，但他懂科技。

对知名汽车制造商的领导者而言，这些发展趋势带来了两类不确定性。第一，每个趋势的发展前景和发展速度还非常不清晰。电动汽车技术和充电设施的发展速度有多快？有多少消费者愿意只依靠 Lyft 等公司的网约车服务出行？全自动驾驶汽车什么时候能成为现实？

第二，由于变革速度和轨迹的不确定性加大了计算结果的难度，这些公司是否可以以及如何适应这些变化还是个未知数。这些公司把对内燃机技术的大量投资转向电力发动机和电池技术的速度有多快？它们应该投资哪些技术和市场？网约车？共享汽车？电动汽车？自动驾驶汽车？它们应该如何对自己进行定位？自动驾驶汽车是会和电动汽车一样，起初只会在网约车服务领域具有可行性（这是许多分析师现在的想法），还是它们也会向个人消费者出售？汽车公司应该自主开发还是购买它们想要的新技术和新服务？

当然，关于这些问题的观点包括了多种多样的选项，我们也听到了许多关于这家公司或者那家公司应该选择哪类具有可行性的产品，以及什么是最合理的做法的热烈讨论。这些观点有时候有理有据，有时候则没有充分的理由作支撑。显然，为了提高可信度，汽车领域提出的任何一项战略都需要基于一系列的假设，包括各种各样的技术可能会有什么发展趋势，消费者的喜好如何演变，各级政府将出台哪些应对举措，竞争对手会是哪些企业，它们的竞争优势和劣势是什么。这些假设固有的不确定性是非常巨大的，而且对大多数假设而言，有不同意见存在显然是合理的。当然，这些假设对一家汽车公司未来可能采取什么可行性战略所产生的影响也是巨大的。

即将面临可能存在的颠覆性挑战（比如那些汽车公司所面对的挑战）的时刻，是在战略决策制定过程中使用逻辑论证的最佳时机。到目前为止，我们已经对逻辑推理的应用方式进行了说明，这些方式能够揭示公司的成功逻辑，且有助于理解公司取得成功（或者没有取得成功）的原因。正如西南航空的例子所示，这样的分析对决策制定具有关键作用，它有助于避免在无意中做出破坏公司成功逻辑的决策。换句话说，运用逻辑论证对评估公司战略不断发生的变化是有价值的。

但是，我们在第一章中讨论佩德罗·厄普在百威英博的处境时提到，逻辑推理技能还具备一项额外的，甚至可能更加强大的潜能，即帮助领导者为不确定的未来画出一条路径，并应对那些可能需要依赖全新成功逻辑的行动方案。不论这种不确定性是否由竞争对手的行为引发，它都是真实存在的，比如，新公司（像精酿啤酒商）进入市场，技术发生根本性变革，监管环境发生变化等，或者类似于汽车制造商遇到的各种新形势。同样地，当为一项新的行动举措制定最佳战略时，领导者也将受益于对逻辑推理技能的应用，埃莉·菲尔茨推出 Tableau 公众版就证明了这一点。总而言之，逻辑推理技能对解决战略制定难题的作用不亚于它对解决战略识别难题的作用。

通过论证这面棱镜来制定战略的主要优势是促使企业高管让隐藏的假设完全显露出来并对其进行陈述。有人可能会说制定有效战略的最大威胁是不切实际的幻想，即想让某些前提成立。我们不同意这种看法。在我们看来，制定有效战略的最大威胁是思路紊乱，当和不切实际的想法叠加时尤其如此。想证明某些假设是正确的，这本身没有错误，事实上，这是对新的可能性进行思考的固有步骤。当我们任由对未来的希望把冷静客观的推理排挤在外，且未能对促使希望达成的假设进行冷静清醒的分析时，危险就出现了。促使希望达成的条件包括：关于外部世界（技术现状、需求本质等），我们认为哪些假设需要成立？关于组织能力，我们认为哪些假设需要成立？新竞争对手的战略是什么？

我们认为，战略制定首先应该是就公司将如何达成既定目标形成一个逻辑论证的过程。这个过程要求对目标进行清晰的陈述，然后再对如何实现目标的理论进行详细说明。它要求我们把对希望哪些假设成立的直观感觉，转换为对应当成立的必要条件进行清晰解释的合理论证。为了实现目标，需要做什么？要么是借助外部世界的发展趋势，要么是依靠公司自己采取行动。

通过这种方式来制定战略，并不能保证我们不会被自己头脑中生根发芽的希望和幻想所误导，但是，通过让必要条件完全显露出来，可以为企业高管提供一个追踪战略发展进程的机会和途径。随着战略逐步清晰地展开，有能力开展清晰的战略论证的领导者将理解应该关注市场、技术和政府政策的哪些发展趋势。他们知道哪些内部能力需要培养，组织可能需要做出哪些改变。最为重要的是，当初始假设被证明是不正确的时候，他们有更足的底气来判断什么时候需要调整和重新思考战略。

在本章和第六章中，我们将介绍如何运用逻辑论证来思考和评估战略，以确保在未来获得成功。我们高度依赖本书前几章的内容，但也强调了思考未来战略与通过过去表现的可观察记录分析现有战略，在应用逻辑论证上有何关键不同之处。我们将逐步探讨这个概念。在本章中，我们主要思考一家成功的企业应该如何对一个刚进入市场的新竞争对手进行分析并做出回应。成功是可以被效仿的，因此，为做出适宜的回应，理解新竞争对手的战略是很有必要的。我们通过苹果收购 Beats，并将其转型为苹果音乐流媒体服务的案例来介绍这个方法。在第六章中，我们将思考一家焦点企业如何使用论证来制定、发展和实施它自己的新战略，以及如何通过建设性论证完善战略制定过程。

短期有效性和长期可靠性

大家对当前汽车行业发展形势的关注度很高，因为它看起来像一场名副其实的完美风暴，在不远的未来，许多重大发展趋势可能会发生改变，从而干扰和破坏现有战略和市场定位。但即使没有造成巨大影响，大多数组织也基本会持续不断地面临各种发展变化和威胁。未来总是不确定的。对大多数管理者而言，战略主要关乎未来，而不是过去。他们想设计一个战略来引导他们所在的公司和组织获得可持续的成功。

在我们看来，我们在本书中设计的活动将对评估关乎不确定未来的战略发挥根本性的作用。事实上，前瞻性的战略评估和战略制定的基本要素与我们在前几章中介绍的内容并没有太大差异。大家会很高兴地看到，把关注点转向未来并不涉及学习或者使用任何一个附加逻辑，也没有必要增加分析的复杂度。

那么，相较于分析先前的战略，制定和评估一个关乎未来的逻辑战略有何不同呢？答案是显而易见的：未来还没有发生。因此，为未来制定战略更多是依赖推断，而不是已知的事实。这种方式要求提前对支撑战略成功的必要条件（前提或假设）进行清晰的说明。这些条件可能在当前是不成立的，事实上，它们通常都是不成立的。有些条件可能是由于公司有意为之而产生的，但大多数条件是随着外部形势的发展而产生的。形成逻辑论证的价值在于把成功所需的条件清晰地呈现出来，以便能够明确在什么条件下，才能取得成功。

一般而言，我们对前瞻性假设的信心将会有所不同。我们再来看看汽车制造商面临的颠覆性挑战。对于一些假设，比如2035年符合驾驶年龄的人口规模，企业高管有理由相信，他们的推断将被证明是正确的。而对于另外一些假设，比如需要多长时间才能创造出成本低且具备全自动驾驶性能的汽车，企业高管可能没有确切的答案，可能还会引发更为激烈的争议。但是，在制定战略时，至关重要的一点是不要让对确定性存在的分歧成为构建逻辑连贯的战略论证的拦路虎。

这也是出于论证的目的而提出假设的原因所在。当制定一个关乎未来的战略时，我们认为尤其重要的一点是关注我们在第三章中提及的有效论证和可靠论证之间的区别。我们来回顾一下，有效论证指具有内在一致性或没有逻辑瑕疵的论证，而可靠论证是指有效且具备外部一致性（即每个前提都真实）的论证。如果有一个或者多个前提不成立，那么这个论证就不是可靠论证。一个论证可能是有效但不可靠的，也就是说，论证的逻辑合理，如果我们认为前提都成立，结论就成立。

当我们在第三章中介绍有效论证和可靠论证时，它们之间的区别可能看起来晦涩难懂且太过于偏学术性。当分析一个先前的战略时，显而易见的是，大家都想构建一个可靠论证，即一个不仅逻辑有效，而且不依赖错误前提的论证。事实上，当对已有的业绩记录进行分析时，我们通常会快速排除不合理的前提，因为我们对事实已经有很大的把握。然而，在制定新战略时，有效性和可靠性之间的区别就会实打实地体现出来，而且会发挥重要作用。

当为一家组织制定战略时，我们最终想要的是一个基于可靠论证的战略，即成功的逻辑最终必须被证明具有内在一致性和外部一致性。但是，当评估未来的战略时，在确定是否所有假设都成立方面，我们会遇到难题。在未来的事发生前，我们不会知道战略论证是否可靠。设想一下，在成本低且具备全自动驾驶性能的汽车问世之前，一家汽车制造商决定静观其变，等到汽车制造出来，再全身心地投入到市场战略中。等到了那个时候，可能就太晚了。

如果我们在一开始就坚持尝试构建论证的可靠性，我们将会面临两类风险。第一类风险是，我们可能会浪费无数的时间来讨论那些只有在未来才会知晓的事情，最终结果只有两个，要么有人放弃，要么集体陷入错觉。世界上最优秀的计算机科学家都对人工智能在什么时候可以发展到足以使全自动驾驶汽车成为现实的程度持不同的意见，汽车制造企业的领导者怎么会有答案呢？更重要的是，为什么要浪费巨大的资源来试图给出一个确切的答案呢？

第二类风险是，面对不确定性，我们会在已知的事实中找寻踏实感。但是这样做，我们最终可能在提出假设时过于保守，以至于错失制定出大胆且有创造性的战略的机会。面临颠覆性挑战的企业当然不能把自己限制于那些它们非常肯定地认为在未来能够成立的假设。企业家也冒不起这个险。赫布·凯莱赫带领西南航空获得成功不是因为他假设所有乘客都与选择全程服务航线的乘客具备同样的需求。

在制定和评估关乎未来的战略时，我们推荐一个简单、有用的准则：短期看有效性，长期看可靠性。也就是说，在制定战略时，要把注意力放在论证的内在一致性或有效性上，即从前提能推导得出结论吗？避免因前提是否为精准的预测而争吵，要把注意力聚焦于前提是否必然能推导出结论。任何一个既定战略论证的可靠性只有在执行战略并监控战略实施进展时才能显现出来。因为有效性是可靠性和战略成功的前提，在形成有效战略论证中投入的努力会在战略实施阶段得到回报，一方面排除成功概率为零的战略（即无效战略），另一方面梳理清楚关键假设有哪些，以及如果它们不成立，可能引发什么结果。

在清晰地陈述一个有效战略时，如果我们能用精确的术语具体说明战略成功的必要前提或者条件是什么，那么我们就已经把战略实施中能够观察、监控和评估的维度（模式、趋势、想法、突破口）列举出来了。这个监控过程包括持续地评估战略论证的可靠性。如果一开始就感觉部分假设最终会被证明是错误的，那么我们就知道战略可能出问题了。最终，战略论证要同时兼具有效性和可靠性，以确保战略成功的可持续性。

对不确定未来进行论证的实践

案例：苹果收购 Beats

我们以苹果为例进行说明。我们讨论一下苹果于 2014 年做出收购 Beats 的战略决定，以及它后续在 2015 年推出苹果音乐流媒体服务的做法。我们推测，苹果在流媒体音乐服务领域的竞争对手，比如 Spotify 或现在已经破产的 Rdio，可能已经对苹果音乐的潜在战略逻辑，以及如何通过战略论证来制订具有可行性的行动方案进行了分析。

在 2003 年，史蒂夫·乔布斯对订阅制的音乐流媒体服务持有强烈的观点。在一次《滚石》杂志对他的采访中，乔布斯说："获取音乐的订阅制模式已经没有任何价值了。我认为你们可以让订阅制模式迎来第二次辉煌，但可能不会成功。"[2] 同样，他非常坚定地认为客户想要拥有属于自己的音乐，而不是租赁音乐：

> 我们认为订阅制模式是一种错误做法。其中一个原因是，自从我们有记忆以来，大家就在购买音乐……他们已经习惯于购买音乐，并享有广泛的使用权。如果你拥有属于自己的音乐，它就永远有效。如果你拥有属于自己的音乐，你就享有广泛的个人使用权，也就是说，你可以随心所欲地听音乐。[3]

乔布斯发表这番言论的时间点与苹果推出 iTunes 音乐商店的时间点相吻合，iTunes 开创了销售数字音乐的先河。与 iTunes 同时发布的还有 iPod，音乐商店通过销售数字音乐产生利润，进而推动音乐产业实现了巨大的转型发展。2004 年，数字音乐销售收入在美国音乐产业中的占比为 1.5%，到 2008 年，这一比例已经增长到 30.1%。[4] 在 2008 年年初，苹果就已经成为美国的第二大音乐零售商，拥有超过 5000 万位客户，规模仅次于沃尔玛。[5]

然而，在 2013 年，音乐下载量产生的收入开始下降，并且在

2014 年上半年，iTunes 在全球的音乐销售量下降超过 13%。[6] 可能有点讽刺意味的是，苹果在 2007 年推出 iPhone，引发了智能手机领域的大变革，自那个时候起，发生这个变化的种子就已经播下了。依靠智能手机的永久性联网功能便可以运行的应用程序和各项服务纷纷涌现出来，比如 Spotify、Pandora 和 Rdio 等提供的音乐流媒体服务。这些流媒体服务的成功对乔布斯提出的客户想拥有属于自己的音乐的关键假设构成了挑战。

苹果，十年之前音乐产业的颠覆者，忽然面临着自身业务模式核心部分所带来的潜在颠覆性影响。这不仅仅是因为 Spotify、Pandora 等音乐流媒体服务商对苹果的关键利润增长点构成了威胁，它们还可能削弱苹果核心的智能手机产品的吸引力。当消费者拥有类似于 iTunes 的大型音乐库时，出于对转换成本的考虑，他们对苹果 iOS 系统的忠诚度会高于其对安卓系统的忠诚度。音乐流媒体服务使得音乐库的重要性有所降低，进而也削弱了消费者对 iOS 系统的忠诚度，最终将对苹果智能手机的盈利能力造成不利影响。

在这样的背景下，苹果于 2014 年 5 月宣布以 30 亿美元的价格收购 Beats。据 Beats 的联合创始人，说唱歌手德瑞博士（Dr. Dre）和资深音乐制作人吉米·艾奥文介绍，在收购 Beats 后，"苹果会获得音乐流媒体服务、高端耳机和在音乐界的广泛社交资源"。[7] 这一举动出乎很多人的意料，大家在狂热地猜测苹果可能采取什么战略。[8] 有人推测，这个想法是"把艾奥文先生对'年轻人文化'的感觉和苹果的'众多年轻消费者对 iTunes 服务的消费'相结合，让苹果再次'炫酷'起来"。[9] 作为当时苹果历史上规模最大的一次收购，其风险无疑是很高的。

到了 2015 年夏天，苹果的发展思路更为聚焦：尽管乔布斯在十几年前对音乐流媒体服务嗤之以鼻，但是苹果还是在它的年度全球开发商大会上重磅推出了新的苹果音乐流媒体服务，品牌名为Apple Music。音乐制作人吉米·艾奥文对推动苹果开启音乐流媒体服务发挥了引领作用。[10]

理解苹果的音乐流媒体战略

苹果在流媒体业务领域采用的战略是什么？如果它的目标是对Spotify及其他音乐流媒体平台的发展势头予以反击，那么它预期的成功逻辑是什么？当然，这个问题与已经发展成熟的音乐流媒体服务高度相关：没有一家企业把来自苹果的竞争不当回事，苹果进军音乐流媒体服务市场对现有企业构成了潜在的攸关生死存亡的危机。Spotify、Rdio和Rhapsody等竞争对手的领导者需要制订战略计划，以对苹果音乐带来的挑战做出最佳应对。出于此目的，他们需要深刻理解苹果计划如何让它的音乐流媒体服务获得成功。他们需要针对苹果进入音乐流媒体市场，清晰地陈述一个看似合情合理的战略论证。

在下文中，我们将介绍在2015年苹果宣布推出苹果音乐流媒体服务时，我们尝试构建的一个战略论证。我们的目标是站在苹果竞争对手的角度来看待苹果音乐流媒体服务，并模拟它们可能如何运用正式化的战略论证来制定应对苹果音乐的策略。我们设想竞争对手的高管可能会问自己：苹果内部讲了什么故事来证明这个战略会成功？我们并不知道苹果音乐的内幕消息，只是依据可以公开获取的信息以及自己对音乐产业的理解来分析。竞争对手的高管在音乐产业中有各种联系渠道，当然比我们有更多的深刻洞察，但是，鉴于 Beats 收购案的规模以及后续的媒体报道力度，我们已经掌握了足够的信息来进行分析了。

我们从哪里入手？正如我们之前的讨论所指出的，在形成战略论证时，最佳切入点通常是由论证所得出的结论。在这种情况下，我们假设苹果的目标是把 Spotify 和其他音乐流媒体平台的发展势头遏制住，至少要在苹果用户中实现这个效果。为了达成这个目标，特别是在其他服务供应商已经抢占先机的情况下，苹果音乐需要以更快的速度来发展订阅用户。因此，我们从以下结论入手，我们认为苹果希望看到的结果是：

> **结论 A_1：** 与其他音乐流媒体平台相比，苹果发展用户
> 群的速度更快。

请大家注意，我们在陈述结论时使用了现在时态。这一点可能在一开始看起来有点难以理解，因为（当我们形成这个论证时）我们正在试图论证一个未来的结果。因此，有人可能认为这个论证应该用将来时态或者将来完成时态来陈述，这样做可能在语法上更为准确，而且也更为恰当地反映了论证的暂时性特征。然而，我们强烈建议用现在时态来陈述战略论证，主要原因有两个。第一，使用将来时态会使逻辑形成的难度大幅提升，且驾驭难度加大，我们认为这样得不偿失。第二，如果使用现在时态，我们的结论就会变成一个关于未来的简明陈述。事实上，制定战略的一个窍门是设想我们已经达到未来的状态，然后再按照我们确定西南航空和沃尔玛的战略的思路来思考战略论证的过程。换句话说，想象一下你所在的组织将会像这两家公司一样取得成功，并被要求解释成功的原因。

我们现在开始对苹果音乐进行战略论证，并从我们想要得出的

结论逆向推导。苹果音乐如何才能实现比其他音乐流媒体平台发展速度更快？如果要实现这个目标，应该具备哪些条件？我们主要有两点想法。第一，我们注意到经济学和战略的一条基本原理是消费者基于可获得的消费者剩余在竞争性产品之间做出购买决定。简单来讲，消费者剩余是指消费者愿意支付的价格（消费者对产品实用价值的感知）和实际支付价格之间的差额。这意味着如果苹果音乐想要比其他音乐流媒体平台发展得快，它必须产生更多的消费者剩余，要么在消费者愿意支付同等价格的前提下，提供更低的价格；要么在价格相同的前提下，提升消费者的支付意愿。

第二，我们观察到，苹果音乐的定价策略与其他音乐流媒体平台一样，既不高也不低（苹果手机则不一样，它的定价通常比安卓系统的手机定价高）。因此，苹果音乐看起来不是通过降低价格来增加消费者剩余。我们的直觉是，苹果的战略是通过提升消费者的支付意愿来促进增长，让消费者以消费者剩余的形式获得价值。

我们把这个初始推理正式地形成如下简单的战略论证：

前提 A_1：如果一家音乐流媒体平台提供和竞争对手一样价格的服务，但是能让消费者产生更强烈的支付意愿，那么它的发展速度比竞争对手的快。

前提 A_2：苹果音乐的定价和其他音乐流媒体平台一样。

前提 A_3：与其他音乐流媒体平台相比，苹果音乐能让消费者产生更强烈的支付意愿。

结论 A_1：与其他音乐流媒体平台相比，苹果音乐发展用户群的速度更快。

这三个前提都暗示着结论。重要的是，这个论证符合逻辑连贯论证的最低标准，因为它的逻辑是有效的，即如果大家接受每一个前提是成立的，那么就必须接受结论成立。

当然，在这些前提中，有一些接受起来可能更容易。特别是前提 A_1 是一种基础的经济学的表达，前提 A_2 是我们能够验证的经验之谈。但作为一个经验性的问题，与其他音乐流媒体平台相比，苹果音乐能让消费者产生更强烈的支付意愿，这种说法并非毫无问题。事实上，2015 年 6 月公布的外界对苹果音乐服务的评价主要表达了消费者的轻度失望情绪。和许多苹果粉丝一样，批评者认为苹果音乐的服务只是差强人意。在苹果音乐发布四个月之后，《福布斯》杂志甚至宣称苹果音乐会以失败告终。在一名批评者眼中，它是"糟糕的主流趋势……感觉苹果在音乐订阅服务方面的雄心壮志不是领导者的行为，而是追随者的做法。它还不擅长做追随者，忽略了竞争对手能生产更优质产品的所有原因"。[11] 这不是因为服务质量差或者存在任何严重的运营缺陷或设计错误，事实上，撇开少数例外情况或者偏好不谈，在大多数评估中，苹果这项新服务与 Spotify 相比都不相上下。但是，许多人对苹果有更高的期望，希望苹果提供的音乐流媒体服务能包含一个或者更多新的、有大幅改进的功能。

或许，苹果向公众推出的服务就是它所能想到的全部内容，即具备和 Spotify 一样的性能组合，可能部分性能优于 Spotify，而部分性能不如 Spotify。如果是这样，流媒体领域的竞争对手可能就会大松一口气。毕竟，如果前提 A_3 不成立，那么结论 A_1 也就不成立。换句话说，尽管这个论证在逻辑上有效，但尚不清楚它是否为可靠论证。

其他音乐流媒体服务商的高管们应该得出这一结论吗？换句话

说，他们应该基于如下想法来采取行动吗？苹果被广泛称道的是其创造高质量的产品和服务的能力，以及与此相关联的消费者更强烈的支付意愿。出于某些原因，苹果不能提供卓越的音乐流媒体服务，因此苹果音乐的发展速度会没有其他音乐流媒体服务商的快吗？

有智慧的领导团队不会仓促地得出这一结论，尽管它可能是有吸引力的。原因至少有两个。第一个原因是苹果当然想要苹果音乐获得成功，因此虽然它的初始战略存在不足，但它有可能会尝试调整战略，以确保 30 亿美元的投资能有所回报。因此，即使我们接受大多数负面评论者的说法，即苹果音乐不能使消费者产生更强烈的支付意愿，但它可能通过其他方式实现比竞争对手更快的发展。[12]为了摸清楚苹果究竟靠什么取胜，竞争对手的高管们可能要明智地考虑其他可能的有效战略论证。

第二个可能的原因是对苹果音乐的初始评价有点偏离主线，过于关注具体的音乐流媒体制作经验和相关功能。如果是这样，我们不应该太过仓促地得出苹果音乐不能产生更强烈的消费者支付意愿的结论。换句话说，企业高管或许不应该因战略论证最初缺乏可靠性而反应过度，而是应该对苹果在消费者支付意愿方面具备优势的潜在根源进行深入论证。我们将依次对这些可能性进行讨论。

我们从考虑备选战略入手，回顾一下我们对苹果音乐能通过让消费者获得更多的消费者剩余来实现更快增长的推理过程。如果苹果在消费者支付意愿方面只能做到与竞争对手保持同等水平，而不能超越竞争对手，那么只能采取另外一条途径来增加消费者剩余，就是降低价格。苹果可能采取的低价战略可以通过如下论证呈现：

前提 A_4： 如果一家音乐流媒体服务商与竞争对手在消
费者支付意愿方面水平相同，但是提供较低的价
格，那么，它的发展速度比竞争对手的快。

前提 A_5： 苹果音乐比其他音乐流媒体服务商提供的服
务价格低。

前提 A_6： 苹果音乐和其他音乐流媒体服务商具备同等
的消费者支付意愿。

结论 A_1： 与其他音乐流媒体平台相比，苹果音乐发展
用户群的速度更快。

与第一个论证一样，这个战略论证在逻辑上也是有效的。当
然，在苹果音乐上线时，我们就可以看到前提 A_5 不成立，即苹果
音乐的定价实际和竞争对手的一样。但是，对公司而言，价格要比
消费者支付意愿容易控制多了，因为消费者的想法通常也是善变的。
这个论证表明，Spotify 和其他音乐流媒体服务商的高管应该关注苹
果的降价行动。

企业高管应该保持何种心态？对我们而言，很难从直觉上想象
苹果会采取降价的方式，因为这种方式与其企业形象是相冲突的。
因此，我们很容易排除这个超出自己可控范围的想法。但是，以上
述方式对战略论证进行清晰陈述的一项优势是它给大家提供了新的
视角，可以作为构建论证思路的起点。但是，清晰陈述支持苹果降
价这一命题的论证是企业高管义不容辞的责任。他们可能首先会注
意到，由于 iPhone、iPad、Macintosh 等产生的稳定利润流，苹果拥
有大规模的专用款项，因此，为了进入市场，苹果公司更能在价格
战中生存下来。[13] 或许他们可能会指出，如果苹果已经把 Spotify 和

其他音乐流媒体平台视为威胁，它可能会更加愿意承受这项损失。

尽管我们不会对第二个论证进行充分陈述，但显然有可能形成一个在逻辑上有效的论证来支撑这个命题，即苹果将采取降价的方式（前提 A_5）。如果我们是苹果竞争对手的领导者，这表明我们不应该立马排除不在可控范围内的想法，尽管我们很难想象苹果会采取低价策略。卓越的战略举措通常与期望不相符，苹果可能暗藏玄机。在这个案例中，花时间对战略论证进行清晰陈述确实能带来好处，因为它明确了如果要让苹果做出这样一个出乎意料的举动，哪些假设必须成立。此外，对拥有不同观点的领导层成员而言，备选战略论证构成了彼此之间开展建设性互动的基础。

我们思考一下，把各种不同视角作为引导战略论证发展的不同叙事基础。故事的叙述试图对可能产生结果的条件或一系列活动进行逻辑连贯的描述。因此，首席市场官可能叙述一个故事，而首席财务官则提出另一条故事线，两个故事都以假设的剧情发展或期望满足的条件为基础。这些叙述性的故事不仅仅是被提议的行动方案，还是以一系列能推导出结果且逻辑连贯的期望条件为基础的行动方案。对期望条件进行清晰陈述，为形成一个更为严谨的正式战略论证提供了基础。

我们现在来回顾一下初始论证，并对苹果可能通过哪些方式来提升消费者支付意愿进行完善和充实。评论者可能只考虑了流媒体服务体验的具体细节，对这些方式没有给予重视。来自 Spotify 等主要竞争对手的高管可能想采取同样的做法来确认他们如何能最精准地预测苹果的行动并做出恰当的回应。毕竟，如果竞争对手的高管们相信战略威胁是苹果音乐将拥有更高的消费者支付意愿水平，那么他们就需要在采取正确的应对行动之前理解这个威胁将以什么方式发生。

我们首先把原始假设作为一个"中间推理"。这只是代表我们将使用附加假设来构建论证，以证明这个假设为什么成立：

中间推理 A_1：与其他音乐流媒体平台相比，苹果音乐让消费者产生更强烈的支付意愿。

在尝试思考苹果音乐为什么能让消费者产生更强烈的支付意愿时，会有多个不同的论证过程将发挥作用。为简洁起见，我们在这里重点关注两个论证。第一，苹果音乐可能具备较强的吸引力，因为苹果将有能力把这项服务整合到 iOS 操作服务中，进而创造出交互操作的优势。因为其他音乐流媒体平台并不拥有对操作系统源代码的访问权，所以它们没有能力采取同样的做法。

第二，根据媒体报道，音乐界老将德瑞博士和音乐制作人吉米·艾奥文凭借他们在音乐界的广泛社交资源，将发挥重要作用，我们认为，苹果音乐可能将依赖他们的人脉资源，通过与著名艺人签订独家合约来创造优势。

我们先通过关于互操作性的子论证来支撑中间推理 A_1：

前提 A_7：如果公司对一个操作系统有控制权，那么，与竞争对手相比，它能创建一项与这个操作系统有更好的互操作性和整合度的流媒体服务。

前提 A_8：苹果对一个操作系统有控制权。

中间推理 A_2：与竞争对手相比，苹果的音乐流媒体服务与它所控制的操作系统有更好的互操作性和整合度。

前提 A₉： 如果一项流媒体服务拥有和竞争对手的服务
一样的基本性能，同时，它与操作系统有更好的
互操作性和整合度，那么，该操作系统的用户对
这项流媒体服务拥有更强烈的支付意愿。

前提 A₁₀： 苹果音乐拥有和竞争对手的同类服务一样
的基本性能。

整体来看，中间推理 A₂ 和前提 A₉、A₁₀ 表明我们支持的中间推
理 A₁ 成立，也就是说，与竞争对手的同类服务相比，苹果音乐将使
消费者产生更强烈的支付意愿。这是一个有效论证。

按照这个论证的逻辑，竞争对手的高管们可能会对两个问题产
生争论。第一个是互操作性和整合度是否真正能让消费者产生更强
烈的支付意愿。换句话说，前提 A₉ 中陈述的具有普遍性的理论是否
正确？如果不正确，那么按照这个推理逻辑，苹果对操作系统的控
制权就不能产生竞争优势。这样就可能会引导企业高管们设计并开
展相关研究，以对这项理论进行验证。这个论证的精确性还清晰地
指出哪些方面需要检验。

假设这些验证支持互操作性提升了支付意愿这个命题，这应
该成为苹果竞争对手的高管感到绝望的原因吗？我们不这样认为，
尽管说互操作性对消费者没有影响显然是较为理想的情况。现在，
Spotify 等公司的高管们所面临的问题可能变成了思考对操作系统的
控制权是否为提升互操作性的唯一方式？或者，对操作系统拥有控
制权所能带来的一些好处可以通过其他方式获取吗？在苹果音乐发
布时，其他方式将会有哪些可能尚不清楚。但是，正式构建一个战
略论证会清晰地表明削弱苹果在这个领域的优势需要具备哪些条件，

从而使竞争对手的高管们把注意力和投资聚焦在正确的方向上。独立运行的第三方虚拟助理，比如亚马逊的 Alexa 语音助手和谷歌智能助理的未来增长为竞争对手创造了机会。

接下来，我们针对拥有独家合约的好处形成一个子论证，并通过这个方式来捕捉知名媒体在苹果收购 Beats 之后，对德瑞博士和吉米·艾奥文角色的诸多推测。我们把它当作一个真命题来进行论证：

> **前提 A_{11}**：如果一家流媒体服务商的顶尖员工与一流的音乐艺人有很深的交情，那么他们将有能力与这些艺人签订独家流媒体服务合约。
>
> **前提 A_{12}**：德瑞博士和吉米·艾奥文是苹果音乐的顶尖员工。
>
> **前提 A_{13}**：德瑞博士和吉米·艾奥文与一流的音乐艺人有很深的交情。
>
> **中间推理 A_3**：苹果音乐将有能力与一流的音乐艺人签订独家流媒体服务合约。
>
> **前提 A_{14}**：如果一家流媒体服务商与一流的音乐艺人签订了独家流媒体服务合约，那么消费者对其提供的流媒体服务的支付意愿就更强烈。

中间推理 A_3 和前提 A_{10}、A_{14} 再一次构成了一个有效论证，即与其他流媒体相比，苹果音乐拥有更强烈的消费者支付意愿。

和有关互操作性的论证一样，这个推理思路也强调了 Spotify 等竞争对手的高管们必须面对的两个问题。第一个，也是最重要的问题是，前提 A_{14} 中存在一个因果关系命题，即独家流媒体服务合约有助于提升消费者的支付意愿。正如前提 A_9 中关于互操作性的命题，这也是一个需要验证的命题，而且，Spotify 等公司的高管们将有效地专注于为此命题设计具有说服力的验证测试。验证结果将对战略应对起决定性作用，也就是说，如果独家流媒体服务合约没有提升消费者的支付意愿，那么高管的注意力可能会转向其他方面，但是如果独家流媒体服务合约提升了消费者的支付意愿，那么高管们就需要制定应对策略。

在这个时候，竞争对手公司的高管将面临第二个问题，即苹果签订独家服务合约的能力有多强？如果独家服务合约有助于提升消费者的支付意愿是事实，那么竞争对手的首要目标就是削弱苹果签订独家服务合约的能力。一条路径可能是把艺人作为重点关注对象。苹果收购 Beats 后，德瑞博士和吉米·艾奥文仍然留在苹果，这一事实使大家对他们帮助苹果音乐签订独家服务合约的职责产生了合理猜测。但是，仅凭个人交情就足以说服最大牌的艺人签订独家服务合约吗？流媒体是一种处于增长阶段且拥有多个播放器的分布式媒体，如果明星只与其中一家签订合约，那么他们就会放弃很多挣钱的机会。Spotify 或者其他流媒体服务商的高管可能就希望向知名艺人和他们的经纪人以及唱片公司强调一下这种说法。或者，他们可以对消费者眼中的独家签约行为进行贬低或者揭短。

实际上，这也是独家服务合约的效果或多或少不尽如人意的地方。尽管苹果音乐确实签订了一些独家服务合约，但签约对象并不是最著名的艺人，而且从整体上来看也没有形成一项差异化的竞争优势。环球唱片禁止它旗下的艺人签订独家服务合约，其他唱片公司很快也采取了同样的做法。同时，许多粉丝也对独家服务合约感到很恼火，因为他们不得不同时订阅多家流媒体服务平台来听他们喜爱的艺人的歌曲。Spotify 对此表示支持，并声称它不喜欢排他性，因为"艺人想让尽可能多的粉丝来听他们的音乐，而粉丝也想不受约束地听他们所喜爱的歌曲——排他性给双方都制造了障碍"。[14] 由于遭到强烈反对，苹果在尝试签订独家服务合约方面做出让步。正如吉米·艾奥文在 2017 年 5 月所说："我们尝试过了。我们仍然会与个别艺人进行谈判。但是，显然唱片公司不喜欢这种做法，归根结底，音乐版权都归属于唱片公司。"[15]

我们在本节中举例说明了以正式的形式对有效战略论证进行清晰陈述的价值。我们从一个局外人的视角来理解苹果在音乐流媒体领域的战略，竞争对手的高管们在很大程度上可能与我们做法一致（尽管他们必定已经获取了更多的信息）。我们的问题是：苹果内部可能会讲一个什么样的故事来证明战略的合理性，并预想到这个战略最终可以获得成功？与西南航空例子中可视化呈现所发挥的作用一样，这些论证对企业高管定义他们需要研究和讨论的关键问题尤其具有价值。最为根本的是，苹果将采取低价竞争或者提升消费者支付意愿的方式吗？为确保苹果的战略不偏离方向，我们必须坚持哪些想法？类似地，如果我们认为苹果的战略将提升消费者的支付意愿，那么这个战略目标实现的机制和过程是什么？识别这些过程有助于企业高管把论证所依赖的关键因果命题分离出来，运用从中获得的深刻洞察来收集数据并评估论证的合理性，最为关键的是，通过论证判断是否需要采取应对策略。最后，清晰的战略论证有助于澄清什么是有效的战略应对，比如 Spotify 对独家服务合约持贬低的态度。

章尾思考

回顾一下，我们在苹果音乐发布之后，很快就在 2015 年对苹果音乐的战略进行了论证。实际情况如何呢？

截至 2019 年，尽管苹果音乐在发布时没有推出免费试用方案（实际上，与推出免费试用方案的竞争对手相比，这一点使苹果音乐的平均订阅价格偏高，而不是偏低），但苹果音乐的订阅价格与竞争对手的差不多。苹果音乐拥有一个规模较大的音乐库，并因为能够把用户之前在 iTunes 音乐数据库中购买的音乐整合到苹果音乐库中而广受消费者的好评。苹果音乐也确实签订了较多的独家服务合约，但是，正如我们在前文中所述，签订独家服务合约的大多是知名度不高的艺人（部分原因是它没有推出免费试用方案，因此有些艺人拒绝签订独家服务合约）。Spotify 的应对策略是推出独家现场真人演出。关于音乐流媒体平台的其他功能，比如播放清单、曲目推荐和广播频道等，苹果音乐和 Spotify 有很多相似之处。同样地，尽管苹果音乐的界面和设计起初看起来复杂烦琐，但到了 2019 年，从使用的方便性和视觉效果上看，苹果音乐与 Spotify 已经不相上下了。最后，苹果音乐与苹果电视、Siri 语音智能助手实现了整合，而 Spotify 和其他音乐流媒体平台则做不到这一点。但是，Spotify 实现了与亚马逊 Alexa 语音助手的整合。

从特性和功能来看，和刚发布时相比，苹果音乐在许多方面都没有太大变化。然而，苹果音乐的业绩表现很出色。2019 年的一份报告显示，它是"仅次于 Spotify 的最热门的音乐流媒体服务商"。[16] 截至 2019 年，苹果音乐收获的月度订阅用户数超过 4000 万，在美国赶超了全球最大的音乐流媒体平台 Spotify。

总而言之，尽管苹果音乐提供的产品是否真的比竞争对手提供的产品更出色尚不清楚，但它已经实现了惊人的增长。换句话说，苹果音乐成功实现了我们为其设定的目标，但原因并不在我们的预期之内（尽管在语音助手出现之前，互操作性在最初给苹果创造了有利条件）。这种情况是如何发生的？

回过头来看，我们显然遗漏了推动苹果获得成功的一个关键因素：系统默认设置的影响力。也就是说，苹果在它的所有设备上都预装了苹果音乐的应用程序，且附赠 90 天的会员免费试用期。这意味着当人们购买一台新的 iMac、iPad 或者 iPhone 时，这些设备上面就已经安装了苹果音乐的软件。这也就是说，现有用户在免费升级其操作系统时，能够看到 iTunes 应用程序被替换成了苹果音乐，用户已有的音乐数据库也实现了迁移。当他们打开苹果音乐时，立即就会享有会员免费试用期。免费试用期结束之后，付费订阅服务的用户占比率尚不清楚，因为苹果没有公开相关数据。但是，我们猜测，苹果音乐的增长大多是通过这条路径实现的，也就是说，用户可能没有主动考虑过使用 Spotify 或其他流媒体的服务，因为这需要他们进入苹果商店下载应用程序，再创建新账户。

从技术上来讲，我们可以把它当作有关互操作性和整合度论证的一个例子，因为苹果对操作系统的控制权是其发展趋势变化的根本原因。但是，如果我们和自己（以及和你们）说句实话，那么真相就是我们完全忽略了战略的这个方面。我们不知道这个战略是苹果的本意，还是探索发现的结果。从没有预测到战略的这个方面出发，我们可以从中汲取哪些经验教训呢？

第一个教训是不论大家是尝试理解其他公司的战略规划，还是为自己的公司制定战略，都要认识到在制定战略时，拥有一个好流程的重要性。尤其重要的是，要确保把多样化的视角和信息纳入考虑范围。关于苹果音乐的战略，我们所忽略的部分都是可知的——我们知道苹果音乐为使用苹果设备的用户提供 90 天的会员免费试用期，而且，苹果当时在它的所有设备上都会预装多款应用程序，这也是一个很容易就能了解到的背景。我们来回顾一下，这些事实之间的关联性看起来是明显的。它们本该促使我们考虑把系统默认设置的影响力视为论证推动苹果音乐实现快速增长的另一种思路的重点。相反，我们被禁锢在以提升消费者支付意愿为重点的特定论证思路中。尽管我们简单地对苹果会采用低价竞争策略进行了论证，但这基本上是我们初始直观感觉的一种简单变体，因为它也关注苹果可能产生更多消费者剩余的方式。我们忽略了苹果提供的 90 天会员免费试用期和它庞大的客户群，这两个事实会淡出我们视线范围的原因是，它们与我们的思维方式不相契合。在战略制定过程中，我们对这两个事实没有给予重视，一个可能的原因是我们在这个过程中没有听到足够多不同的声音。

我们没有看到苹果成功逻辑中的这个关键因素，其后果对我们而言是微不足道的，但对苹果在流媒体领域的竞争对手而言却并非如此。[17] 因此，在这类情形中，企业高管应该关心的一个核心事项是确保为形成战略论证构建一个富有建设性的环境，以对各种可能性进行深入的思考。在我们看来，构建这个环境的起始点是运用两项原则：第一，值得考虑的战略能够以具备逻辑有效性的论证形式被表达出来；第二，任何一个具备逻辑有效性的论证都应该被聆听。形成不同的有效战略论证要求拥有不同观点的人员参与其中，尤其是观点相冲突的人员。此外，它要求在参与战略论证的高管之间设定一个明确的方向，即论证的目标是更为清晰地理解公司所面临的挑战和机遇，而不是不惜任何代价地赢得对某个观点的支持，后者是现代企业的通病。正如我们在第四章中详细解释的，能够应用这些原则并参与建设性论证的高管将从战略分析、战略制定以及战略执行中受益。

第二个教训是，战略论证形成之时，即工作刚刚起步之时。正如辛西娅·蒙哥马利所指出的，认为战略一成不变的想法，"曲解了战略家所面临的挑战。它会误导管理者，让他们以为自己所制定的战略是固定不变的，一旦发现问题便调换到防御模式，以鸵鸟的心态守卫现状，而不是勇于直面新现实下出现的新需求"。[18] 战略论证的目标不应该是对最初的战略论证进行辩护，而应该是把制定和修正战略论证的过程当作一种互动式地探索正确解决方案的途径。接受并理解论证有效性与可靠性之间的区别对这个过程至关重要。

MAKING GREAT
STRATEGY

主要观点总结

- 战略制定首先应该就公司将如何实现既定目标构建一个逻辑论证。清晰的战略论证有助于领导者自信地画出一条通向不确定未来的路径。构建这样的论证促使企业高管亮明并陈述他们对未来的假设，并帮助他们明确让拟订的行动方案取得成功所需的必要条件。

- 在制定战略时，要专注于论证的逻辑有效性，即这些前提必然会暗示结论的成立吗？有效性是制定卓越战略的必要条件，而不是充分条件。要避免对可靠性（即这些关于未来的假设是否为精准预测）进行争论。因为相较于分析现有战略，制定新战略要求更多地依赖猜测，而不是已知的事实。

- 通过列明取得成功所要具备的条件，明确战略被付诸实践所需具备的前提来关注战略论证的有效性，会获得事半功倍的效果。了解未来需要具备的必要条件有助于企业高管采取合适的行动或投资策略，并对重要的环境条件实施监控。明确指出战略成功的必要条件也为企业高管衡量和跟踪目标实现的进展、评估一项行动举措的战略健康状况提供了深刻洞察。

- 在制定战略时，争辩的过程很重要。一定要确保争辩过程包括了多种多样的视角和信息，而且在看法上针锋相对的人都参与到了这个过程中。获得战略成功要求遵循构建建设性论证的原则，精通构建有效论证的工具，以及具备从战略制定过程中学习的强烈欲望。在互动、碰撞的过程中探索发现正确的解决方案。

第六章

制定战略

逻辑对制定战略的好处

自 20 世纪 90 年代末互联网得到广泛应用以来，它对众多行业产生了变革性、颠覆性的影响。在 21 世纪 10 年代初，许多人，以及媒体，都认为高等教育的颠覆性时刻已经到来。一夜之间，在线课程和教育培训项目看起来将颠覆传统的在校接受大学教育的模式。

至少从引起广泛关注的角度来看，触发点是斯坦福大学在 2011 年推出了三门免费在线课程。在这三门课程中，最具吸引力的是由谷歌的计算机科学家彼得·诺维格和斯坦福大学的计算机科学教授塞巴斯蒂安·特龙联合讲授的介绍人工智能的课程。该课程的第一批注册人数超过 160 000 名，超出了任何人的想象。在这样一所三分之二课程的注册人数都少于 20 名学生的大学，这堂课的规模简直无法想象。权威专家们宣布新的高等教育模式——慕课（Massive Open Online Course，MOOC）已经出现。 这项新的远程技术看起来已经为长期抵制变革的高等教育做好了变革的准备。

大学讲师和各大院校都争先恐后地进入远程教育空间，探索新的发展机遇，很多企业家也一样。特龙离开斯坦福，通过他于2012年2月创建的优达学城（Udacity）线上教育平台开发和提供慕课。他在斯坦福大学计算机科学部的前同事吴恩达和达夫妮·科勒创办了另外一家名为 Coursera 的公司，目标是与大学院校合作提供慕课。哈佛大学和麻省理工学院合作创建非营利性的 edX 联盟，它与 30 多所大学合作提供在线课程，并开发了一个可供其他大学使用的开放源代码平台。其他多所大学纷纷加入其中，或者至少在考虑加入。

慕课的典型特征，即可能使其具备大规模特点的原因是，能注册该课程的不只局限于某所特定大学的学生。任何人都能报名来听特龙的课程，他是人工智能领域的领军者，曾帮助谷歌设计自动驾驶汽车。其他大学选取了不同的路径，它们通过远程教育的形式来打破地域和物理基础设施的限制，扩大影响范围。这种方式使它们大规模地增加了学生人数，也使它们在无须投资建造教室、宿舍等校园设施的情况下进入市场。通过这个路径来扩大听课群体规模的机构包括凤凰城大学、卡普兰大学（之后被非营利性的公立大学——美国普渡大学收购）等营利性大学，以及南新罕布什尔大学等非营利性大学，所有这些大学都曾关注为有家庭、有工作的成人学员提供大学教育。而一家名为密涅瓦计划（Minerva Project）的新创企业，在标杆资本（Benchmark Capital）的 2500 万美元创业投资基金的支持下启动了（这是当时由知名硅谷投资人发起的规模最大的种子轮投资），其目标是创建可与哈佛、耶鲁、斯坦福相匹敌的精英博雅本科教育。它的想法是把来自全球各地的具备精英级水平，但没有机会在精英级院校接受全日制教育的学生聚集在一起。

围绕远程高等教育活动产生的泡沫引发了大学内部和主流媒体关于未来的激烈争论。在许多人看来，远程教育的低成本结构以及学生具备挑选大学教育中对他们而言最重要的组成部分的能力，已然改变了整个局面。哈佛商学院的教授克莱顿·克里斯坦森因其在《创新者的窘境》[1]中提出的颠覆性创新理论而闻名，他自信地预测说，传统的在校接受教育的日子已经屈指可数。他还推测说："很多举步维艰的院校……将在未来 10～15 年内消失或者被兼并。"[2]美国前总统奥巴马也看好远程教育的前景，他认为"将教学与在线学习相融合，有助于学生掌握学习材料，并在较短的时间内获得学分"，从而增加学生接受高质量教育的机会。[3]

另外一个阵营的分析师则更为谨慎地认为，远程教育的发展前景及其对各类院校带来的威胁可能是有限的。许多人都提到了位于加利福尼亚州的一所公立大学——圣何塞州立大学进行的试验，它与塞巴斯蒂安·特龙创建的优达学城合作，提供仅限远程授课的新课程，包括统计学基础、心理学基础、初等数学等入门级课程。遗憾的是，在参加这些课程的期末考试的学生中，有 56%～76% 的人都挂科了。[4]路透社的一位博客作者雷汉·萨拉姆（Reihan Salam）认为，这项试验表明，远程教育"要么就图物美，要么就图价廉，两者不可兼得"，因为对那些目前还未接受大学教育的学生而言，他们需要传统面对面教学中更为劳动密集型的部分作为远程教育的补充。[5]也有一些人认为，远程教育永远不可能完全取代在校接受 4 年大学教育的经历，因为它不可能为学生提供与传统在校教育同样的机会来建立有意义且能长久保持的同窗关系，也不可能为学生们提供在同一屋檐下向同窗、导师以及其他专家学习的众多机会。

在诺维格和特龙推出慕课十年之后，关于远程高等教育的早期论断看起来是夸大其词了，直到新冠疫情大规模暴发，导致全世界范围内的各类高等院校不得不要求学生在家上课，这才使得远程教育发生快速变革。在新冠疫情期间，一切活动都在网上进行，关于未来是否在校接受大学教育的争论又一次被点燃了。毫无疑问，互联网对高等院校应该如何实现教育的目标带来了实质性、持续性的影响。它也为企业家们提供了新机会。所谓的"翻转课堂"应运而生，并在高等教育的场景中快速得到广泛应用。这种课堂形式通常包括提前通过远程视频的方式提供"化零为整"的授课内容，而在教室中的时间则主要用于做练习和体验式学习。像南新罕布什尔大学、亚利桑那州立大学等大学开发并维持了大规模的仅接受远程授课的本科学位项目。而 Coursera 和优达学城等创业公司则提供专项资格证书，用于向雇主证明学生在完成指定课程的基础之上，获得了某些技能。哈佛商学院、斯坦福商学院以及其他院校也开发并提供高管远程教育课程，在课程结束后向学员颁发资格证书，并在某些情况下授予大学的学分。

然而，变数还有很多，远程技术对高等教育产生的长期不确定影响仍然让线下教育机构的从业者产生了担忧的情绪。但它也对初生牛犊不怕虎的企业家们持续产生吸引力，他们怀揣掀起教育领域变革浪潮的梦想，希望通过参与推进这场变革来收获丰硕的成果。相应地，大学校长和学院的院长们也无法再对远程教育技术置之不顾，他们冒着巨大的风险对此采取行动。安于现状的态度会使他们看起来因循守旧，且对成本不断上涨、效果日益下降的教学方法无动于衷。企业家和投资者也有可能会错失下一轮大好的发展机遇。

这些领导者需要做出艰难的且会引发争议的，但能带来长期影响的战略决策。这些决策会引发担忧，因为未知数是如此之多，然而，必须做出快速回应的压力是可以明显感知到的。各个州的立法机构和校董会都想知道能让大学实现"现代化"的战略是什么。快速变化的市场和技术通常要求在财力、人力和时间方面做出大量投资，即便只是尝试参与这场竞赛。

在我们看来，运用战略论证能对克服这些挑战提供有力的帮助。正如我们在第二章和第三章中对沃尔玛案例的分析，绘制战略地图和聚焦逻辑有效性的最有效的做法是对已有战略进行分析并对特定变化予以考虑。在关于远程高等教育的案例中，我们应该提出的一个基本问题是：远程教育将给高等院校带来多大的实际威胁？（比如，对很多学生而言，在新冠疫情期间上网课会让他们明白在校上课的经历究竟有多大的价值。）尽管互联网已经推动一些行业实现了根本性的变革，比如报业和零售业，但它给其他行业带来的影响是渐进式的。因此，一所大学的最佳应对方式可能是以不变应万变。深入理解大学的战略逻辑，将有助于校长确定远程教育会在多大程度上对学校构成威胁。如果远程教育证明关于大学的战略论证中的关键假设是无效的，那么就需要制定应对策略。

然而，战略并不仅限于进行防守或者对外部条件的变化做出应对。从最根本的层面来看，它可能还关乎设想和追寻新的发展机会。比如远程教育技术的兴起等事件应该被看作战略发现和实现增长的大好时机。不论是对于塞巴斯蒂安·特龙等企业家，还是对于大学校长，这都是不争的事实。可能会出现的新市场有哪些？一家组织可以采取哪些行动来进一步推动它之前无法践行的使命？具有变革性的外部发展趋势可能会对现有战略造成破坏，但它们也为制定新战略创造了机会。成长导向型的思维方式甚至能够挽救那些现有商业模式受到严重威胁的企业，为它们提供另一条迫切需要且可信可行的成长路径。

或许不太符合直觉的是，我们在本书中设计的活动在本章中也能发挥基本的且富有建设性的作用。换句话说，当制定新战略时，甚至是（或许尤其是）当领导者从一块空白的画布入手，尝试想象一些全新的机会时，战略论证同样能发挥关键作用。

在制定战略时，逻辑严密性发挥的作用在很多人看来并不明显，对那些把战略制定在很大程度上视为关乎愿景、想象力和创造力的人来说尤为如此。然而，正如我们将在本章中详细介绍的那样，一个成功的战略制定过程，其支柱是构建和评估一个具有逻辑一致性的战略论证的能力。它对设计思维、精益创业方法等旨在鼓励发散性思维的工具而言是一项必不可少的补充。具备强大战略论证技能的高管团队能够开发出更好的战略备选方案，对战略底层的关键假设有清晰的认识，知晓评估战略进展的基本指标体系，并能够在把战略付诸实践时，更好地学习和适应一些意想不到的事件。

在本章中，我们将继续讨论第五章便开始提及的战略制定。制定未来的战略通常会涉及一些不确定性因素。在第五章中，我们思考了战略家为理解竞争对手实施的新战略，需要明确哪些条件必须成立的战略情境：为使其提出的战略获得成功，竞争对手需要具备哪些条件？然后，我们建议对那些不可或缺的条件进行监控，以确认战略是否处在正确的轨道上。短期看有效性，长期看可靠性，这是我们的座右铭。在本章中，我们继续提倡这种思维方式，但是我们将立足于企业自身，而不是站在竞争对手的立场来讨论。一家企业在面对不确定的未来时，将如何设计和检验一项新战略？除运用我们在前面章节中介绍的视觉想象和逻辑推理等活动之外，我们还对进一步开拓和评估未来可能的方式提出了一些新思路。尽管我们之前隐性地依赖个人的才华或团队成员的头脑风暴来产生和评估新想法，但在本章中，我们针对如何启发、制定和评估未来的战略，提供了一些更为具体的活动和原则。我们将在下文中解释，分析的关键部分缘何取决于在关于未来的论证中，评估前提的结论导向性。

战略制定的各个阶段

许多企业高管对其所属组织的官方战略制定过程充满畏惧。战略制定过程通常每年执行一次，而且经常是预算编制过程的前奏，很多人把它视为一个精心设计的公司仪式，几乎没有什么实质性的成果，对公司真正的战略重点所产生的影响也很有限。实际上，这样的情境就是一个悲剧。公司的领导者应该把战略制定过程当作是想象一个更加美好的未来，并为此感到充满激情和干劲的机会。

然而，如果从官方战略制定过程通常如何走向终结来看，很多人表达出来的这种畏惧就有充分的事实依据了。在战略制定周期的初期，企业高管因迫于压力而提出富有创造性且大胆的新提案。他们被告知没有一个好想法将被忽略，不管这些想法可能是多么超越常规。许多有经验的管理者在这个阶段都有一定的厌倦感和戒备心。因为他们知道，在战略制定和预算编制周期的终点，所有激动人心的新想法都可能被丢弃，而组织所推崇的将会是一系列渐进的、安全的提案。被保留下来的提案通常具备一个最重要的优点，即公司中几乎没有哪位领导者会认为这些提案存在重大风险，因此，他们也不会感觉受到威胁。在有些案例中，更加大胆的想法确实脱颖而出了，但它们获胜的原因通常是不透明的，很多人把原因归于公司政治，而不是想法在本质上的优越性。

因此，许多企业高管对新战略几乎没有热情，也没有让新战略真正变成现实的强烈责任感。最终，一切都是老调重弹。当目睹了这种情形后，在下一轮战略讨论会上，高管们自然就不再愿意发挥勇于冒险的精神来提出什么宏大的想法了。有鉴于此，仅为数不多的高管对其所在组织的战略表示有信心也就不足为奇了。

尽管在运行良好的公司中，大多数领导者对战略制定过程原则上应该如何构建都具备丰富的知识和良好的理解，但是，上述病态的情形仍然会发生。他们知道，在决策制定过程中，应该清晰地区分发散阶段和聚合阶段。[6] 有关决策制定的研究显然也支持通过这样一个过程来做出艰难的、事关重大的且可能无法逆转的决策。

发散阶段的目标是让尽可能多的可能性或者选项清晰地呈现出来。一旦形成一个覆盖范围全面的选项集合，大家的注意力就可以转向从不同的选项中进行选择，即进入聚合阶段，先考虑各个选项的优势，然后对所有选项进行比较。

卓越战略的产生高度依赖发散阶段。创造力和想象力对于有效制定战略是极为必要的，高管团队需要营造一个有助于产生和构思广泛选项的环境。如果不能产生广泛的选项，最佳机遇将可能无法被识别或探索，领导者对最终所选择的路径的信心也将降低。

然而，在制定战略时，很多公司都未能全面考虑各种可能性。有研究表明，当团队只考虑一个选项时，决策失败的概率将超过50%，但是，如果他们考虑多个选项，失败的概率就会下降到三分之一以下。然而，决策制定者只有30%的时间用于认真考虑一个以上的选项。[7]

出于这些原因，当前很多关于战略制定的建议都集中于对工具和一些常规实践的应用，比如头脑风暴法、设计思维和快速原型法，它们能激发团队产生并探讨更为广泛的战略选项。这些工具是重要且有价值的，它们通常会帮助团队摆脱渐进式思维。同样地，把客户的意见或者主要供应商的视角纳入考虑范围对提升战略制定过程中发散阶段的效果也有非常大的帮助。

但是，战略制定应该远不止于在发散阶段产生完全超乎预料的疯狂想法。至少有两个原因可以说明聚合阶段是更为关键的。第一个也是最为明显的原因是，假如涵盖范围广泛的大量选项已经在发散阶段形成了，那么一个被认真对待且扎实推进的聚合阶段将帮助企业高管选出那些最具前景和潜力的战略举措。第二个原因是，在发散阶段，人们对其想法是否能够顺利通过聚合阶段的预期将影响他们的行为。如果在不同选项之间做出选择要经历一个不透明且大家对其知之甚少的过程，或者更为糟糕的是，这个过程通常会演变为激烈的、具有个人攻击色彩的争吵，那么，企业高管就不会愿意发挥勇于冒险的精神，并提出截然不同的想法了。相反，他们会尝试判断风向，并把他们的想法局限在相对不具有争议性的选项范围。

相比之下，如果高管们预期他们将有机会陈述具有逻辑有效性的论证，并可以看到这些论证将得到冷静、合理的评估，那么他们将会更愿意提出存在分歧的选项。他们也将愿意把提议背后的理由阐述清楚，进而把他们的提案转换为更加全面的叙述，使预期结果仿佛是由能站得住脚的假设自然发展而得出的。相较于在被提出的各项行动方案中进行选择，评估有竞争关系的叙述以及由此形成的论证会更加容易、更加合理。

在战略制定过程中，一个被广泛分享的逻辑推理框架以及开展建设性论证的能力所具备的优势，源自在决策制定的聚合阶段建立了更充分的条理性和自信心。换句话说，认为聚合阶段可能以冷静、客观的推理为特征的想法，有助于大家在产生战略选项时，以自由自在的心态更多地发挥创造力。

我们发现把战略制定过程划分为 4 个有鲜明区分的阶段是有帮助的（见图 6-1）。第一个阶段是发散阶段，高管们的目标是从一张白纸入手，以广撒网的方式为制定战略举措提供尽可能多的想法。[8]（在图 6-1 中，我们用圆圈和字母来表示这些想法。）我们在第二章的战略情境中首次讨论了这些方式。

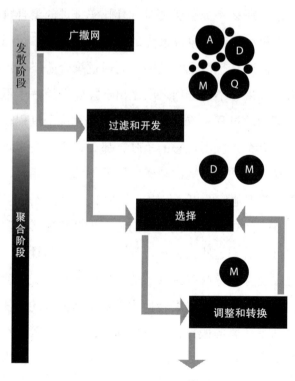

图 6-1 战略制定的阶段

我们没有把聚合阶段看作一个孤立的阶段，而是把它看作 3 个有鲜明区分的子阶段，每一个子阶段都对领导团队提出了不同的挑战。请大家注意，尽管我们按照线性的先后次序对这几个子阶段进行讨论，但实际上，聚合阶段一般会涉及不同子阶段的重复或者循环，因为团队做出初步决策后，会对其进一步探讨，当团队了解到更多信息时，他们会重新审视前期决策。

聚合阶段的第一个子阶段，我们称之为"过滤和开发"阶段。在高管团队完成以广撒网的方式网罗想法之后，我们便立即进入这个阶段。这个阶段的目标是从团队提出的想法中挑选一部分，做进一步开发和探讨。一个现实问题是，在头脑风暴过程中得出的许多想法都是不成熟的、碎片化的，甚至是考虑不周的。非常坦率地讲，有些想法是糟糕的，这是我们在搜寻好想法时会发生的成本。此外，即使所有的想法都是好想法，领导团队的时间和资源也是有限的。这些想法需要按照重要性排序。

然而，过滤是一个棘手的问题，因为在发散阶段产生的许多想法可能都是表述不完整或者意思不明确的，在这个阶段，直觉和偏见通常会产生很大影响。这本身就存在问题，因为它们可能会让团队成员仅仅出于自己的感觉就判断一些有前景的想法不正确，进而采取拒绝的态度；或者是，因为考虑到与他们的工作议程相契合，对一些有瑕疵的建议也采取追随的态度。此外，在过滤和开发阶段看似很随意的决策会对战略过程的下游产生后果。如果人们认为组织对想法的优先级处理（或否决）不是合情合理的，那么他们就更有可能从战略过程中抽身而去。我们把这种困境称为"过滤挑战"。我们将在下文中解释，应对这项挑战的最佳方式是聚焦于本书第三章中介绍的有效性和可靠性之间的核心区别。简而言之，过滤可以通过坚持对所有提议进行有效战略论证的形式来实施。

一旦少量有潜力的战略举措得到确认（可能是 2～4 个），聚合阶段的第二个子阶段就是在被保留下来的可选项中做出初步选择。这意味着选定一个优先执行的方案。这个选择结果没有必要成为最终决定，它可能在执行过程开始后被重新考虑，我们将在下文中对这一点进行讨论。但是，这个子阶段很关键，因为它涉及根本性的资源分配决策。

经历了卓有成效的发散阶段以及过滤和开发阶段后，截然不同的战略选项便产生了，做出选择变得更加有难度。事实上，如果企业高管发现他们自己在对各个选项进行同等条件下（apples to apples）的比较，以确定自己是喜欢富士苹果还是红蛇果时，他们在发散阶段或者过滤和开发阶段就已经失败了。在理想状态下，企业高管在选择阶段不会进行同等条件下的比较，甚至不会进行不同类型的水果之间的比较，而是要在苹果、自行车和红酒之间进行一番艰难权衡。

这类比较为习惯于运用标准化决策制定工具（比如以现代决策理论为基础的工具）的诸多领导团队带来了问题。这些工具为比较不同战略选项制定了一套单一的衡量标准，它们依赖于根据一组通用变量对不同的战略选项进行比较。例如，我们通常会鼓励战略专家通过预测一段时期内的现金流和费用，运用合适的贴现系数，以及对资金成本做出不同假设等方法来计算每个战略选项的财务净现值。不论运用哪个工具，这些方法都存在问题，因为在对不同变量进行价值分配时会涉及大量隐含假设，而隐含假设是良好的决策制定过程的宿敌。

在完全不同的战略选项之间很难做出选择的原因是它们彼此之

间通常难以相互妥协、相互调和，这是一项更为根本的挑战。尽管每个选项最终可能被简化为一个单一的衡量标准（可能是以金钱为衡量标准），但在这个过程中，大量的重要信息已经丢失，包括关于客户偏好、公司的资源和能力以及外部形势需要被证实的信息。这些因素将被整合用于预测收益和成本，但是它们也有各自的重要性：把这些因素讲清楚将促使领导团队直面他们是否可以交付拟定的战略，而不是对谁能创造某项收入发表意见。

因此，制定战略需要的是一个对不同战略选项进行评估和比较的过程，这些选项保留了各自独一无二的特征，且能让领导团队明确他们在每种情形下需要做出的战略布局。我们称其为"抉择挑战"。我们将在下文中讨论，克服抉择挑战要求对战略论证中不同前提的结论导向性予以关注，即关注前提在多大程度上既对论证结构至关重要，又同时存在高度不确定性。具备结论导向性的前提揭示了与特定战略选择相关的主要投入。比较不同的战略论证中最具结论导向性的前提，虽然不能告诉团队领导应该对哪个战略选择进行投入，但能让团队领导理解什么是战略性投入。

一旦确定了首选战略方案，聚合阶段的最后一个子阶段需要实施已经选定的战略。一旦高管团队对摆在桌面上的不同战略选项做出了选择，大家就很容易认为战略制定阶段被画上了句点。然而，最初的战略论证只是一个开端。任何一个新战略都是一个临时性的理论，这个理论由战略成功的假设和未来将发生的情况组成。没有任何一个尝试新鲜事物的高管团队能精准预测未来将发生什么。

在关于高等教育的案例中，这些问题可能将以很多形式呈现：学生通过远程教学也能拥有一样的学习体验吗？教职工在无法与学生面对面的情况下也能富有成效地开展教学工作吗？家长们会满意自己的孩子在虚拟大学接受教育吗？或者说，离开家，在学校住宿，是价值主张的重要组成部分吗？这类不确定性是新战略所固有的，因为战略制定关乎未来。如果一个新战略没有太多的不确定性，那么你可以打赌，这个战略还不是非常有新意。

这是一个残酷的现实。当高管团队把一个新战略付诸行动时，他们需要密切监控战略的实施进展，根据无法预料的情况以及新发现对战略进行调整。如有必要，他们需要放弃最初的战略，并重新对在选择阶段被纳入考虑范围的其他战略选项做出选择。我们在图 6-1 中把这个阶段称为"调整和转换"阶段，目的是强调战略制定过程中这个阶段的迭代性特征。

这个阶段具有强大的归纳性特点。在这个阶段，当高管团队的初始假设被证明有误时，他们要对新发现持开放的心态，并对市场的反馈进行深入理解。最重要的是，领导者需要一个对行动方案的健康状态进行评估的方法。与一个已经发展成熟的战略相比，这一点对新战略而言难度更大。对已经发展成熟的战略而言，领导团队通常已经拥有一套成熟、完善的财务和运营指标，可以确切地对战略执行情况进行衡量。但是，制定新战略的一个组成部分是发现新行动方案的正确衡量标准，并运用这些衡量标准就是否对战略进行调整或者转换做出正确决定。我们称之为"学习挑战"。运用逻辑清晰且有效的战略论证将为克服学习挑战提供有益的帮助。这些论证变成一面棱镜，透过这面棱镜，领导者能确定哪些原始假设是正确的，而哪些原始假设是错误的。对前提进行评估成了修正战略论证的基础。

聚合阶段的这三项挑战（过滤挑战、抉择挑战和学习挑战）是成功且富有成效的战略制定过程会遇到的三个主要障碍。如果领导者不能有效管理这三项挑战，制定出一个令人信服的战略的可能性就会很渺茫，而且最终结果很有可能会变为运气的产物，即误打误撞地发现了有用的战略，而不是制订了一个经过深思熟虑的行动方案。尽管应对这三项挑战各有各的难点，但战略论证技能对克服每一项挑战都是极为重要的。如果一个领导团队能严格遵守逻辑有效性的原则并展开建设性论证，那么它将处于一个有利的位置来应对这些挑战。

战略制定过程中的逻辑实践

过滤和开发：聚焦有效性

设想一下，你刚刚被任命为一家大型跨国公司的首席战略官。尽管你从来没有在这家公司工作过，但是，能在这样一家居于市场领先地位的大型公司领导战略制定工作一直是你的梦想。同时，你可以看到自己如何让这家公司做出改变，并提升自己的职业发展前景——尽管公司长久以来的核心业务在市场中仍然保持强劲且能继续维持下去，但它最近为实现可持续增长而进行的尝试却不够理想，其中有多项尝试在外行人看来都有些凭运气的成分。投资者不断施压，近期战略举措的绩效表现也起伏不定。大家可以猜到，这就是为什么公司会聘请一位外部人士来领导战略制定办公室的原因。

在你的工作启动时，你热切地等待与首席执行官和董事会的第一次会议，主要议题是探讨公司的战略优先事项。会议开始时，一份关于公司战略优先事项的清单递到了你的手中。这份清单列出了36个优先事项。刹那间，你所面临的挑战的艰巨性就显现出来了。大多数人可能会说，这么长的优先事项清单恰好说明公司没有战略优先项。确实，大家看到清单上列举的建议举措，从新产品种类到运营改进措施，再到新的销售渠道和营销信息，面面俱到，无的放矢。你该怎么做？

这个情境不是我们设想出来的，而是根据一位《财富》500强企业CEO的亲身经历改编的，他曾与我们分享过他的故事。这位高管忽然发现自己处于一种非常微妙和艰难的境地。这36个"优先事项"中的每一项看起来都是由一名或者多名高层领导团队成员或者董事会成员提出的，而且，这个清单本身就是公司中有权力的人物之间经过一轮又一轮政治妥协和让步后达成的结果。作为一名新成员，这位高管对谁倾向于哪个提案，以及公司政治同盟的架构几乎没有任何意识。一旦在雷区中迈错一步，这份曾经看起来梦寐以求的工作就有可能戛然而止。

这个情境看起来有点极端，但是这位高管所面临的挑战的基本结构是战略制定过程的通病，即使是一个健康的过程也会遇到这个问题。正如前文所述，发散阶段的质量，尤其是大家在这个阶段广泛产生具有创意的选项的能力，将决定战略制定过程的质量。这就是人类的天性：人们会越来越执着于自己的想法。这份执着可能反映了他们真的相信自己的想法符合公司的最大利益，或者，也可能反映了他们对自我利益的关注。大家理解并非所有想法都会被采纳，但是，他们还是想看到自己的想法得到公平对待。

如何应对过滤挑战？部分答案（尽管并非全部答案）是把逻辑有效性的标准作为主要滤器。所有能获得长期成功的战略都以可靠论证为基础，即其前提已经被证明是成立的有效论证。有效性是战略成功的必要条件，但不是充分条件。

逻辑有效性对过滤和开发阶段的影响是双重的。第一，为进行深入思考，所有的战略提案都需要以有效论证的形式进行陈述。我们说得更加强硬一些，不能以有效论证的形式陈述的战略提案不值得进一步考虑，而且应该被过滤掉。当想法被首次提出时，它需要以完整、有效的论证形式被清晰陈述。尽管有创意的想法很少以这种方式呈现出来，但是如果想让自己的想法得到认真考虑，就应该采取下一步，把自己的想法转换为一个有效论证，并清晰地确定战略提案成功所需要的成立条件是什么。

第二，所有符合逻辑有效性标准的提案都必须得到充分关注和考虑。换句话说，如果一个战略提案的支持者能清晰陈述其有效论证，他们的想法就应该被听到且得到认真对待。所有想法都不能仅仅因为它们看起来不合情理，或者因为其他人乍一看感觉它们不切实际，或因假设不成立而被拒绝考虑。

我们认为，在战略制定过程的聚合阶段一开始就坚持形成有效论证会带来多项好处。

第一个好处称为"自滤"可能最合适，大家通过这个过程可以发现自己最初产生的战略提案是基于一个有瑕疵的，即不具有逻辑有效性的论证而形成的。当大家的初始想法依赖于隐含或者未言明的假设时，这种情况通常会发生，我们在第三章中讨论的关于苹果的案例就证明了这一点。在把初始想法重新转换为有效论证的过程中，大家可能会意识到，他们的因果论证依赖于普遍的逻辑谬误，比如肯定结论或否定先决条件。形成正式论证的自律性可能使他们意识到，如果他们想得出初始结论，就需要接受一个在进行深入观察后发现他们并不想捍卫的理论型或实证型的前提。简而言之，一旦无效论证转换为有效论证，最初对其表示支持的人可能会得出它的假设看起来过于强硬的结论。[9]"自滤"意味着那些有权威、有影响力的人物不需要拒绝他人的任何一个想法。这是一项很强大的好处，因为大多数人宁愿自己摒弃自己的想法，也不愿意看到自己的想法被别人驳回。

第二个好处在于根据逻辑有效性来筛查所具有的客观性，这有助于避免领导者的偏见和倾向性对过滤过程产生影响。这就好比一位高管不会随意确定 2 加 2 是否等于 4，他也不会随意确定一个结论是否必定能从所述的前提推导得出。更确切地说，演绎逻辑的规则是有优势的。此外，当这些规则在一家组织中被广泛知晓和接受时，责任担当的意识就会深植于依赖逻辑有效性的过滤阶段，而其他人也可以运用同样的规则来检查领导者的过滤工作。因此，在这个阶段，领导者不能仅仅因为自己的喜好或直觉就拒绝一个战略提案。相应地，他们因为起初不能看出其中蕴藏的潜能，而对一个事后得到证明的好想法误下判断的概率也会较低。同样，领导者因为自己觉得正确，或者出于政治或其他原因而推进不具备逻辑有效性的战略提案时，也将遇到更大的阻力。最起码，支持这些提案的人需要陈述可能不切实际的假设。

运用逻辑有效性对来自发散阶段的战略提案进行过滤的第三个好处在于它把逻辑有效性作为标准的正当性。我们以数学在决策制定过程中的作用为例。组织在制定决策时会以数学计算为基础，无论是简单的算术法则，还是复杂的数学公式。但是，大家很少对数学产生争论，就算有也从来不会成功。大家可能对输入电子表格中不同单元格的数字，或者应该使用哪个正确公式持不同意见，但是他们不会对乘法和除法进行争论。逻辑有效性具备同样的特征，即判断一个正式论证是否有效取决于一系列被广泛接受、普遍应用的规则（即一阶逻辑的规则）。因此，对于在过滤阶段基于逻辑有效性做出的决策，不仅其随意性更低，而且它被认为是随意产生的可能性也更低。

这种正当性是重要的，因为它奠定了聚合阶段的其他子阶段和下一轮战略制定过程的基调。如果战略提案顺利通过过滤阶段的过程具有明显的随意性，那么，战略制定过程的其他阶段就会遭遇挫折。大家变得吹毛求疵，并把注意力聚焦于揣摩老板的意图，而不是为公司找到最优选项。而且，这种不信任的态度可能会延续到下一个战略制定周期。如果你的想法在第一轮没有得到公平对待，你为什么还会在下一轮冒险提供富有想象力的提案呢？因此，大家会专注于猜测老板的喜好。相比之下，我们认为期待自己提出的具备逻辑有效性的想法被公平对待的团队成员，更有可能提出具有创意且大胆的想法。

聚焦于逻辑有效性将为面临36个不同战略优先项的企业高管提供帮助。通过为每一个优先项构建一个逻辑有效的论证，他将能够与各个利益相关方以及不同提案的支持者开启建设性的对话。这个对话聚焦于每个战略提案要想成功所需具备的条件是什么，因为构建有效论证的过程会让所有假设都浮出水面。事情往往如此，在这些假设中，有多个之前并未言明或者属于隐含假设。一旦它们变为显性假设，对话的性质就会发生改变，大量的"自滤"活动也会发生，因为特定的战略优先事项的支持者将会认识到他们提出的方案要想获得成功需要具备哪些条件。此外，以有效论证为关注焦点的客观性意味着新聘请的企业高管避免了很多政治地雷，并被视为一名公平的经纪人。

总而言之，过滤阶段的中心主题应该是对每一个陈述清晰的战略备选项提出一个基本问题："哪些条件成立可以支撑这个选项获得成功？"正如雷富礼和罗杰·马丁在《宝洁制胜战略》一书中所说：

> 在这个阶段，针对符合一种特定可能性的条件是否成立来发表观点是毫无益处的。事实上，表达这样的观点会适得其反。唯一有益的事情是探索出让团队中的每位成员从理智上和情感上都会坚定支持这种可能性成立的条件。[10]

我们在本书中使用的可视化和正式化工具对应对过滤挑战，以及为战略制定过程中聚合阶段的其他子阶段创造一个良好开端是尤其重要的。对此我们希望强调两点。第一，这个步骤可能需要大量的分析和相应的时间，以使论证朝着战略制定团队认为其完全有效的方向成型。据我们观察，企业高管在这个阶段常常会失去耐心。因此，他们会在没有严格审核有效性的情况下就对一个论证或者选项得出或宣布一个决定（赞成或反对）。第二，在这个阶段，领导者必须抵制对论证假设的合理性进行争论的诱惑，因为合理性关系到论证的可靠性，而不是有效性。当一位高管评估其他人提出的论证时，这条建议尤其重要，而当评议人比提议人更具权威的时候，这条建议更值得采纳。如果不能接受提议人的前提都是"出于论证的目的"，那么评议人很容易被视为是滥用权力。

选择：哪些条件必须成立

在过滤阶段强调有效性为开启富有成效的选择阶段打下了基础，原因有两个。第一，它确保具有多样性和逻辑一致性的战略选项进入到选择阶段。这些选项可能具备不同程度的合理性（也就是说，它们的假设或多或少都是可信的）和吸引力，但是它们通过保持逻辑一致性满足了一个好战略的最低标准。坦诚直面多个具有可行性的战略选项对获得每个人的认同是极其重要的。正如雷富礼和马丁所强调的，"在一个具有现实意义的选项（比如，公司应该朝这个方向发展，还是朝那个方向发展？）被清晰表达出来之前，团队成员不能从认知上理解或者从情感上感知用不同方式来解决某个问题所产生的不同结局"。[11] 第二，强调有效性确保领导团队已经尽最大努力找出使每个战略论证成立的必备条件。尽管不同战略选项的必要前提可能从根本上是不同的，但清晰指明需要成立的必备条件为做出更好的战略选择搭好了台。它帮助领导团队想清楚自己在做哪些投入，并思考对于不同的战略选项，这些投入有什么区别。

最终，这些战略选项将综合反映领导团队的风险承受能力、对未来的信念以及战略远见。战略不可避免地是对一个不确定的未来进行押注。但是，选择阶段不应该只包括领导团队在某个特定时刻感觉正确或者靠谱的选项，有关在哪里投入时间和资源的选择应该基于各个有充分信息支持的选项的优先级排序。

这个优先级排序不是简单地比较使不同选项成立的条件，然后决定领导团队最愿意支持哪个前提或者战略性投入的问题。事实上，前提在不同的论证中发挥不同的作用，这主要取决于论证的结构。

为了理解这一点，我们回顾一下第三章介绍的在论证结构中，连接词"且"与"或"的区别。设想一下，战略制定过程的过滤阶段产生了两个不同的战略选项。每个选项的论证非常相似：它们拥有相同数量的前提（我们打个比方，前提 A、前提 B 和前提 C）；它们看起来拥有在未来成为可靠论证的同等可能性；它们也产生了几乎具备同等未来价值的结论。它们之间唯一的区别是，在第一个论证中有两个前提（B 和 C）由"且"作为连接词，而在第二个论证中，这两个前提（B 和 C）由"或"连接。在第三章中，我们注意到，图表中的方括号代表"且"，意味着只有当由方括号连接的两个前提都是真命题时，结论才会成立。相比之下，如果两个前提都暗示了结论的成立，而且能独立地推导出结论，那么它们之间就需要用"或"连接。我们用直接指向结论的单独箭头来表示这个论证结构。

我们现在假设，在这两个论证中，前提 A 相同，前提 B 和 C 成立的可能性也等同。如果仅基于连接词方面的论证结构的不同，我们更倾向于哪个战略选项？

与由"且"连接前提 B 和 C 的选项相比，大家更倾向于由"或"连接两个前提的选项。原因是什么？因为在这个选项中，有两条简单、独立的路径（任何单一前提成立）通向结论，而在另外一个选项中，只有一条相对有难度的路径（两个前提同时成立）。尽管我们已经假设所有前提都有可能成立，但这种倾向依然是事实。虽然这种窘境实际上可能不会发生，但它确实说明了整体的论证结构是如何发挥作用的，而且对连接词的思考应该与下一步对前提所具有的结论导向性水平的思考相结合。

在对不同战略选项进行比较时，我们的自然倾向可能是评估我们在多大程度上相信其假设成立。但是，"且"与"或"这两种论证结构之间的区别也说明了论证的结构以及论证中不同假设的角色应该为战略选项的优先排序提供信息。一个战略提案可能提出了很多个非常合理的假设，而且对于每一个假设，我们都认为它很有可能是成立的。这可能带来该战略看起来非常有可能成功的印象。但是，如果所有这些合理的假设通过"且"连接起来，换种说法，即它们要同时成立，那么，战略成功的概率实际上可能极低。[12] 相比之下，如果论证成立只要求其中一个假设成立，那么，即使这些假设（或前提）中的每一个都不太可能发生，这个战略提案成功的可能性也还是会更大。

这个假设性案例指出了针对每个战略选项，在战略论证中找出最具结论导向性的前提的重要性。一个战略论证中具有结论导向性的前提对战略提案中最重要的投入进行了编码。这些前提是制定战略决策的关键支点。如果领导者对这些前提感到不踏实，那么他就不应该采用这个战略选项。

在一个战略论证中，哪些因素会使一个前提或多或少具有结论导向性？我们认为有两个主要因素：

1）论证的结论在多大程度上依赖该前提，或者该前提的关键性如何。

2）领导团队对于前提的条件在未来能否成立的不确定性的判断。

我们将更加详细地思考这两个因素。在此之前，值得注意的是，评估一个前提在关键性和不确定性这两个维度上具有多强的结论导向性，从根本上来看是有难度的。领导团队必须接受这样一个事实，即他们对战略论证的正确结构和前提的真实价值的了解是很有限的。对不同战略选项进行通盘考虑的过程应该被视为一个学习过程。一个起初被认为对战略论证起关键作用的前提，在经过讨论和反思后，其重要性可能就下降了，因为其他前提可能也支持结论成立。类似地，最初被认为不确定性极大的前提可能在经过深入研究和调查后会变得更加合理可行。

简而言之，战略制定过程的选择阶段是反复进行的，它不是"一锤子买卖"，它首先应该专注于对不同的战略选项排列优先顺序。在这一点上，战略制定过程中的选择阶段与调整和转换阶段（我们将在下文中讨论）是高度相互依存的。领导者首先对战略选项进行初步的优先顺序排列，然后选择有限的选项进行深入讨论，之后再运用掌握的信息进一步决定最终的战略选择。

我们现在来思考关键性和不确定性如何影响一个前提的结论导向性。我们先来讨论关键性。一旦战略论证清晰地呈现出来，它的每个前提都可以根据其在论证结构中的关键性，或者结论的成立在多大程度上取决于前提的真实性来评估。一般而言，前提对结论的关键性水平各有不同。一个极其关键的前提是指如果该前提不成立，那么结论就不会成立。当一个结论只依赖单个前提时，这一点最明显，即使这种情境在现实世界的战略论证中不可能发生。在另一种极端情况下，如果前提冗余，那么这个前提就不具有关键性，这意味着忽略这个前提，还有另外一个前提可以推导出结论。

看出一个关键前提和一个冗余前提之间的区别的简单方式是再次分别思考图 6-2 和图 6-3 中连接词"且"与"或"的不同之处。如果前提由"且"连接，那么只有当所有前提都成立时，结论才会成立，而且每个前提都变得更为关键。如果我们对为什么结论应该成立添加了更多独立的原因，即前提由"或"连接，那么任何一个特定的前提或假设的关键性水平将下降。

然而，并列关系的陈述句不会自动使前提具有更高的关键性水平，这主要取决于前提在整个论证结构中的位置。图 6-2 可以证明这一点。

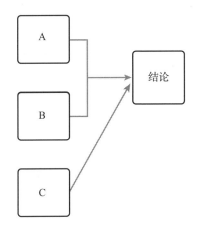

图 6-2　同时具有"且"与"或"两个连接词的论证结构

在图 6-2 中，C 作为一个可以独立推导出结论的原因出现，降低了前提 A 和 B 的关键性。图 6-2 中的前提 A 的关键性水平比一个全部由"或"连接的论证中的前提 A 的关键性水平高，比一个全部由"且"连接的论证中的前提 A 的关键性水平低。[13]

当一个前提在战略论证的多个分支路径中作为影响因素时，关键性就会以另外一种形式呈现出来，以至于说，如果这个前提不成立，那么所有的子论证也不成立。关于这种形式的关键性水平的例子是我们在第二章中首次提出的西南航空战略地图（见图 6-3）。

如果我们运用第三章中提出的原则来使这个论证的构建更加正式，那么我们将会有两个子论证：一个支持中间推理"西南航空具有较高的产能利用率"，另一个支持中间推理"西南航空拥有较低的变动成本"。这两个子论证都将包括一个与在登机口的团队合作能力相关的前提。因此，在登机口的（良好的）团队合作能力是一个关键前提，因为在每个论证中，如果没有良好的团队合作能力，西南航空将没有能力实现飞机快速调头并实现较低的人员配置率，而这两个因素反过来也形成了西南航空的成本优势。[14]

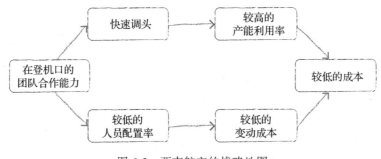

图 6-3　西南航空的战略地图

找到关键前提是在战略论证中把最具结论导向性的前提分离出来的第一步，但是这还不够。毕竟，一个论证的结论可能取决于一个特定的前提，这个前提毫无疑问是成立的。我们是否相信一个特定的前提成立，这是与评估一个前提具有多大程度的结论导向性相关的第二个维度。例如，我们可能非常自信地认为，五年之后，纽约和旧金山之间将会产生交通需求，但是，我们对温室气体排放的监管规则将对航空公司的成本结构造成什么影响没有太大把握，并且高度怀疑远距离运输是否为一个切实可行的选项。同样，如果你开始从事像 HelloFresh、Blue Apron 等公司经营的送餐订购业务，那么在属于亚马逊云科技或微软 Azure 等云计算供应商的时代，毫无疑问的是，你可以推出一个具备点外卖、管理库存等功能的网站。但难以确定的是，潜在消费者是否有足够强烈的意愿来购买这项服务，或者他们是否只会短期订购，很快就会取消使用。

我们现在要做的，是同步从关键性水平和不确定性这两个维度来思考前提，从而找出战略论证中最具结论导向性的前提。图 6-4 对可能发生的不同组合进行了说明。

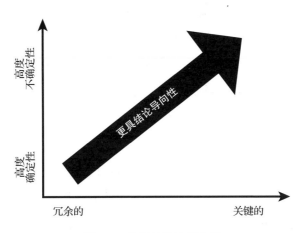

图 6-4   前提的结论导向性

在战略论证中，最具结论导向性的前提位于图 6-4 所示象限的右上角，即这些前提在论证结构中同时具备高度不确定性和高度关键性。从本质上看，位于这一区域的前提构成了公司在探讨一个特定战略选项时要决定的关键投入，这些前提是使战略成功或失败的具有一定风险的假设。针对这些最具结论导向性的假设，即这些重大投入，应该以最谨慎的态度进行争论和研究。

为处于考虑之中的每个战略选项找到最具结论导向性的前提，这为领导团队比较原本可能大相径庭的选项提供了不同的途径。进行比较的第一个基础是简单清点与每个选项的战略论证相关联且具有很强结论导向性的前提的数量。在其他条件都相同的情况下，具有很强结论导向性的前提的数量越少，战略选项越受欢迎，因为一个依赖多个具有很强结论导向性的前提的战略论证，会有多个潜在的失败点。当然，这个看法的前提是假设每个战略选项都能带来同等回报。进行比较的第二个基础是领导团队针对每个战略选项，对其最具结论导向性的前提的相对结论导向性进行评估。例如，对于两个战略选项中最具结论导向性的前提，其关键性水平可能相近，（即其在图 6-4 中横轴上的位置）但相对不确定性有所不同（即其在纵轴上的位置）。如果两个选项的预期价值相同，那么事前得出的结论肯定是不确定性较小的那个选项比较受欢迎。如果两个论证的前提具有相似水平的不确定性，但其关键性水平不同，那么同样的推理逻辑也适用。

遗憾的是，这些规则并不是不可违反的硬性规定，而是经验之谈。在许多情形中，找出最具结论导向性的前提并不能带来基于其前提的数量或者结论导向性的战略选项的明确排序。领导者仍然需要在依赖关乎未来的不同假设且看起来具有相同水平的结论导向性的战略选项中做出选择。然而，在每个战略论证中找出最具结论导向性的前提仍然能推动争辩向前发展，并完善决策制定过程。通过了解每个战略选项中最具结论导向性的前提，领导者能够分辨并看清每个战略选项下不同投入的准确本质。在找出这些具有高度结论导向性的前提后，领导团队就能掌握主动权，对在发散阶段提出的不同战略选项进行探讨、争辩并做出决定。

领导者的直觉、风险容忍度、信念和价值观都会对领导团队的投入意愿和动力带来影响。逻辑分析不会告诉领导者应该采取哪个战略。事实上，任何一个战略制定过程都不能保证我们一定可以选择正确的战略，未来的不确定性太大，做到这一点几乎是不可能的。但是，对结论导向性的分析将提高做出一个领导团队都认可的好选择的概率。实现这个目标的途径是，让团队中的每位成员都看到这些投入成立需要什么条件，或者说团队采取这个战略，而不是其他战略的假设是什么。这是一项非常重要的成就。

学习：调整和转换

在战略论证的有效性和可靠性之间保持一条清晰的分界线，是成功制定战略必不可少的。如图 6-1 所示的战略制定过程中的过滤和开发阶段以及选择阶段，应该最大程度地规避对战略论证可靠性的任何考虑。尽管选择阶段涉及评估领导团队对不同前提的主观自信程度，但在理想状态下，不应该对假设的真实价值进行检验。产生异想天开的疯狂想法是好事。

在调整和转换阶段，领导团队开始评估战略论证的可靠性。他们面临的学习挑战是：尝试从更深层次理解战略论证的隐性前提是否属实，并相应地对战略进行调整。如果一个有效战略论证的隐性前提得到证实，那么一个切实可行的成功逻辑就被确认了。如果一个有效战略论证的隐性前提不属实，那么战略就需要调整，以反映已经发现的事实，或者公司应该放弃这个战略，转而使用其他备选战略。

在我们看来，调整和转换可能会在不同的时间段内发挥作用。一方面，某个特定的学习阶段会以相对较快的速度出现，特别是当领导者对多个可供选用的不同战略选项进行争辩时。另一方面，一旦战略被选定且被证明是成功的，对战略论证的关键前提进行检验也是必不可少的。我们的目标是，确保曾经被证明成立的关键前提不会突然因为监管变化、竞争对手的行动或者对公司战略的核心部分产生负面影响的技术进步而变为假命题。我们会依次对这些因素进行讨论。

我们首先来讨论，在对不同的战略选项进行争辩时，检验前提的可靠性所发挥的作用。在这种情况下，领导团队普遍应该在选择阶段以及调整和转换阶段之间实现快速迭代。学习阶段的目标是：通过对最具结论导向性的前提的可靠性进行评估，进而对不同战略选项的相对成功概率有更加深入的理解。换句话说，对于与每个论证中最关键前提相关的不确定性，领导团队应该从纯粹的主观意识，转向做出基于事实和数据的判断。当有新的数据后，一些选项可能会被排除，而团队对剩余选项的优先顺序排列也可能会发生变化。

也就是说，领导团队应该在调整和转换阶段采取行动，解决围绕不同前提所产生的不确定性。正是在这个时候，团队关于战略选项中隐性关键前提的信念，应该从猜测和直觉转向基于证据的论断。所有在领导团队考虑之中的战略选项都应该经历这个研究和发现的过程，这是一种能够提供更充分的信息以指导你的选择的手段。

在许多情况下，一个前提的不确定性仅仅反映了信息或知识的缺失，这种缺失是可以通过研究来弥补的。通常，低成本的信息收集、预测和分析能发挥重要作用。问卷调查法、实验法和原型法也对新产品的特征是否能提升消费者的支付意愿具有启发作用。政府的统计数据和人口数据可以用于预测趋势。与供应商的通话次数可以说明他们以合理成本交付关键部件的能力。

在其他案例中，比如当我们尝试评估一个工程团队将在化学或者生物工程学领域取得根本性进展的可能性时，这种不确定性只能通过更大规模的资源投入来解决。与专家的交流也能产生对在某个领域实现技术突破可能性的评估，如果挑战触及技术知识的前沿领域，专家观点也可能会具有很强的推测性。在一些情况下，对这类不确定性的解决方案只能是采取行动，以及弄清楚一个特定问题是否能得到解决。

当然，数据收集和分析通常是费时费钱的。如何对这些方法进行最优的排序？我们的观点是，在这个阶段，最有效的投入源自关注每个战略选项中最具结论导向性的前提。从两个方面来看，这种关注是有价值的。首先，最明显的一点是，如果我们检验的前提对战略论证不具有结论导向性，我们基本上无法获得更多的洞察。比如位于图 6-4 左上角的前提，虽然它们的不确定性很大，但它们对于战略成功并非必不可少。就算一个前提被证明不成立，且与另一个前提存在冗余，与其相关的战略仍然可以成功。在这一区域中，我们可能发现这些前提"有比没有强"，但并非必要。例如，公司可能在考虑通过新的流程技术来降低成本。如果成功，这套流程有助于公司创造更大的价值。但是，如果公司已经可以通过现有技术来创造足够大的价值，那么在决定是否采取这个行动时，担忧新技术能否发挥作用就是没有必要的。

其次，图 6-4 右下角中的前提有所不同，但一般也不应该作为开展进一步检验的第一优先事项，在制定新战略时尤其如此。位于这一区域中的前提对于战略论证至关重要，在极端情况下，如果这个前提不成立，整个战略举措就会失败。但领导团队会胸有成竹地认为，这一区域中的前提将会是成立的。当然，这对确认领导团队是否在自欺欺人会有一些参考价值，因此，鉴于这些前提十分关键，它们的可靠性不应该被忽略。而如果这些关键前提也具有高度不确定性，那么，它们可能应该优先被检验。雷富礼和马丁同样建议企业高管应该：

首先检验你最没有把握的事情。选择团队认为最不可能成立的条件，并首先对其进行检验。如果团队的猜测正确，那么该条件成立的可能性将被排除，同时也没有必要对其他任何一个条件进行检验了。[15]

我们同意这个建议，但有一个重要注意事项：首先检验最具结论导向性的前提，即你最拿不准且对战略论证最为关键的前提。如果你拿不准的前提与你很有把握的前提存在冗余，那么排除你拿不准的前提就没有什么价值了。

如果公司已选定了一个战略并开始积极执行，那么战略论证还能发挥作用吗？不论我们是在对公司长期执行的现有战略进行思考，还是对处于战略制定过程中，在选择阶段胜出的新战略进行考虑，这个问题都是相关的。在这两种情况下，我们相信，在面对不断发生变化的环境时，对战略论证的深层次理解对实现有效学习和获得调整（或放弃）战略的能力是十分必要的。

领导者在上述情形中面临的根本性挑战是了解他们应该关注什么。随着技术、消费者偏好、监管政策和竞争环境的快速发展，变化随时在发生。哪些变化会产生重大影响，哪些则不会？优秀的领导者深知，如果让他们应对现实世界中发生的每一个微小变化，他们也力不从心，但是，他们又担心某些看起来不会引发重大后果的变化将从根本上对他们的成功产生破坏性影响。他们想跟踪变化，并了解新的威胁和机遇。那么，他们如何能聪明地学到这一点呢？

我们的答案是，领导者要回到战略论证上来，并关注这些论证中最为关键的前提。成功的逻辑对这些前提的依赖性很强，这一事实意味着，如果一个前提不再成立，那么事情将会出错。危险就在于把这些前提的成立视为理所当然。当战略整体上在发挥作用，而其他具有更大不确定性的关键前提占据了领导者大部分的注意力时，这种情况更有可能发生。这些前提需要被监控，以确保外部环境的变化并没有导致这些前提不成立。已经找出最关键前提的领导者，能够很明确地知道在评估战略的健康状态时，哪些事项需要被监控。这样做也有助于明确一个战略举措在哪个时点需要调整或者放弃。

章尾思考

在本章中，我们的目标是勾勒出一个产生新战略选项的过程，并为在众多选项之间做出选择提供一个架构。当领导者试图考虑如何应对新的威胁或者机遇时，采用一个严谨的结构化方法是很重要的。这个方法首先包括在发散阶段创建一个有助于产生不同战略的环境。在发散阶段，我们的目标不是做出评估，而是发挥创造性，并尽可能广泛地考虑客户、产品和服务的可选组合。

从论证的本质来看，当领导团队需要对摆在桌面上的不同战略选项进行争辩和评估时，形成和评估战略论证的技能在聚合阶段尤其有价值。聚合阶段不仅仅需要做出选择，而且需要在获取充分信息的基础上做出选择。制定战略决策不可避免地要对一个不确定的未来做投入。但是，如果大家知道自己投入的是什么，那么成功的可能性就更大。换句话说，如果大家已经明确哪些前提需要成立，并清醒地意识到如果某些特定投入不见成效会带来什么后果，那么成功的可能性就更大。集中精力找出支撑每个战略选项成功的最具结论导向性的前提，对于实现基于充分信息来做出战略选择的目标至关重要。

在本章中，我们介绍了前文中提及的活动，尤其是构建合乎逻辑的正式化论证在战略制定的关键阶段如何能够做出调整并发挥辅助作用。它依赖于在战略分析阶段部署的多个相同技能，但要在不同的条件下应用这些技能。反过来，这将为管理者带来不同的管理侧重点和工作任务。特别是，对为未来设计一个新战略的战略家而言，不是陈述制定一个有效战略的条件或者前提，而是要想象并具体说明战略在未来要想获得成功，需要具备哪些外部条件（或者是前提和假设）。

上述看起来很细微的调整使这项任务的难度加大，因为战略家现在被要求对世界的未来状态进行考量，甚至是对未来进行预测，而不是评估当前或过去的状态。思维的转变可能会使战略制定过程偏离正轨：大家很容易纠结于对未来前景的讨论，而且通常不存在一个自然的终点。我们意识到，在思考未来世界时，很难不迷失于对未来世界的模样的争论中。大家很容易就会回到对战略论证的可靠性的争辩上来。但是，这恰好是有效制定战略所需要的：大家必须想象一个未来的世界，然后才能设计出一个可能将会在这个未来世界中成功的战略。

这项任务带来的心理挑战类似于读小说所要求具备的思维模式，即甘愿把自己的怀疑搁置在一边。对于一些难以置信的事件（或者人物、情景）的描述，如果不能暂时把自己的批判能力搁置在一边，那么读者就不能享受探索奇思妙想的乐趣。同样地，如果企业高管不愿意对未来提出大胆的假设，他们就不可能产生令人信服的新战略方针。

在制定新的、具有创造性且可能产生干扰性影响的战略时，把怀疑精神暂时抛开是极其重要的。想象一下，提出一个任何公司或者个人之前从来没有尝试过的新想法。或许，这意味着引入一项新技术或者一个接触消费者的全新方式，比如亚马逊提出用无人机运送包裹的想法。战略的成功将主要取决于这个新想法是否可行，但是在对新想法进行尝试之前，谁都不知道它是否可行。因此，关于这个新想法的假设将在战略论证中发挥核心作用。

我们再回到关于小说的类比上，大家可以把上述新想法作为一部作品的中心构想，即必须被接受的核心假设。比如，小熊维尼的中心构想是毛绒动物玩具可以像人类一样互相交流，并参与许多社交活动。同样地，在制定未来的战略时，也需要有一个全盘行动计划可以依托的中心构想。对个人电脑崛起时代的先驱而言，其中心构想是半导体处理能力将实现迅猛且快速的提升，与此同时，相应的成本将下降。类似地，优步兴起的中心构想是，消费者愿意乘坐由陌生人驾驶的不受管制的私家车，而不是出租车。

当大家对一个战略的中心构想进行严谨的争论时，要依序采取两个步骤。第一，我们可能会建议以关于未来的不同假设为基础，形成多个看似合情合理的战略。第二，大家应该专注于确保战略论证的有效性，不要关注论证的可靠性，因为后者恰恰是争论的基点。当然，形成多个战略论证会加大工作量，但是，它最终可能说明，不同的构想未必会产生从根本上不同的战略。如果不同的构想产生了不同的战略，那么组织就可以做好更为充足的准备，以应对未来的不同战略选择。

说到底，大胆的战略依赖于表面上看起来很难接受的假设。战略远见越大胆，越要求大家把疑虑抛开，接受战略的核心构想。在我们看来，这个颇具讽刺意味的情况是我们在制定战略时优先关注有效性，而不是可靠性的首要原因。这样做并不意味着大家必须按照这些疯狂的假设来采取行动，或者说每一个有稀奇古怪的假设的战略都值得采用。拒绝接受未经验证的假设，并在战略制定阶段坚持关注可靠性，这将为制定谨慎的渐进式发展战略提供保障。

遗憾的是，根据我们的经验，现代公司通过这种方式来得出未来战略选择的做法并不常见。相反，一个更为普遍的方式是，明确一系列战略选项（比如说在发散阶段），然后直接在它们之中下赌注。这就好比在对所有参赛队伍一无所知的情况下，就对一场体育赛事押上全部赌注。在实践中，具体做法通常是创建一个"优劣势"矩阵图，列明每个战略选项的优势和劣势。当企业高管（可能是在潜意识中）意识到很难在各个战略选项之间一一对应地进行比较时，这种做法尤其可能被使用。遗憾的是，对不同战略选项的优势和劣势的评估通常都是定性的，这导致它们彼此之间很难调和或对比，因为它们缺乏统一的衡量标准。在极端案例中，不同战略选项的优势和劣势是对称分布的，从某种意义上说，选项 B 的劣势是其不具备选项 A 的优势，反之亦然。因为这种模棱两可的情况，决策制定过程通常不透明，而且容易受到讨论过程的任意发展态势的影响。直觉和主观判断取代了理性分析，而不是对理性分析起到补充作用。

鉴于不断出现的任意发展态势，很多企业高管对战略决策制定过程缺乏信心，或者说，决策制定过程的结果往往不理想，这也就不足为奇了。

我们希望，本章讲述的决策制定过程能够证明，建立战略论证的文化和过程将如何确保增强领导团队乃至整个公司的战略自信。

MAKING GREAT
STRATEGY

主要观点总结

- 论证有助于解决许多组织中存在的无效战略规划流程的问题。

  尽管发散阶段存在产生新想法的工具，但是，在聚合阶段选定某些想法所要遵循的基于某些原则的流程仍然是一个被忽略的焦点领域。本书介绍的三项主要活动有助于领导者为选择最有前景的战略选项设计一个卓越的流程。

- 要对所有战略提案应用逻辑有效性的标准，以使聚合阶段带来更多产出。任何一个战略提案只有以有效论证的形式呈现，才能被纳入领导团队的考虑范围，而且，所有具备逻辑有效性的战略提案都必须被予以充分考虑，不论该战略提案中的某些假设是多么不可信。作为一个客观且被广泛接受的标准，逻辑有效性增强了决策过程的正当性。通过这个过程产生的决策不仅降低了随心所欲的可能性，而且也降低了让决策看起来是随心所欲地制定出来的可能性。

- 结论导向性前提被定义为论证结构中的关键性与前提的不确定性的结合，它代表了每个战略选项所包含的关键投入。聚焦于最具结论导向性的前提，而不是争论未来会实现的前提，这将帮助领导团队明确每个战略选项的成功需要具备哪些条件提供了途径。评估结论导向性为进行有难度的风马牛不相及的对比提供了便利条件。

- 战略制定要求大家暂时把对不确定的未来可能会发生什么的疑虑抛开。一个很常见的情况是，企业高管会失去耐心，根据自己的本能和直觉在不同战略选项之间匆忙地做出选择。领导者必须克制自己想要快速推进流程或者争论不同前提的合理性的冲动。认同聚合阶段应以冷静、客观的说理为特征的观点，有助于大家摆脱束缚，在产生战略选项时发挥更大的创造性。

第七章

沟通战略

有效沟通战略的好处

2017 年 5 月，韩恺特（原办公家具制造商 Steelcase 的首席执行官）取代马克·菲尔兹，成为福特汽车公司的首席执行官。这一举动出乎很多人的预料，因为菲尔兹是经过长期培养才坐上了首席执行官的位子，而且他领导公司还不满两年。虽然大家对原因众说纷纭，但显然有几个因素发挥了作用：虽然公司是盈利的，但福特的股票价格出现了"跳水式"下跌，汽车销量也下降了 25%，远高于行业的平均水平。观察人士认为，一个关键因素是，在许多人认为将给汽车行业（抑或越来越多的人把它称为移动出行产业）带来颠覆性影响的领域，比如自动驾驶汽车、新能源汽车等新兴技术领域，以及网约车、共享服务等领域，菲尔兹没有带领福特公司做好充足的准备。相比之下，在很多人看来，它的同城对手通用汽车已经为未来做好了较为充足的准备，因为通用汽车采取了多项行动，包括收购自动驾驶领域的初创企业 Cruise。[1]

新任首席执行官韩恺特亲自领导福特在新兴移动出行领域的行动计划，但是，他毕竟刚刚上任。他虽然之前担任过福特的董事会成员，但基本上是一个外行。公司在发布聘用公告时明确声明，需要一位比菲尔茨更具远见的领导者，为公司在新兴技术领域的发展确定新方向。比尔·福特说："这是一个前所未有的变革的时代。"他接着说："大变局的时代要求公司拥有一位变革型领导者。"[2] 显然，福特的董事会想为公司设计一个新战略，特别是一个将新兴移动出行技术融入其中的战略，而且，董事会已经聘请了一位新首席执行官来领导公司完成这个过程。

对这个行业以及他将领导的公司而言，韩恺特是个新手，他面临的挑战十分严峻。这个行业被根本性的变革裹挟着，因此，公司面临的战略问题复杂且具有高度不确定性。除承担着勾画出未来战略路线图的艰巨任务之外，韩恺特还面临着另外一项领导力挑战：在公司内外，把战略传达给利益相关方。大家不能期待韩恺特从上任第一天起就传达一个战略规划，因为形成一个出色的战略论证需要时间。但是，一旦合乎逻辑的战略开始成型，至少可以传达福特公司新战略的大致框架，这对安抚股东、高管、一线员工以及其他利益相关方的情绪是非常有帮助的。韩恺特在就任时已经意识到了这一点的重要性，他说："我们赢得人心的方式是提出行之有效的卓越想法。福特已经在自动驾驶汽车的研发上投入了 10 年的时间，现在已经到了真正发力的时候。当我们准备好向市场发声的时候，我们就要清清楚楚地把它讲明白。"[3]

18 个月后，媒体和分析师的评论表明，外界仍然还在等待福特的新战略。2018 年 10 月，福特的股价创下 6 年来的新低。尽管分析师把福特股价的下滑趋势归因于几个因素，但许多人认为，很大一部分原因在于韩恺特的战略及相关重组计划的不确定性。在就任两年后，韩恺特还没有兑现承诺，把公司的新移动出行发展战略讲清楚。一位来自晨星资讯的分析师说："韩恺特的计划和远景目标仍然带有很大的不确定性。"而另一位来自美国财务研究与分析中心（CFRA）的分析师则抱怨说："他们的战略真的没有一点儿可见度，也看不见一点儿即将会发生变化的影子。"[4]

当然，分析师和投资者比公司内部人员了解到的信息要少。或许，公司内部已经制定出了一个清晰的战略，只是还没有与外界进行有效沟通。在福特内部，这个战略又是如何传达的呢？

战略似乎也没有在福特内部得到非常清晰的传达。根据 2018 年 8 月《华尔街日报》的一则报道，福特公司各个级别的员工，甚至是管理层成员，都不十分清楚或者理解福特的战略。例如，福特的首席财务官鲍勃·尚克斯说，韩恺特的一些理念让他"感到头痛"。《华尔街日报》报道说："有些企业高管曾在会后请韩恺特的办公室主任克莱尔·布朗（Clare Braun）解释韩恺特在会上的发言或者画出的图示。"多位高管在韩恺特任期内早早离职，有人把这一现象视为对内部迷茫状态的一种回应。[5]

在此背景下，福特于 2018 年 11 月宣布："我们还处于通过对全球员工进行重组，以支持公司实现战略目标、营造一个更有活力和动力的工作环境、推动业务实现更加健康发展的早期阶段。随着时间的推移，重组将导致员工数量减少，减员幅度将因团队和地点不同而有所不同。"[6]这则公告没有提供具体细节，但是，人员重组将影响福特在全球的 7 万名白领员工。

重大重组的消息几乎会引发任何一家公司内部的焦虑情绪，甚至是愤怒情绪。福特员工的焦虑不安还会因为公司内部缺乏明确的战略沟通而加剧。当然，一个清晰传达的战略不会消除人员重组带来的压力和不确定性，但至少会让大家把焦点放在需要解决的问题上。清晰的战略陈述会让部分人知道他们并不处于风口浪尖之下，并让公司内部和外部的每一个人都确信公司制定了一个合乎逻辑的战略规划来扭转局面。如果战略目标不清晰，那么声称这些变革将"支持公司实现战略目标"就不具有任何启发性。在一个正在遭受颠覆性变革的领域削减工作岗位，又不对转型计划做出解释，只会加剧紧张局势并催生恶意。

福特的战略是其高管层的核心关切，这一点毋庸置疑。他们并没有忽略战略挑战，实际上，公司努力让高管层看到持续进行的战略制定过程。在公司总部，之前供公司高管使用的办公室被改装为战略会议室。对于这些房间，《华尔街日报》报道称："高管们并不是坐在那里，耐着性子看幻灯片演示，他们周围的墙上挂满了概述不同车型、业务单元的战略的图表和其他材料。这样做的目的是让每一个人都能在同一个地方，看到从制造计划到营销计划的不同部分，并快速做出决策。"[7]

对我们外部人而言，这种参与方式和活动是否能就福特的战略论证在高管中间达成清晰的共识尚不清楚。从当前目的出发，我们假设共识已经达成，并且韩恺特说的也是真话，即"实际上，事情正朝着我们思考和实干的方向发展……市场对此尚不清楚，但我心里有数"[8]。即便如此，高层领导团队达成共识还不够。一个卓越的战略需要被清晰且广泛地传达，如果做不到这一点，战略就会像一只"跛脚鸭"。在许多情况下，战略因为没有得到有效传达而引发的问题与因为没有一个卓越的或清晰的战略而引发的问题，二者在本质上没有什么区别。让人始料不及的是，韩恺特于 2020 年 8 月从福特退休。

不是仅有福特一家公司对战略的传达不到位：在 5 位高管中，有 4 位会认为在他们所属的公司中，大家对整体战略的理解并不充分。[9] 更糟糕的是，这个问题还不是只体现在普通员工或中层管理者身上。根据我们与企业高管一起工作的经验，我们有时会震惊地发现，在有些公司中，即使是最高层领导者也不总是能解释清楚或者能在对公司战略的理解上达成一致，或者说，他们不能用直白、简单的语言对公司战略做出解释。如果负责制定战略的领导者都不能把战略解释清楚，那么，他们的员工要理解战略将会是难上加难。

在本章中，我们将展示和讨论传达组织战略的不同方法和原则。我们将讨论战略信息的内容，以及它的通用形式和沟通模式。战略沟通在每个组织中都是非常有必要的。我们将从社会科学和沟通的角度，提供一些行之有效的战略沟通方法。

尽管我们认为下文中的原则都值得遵循，而且适用于绝大多数组织，但我们也意识到有些原则在部分组织中的应用效果要优于其他组织。在一些组织中，战略沟通工作需要更加强势且更加普遍而深入。例如，如果一家组织在战略制定过程中，它的文化鼓励战略被广泛讨论和争辩，那么员工就会对战略有很高的熟悉度。在这种情况下，组织需要的可能是一个澄清式的汇总信息，把最终达成一致的战略传达给员工。而如果在一家组织中，仅有少数人参与了战略制定和争辩过程，那么关于战略的更多信息及其背后的逻辑就需要被传达。相应地，也需要有人决定在传达战略时，公司应该做什么，以及投入多少资源。

让战略看得见

一个有效的战略信息应该能够传达战略的基本核心要素。听到或者读到这个信息的人，脑海中应该能够形成组织将如何运作以及打算如何迈向成功的画面。也就是说，这个信息应该解释组织所做的选择背后的原因。至于提供多少细节，以及分享哪些细节，当然取决于受众群体。向一般公众传达的信息可能要非常精练，而向公司内部人员和重要的外部利益相关方传达的信息则可能需要体现更多的细节和见解。

这可能听起来简单，而且从很多方面来看，也确实不难，但是，它的影响力是很强大的。比如说，沃尔玛在其公司网页上对企业战略的陈述是："价格、地理位置的便捷性、商品种类和购物体验是消费者选择零售商的驱动因素。沃尔玛历来靠价格和商品种类获得领先优势。今天，零售业面临着日益激烈的竞争，尤其是要和电子商务展开角逐。为了在竞争中赢得胜利，沃尔玛将发挥价格优势，投资于差异化的销售渠道，提高商品种类的竞争力，为消费者提供卓越的购物体验。"沃尔玛也在其通俗易懂的消费者价值主张中，清晰地陈述了它的市场策略："我们帮助购物者过上更美好的生活，因为我们对其所信赖的品牌保持天天低价，并提供便捷、快速、一站式的购物体验。"[10]

正如这个例子所示，一个清晰、基本的战略信息向员工传达了组织的首要目标。它向消费者传达了基本的价值主张，所以他们能够理解选择这家公司的原因。此外，这个战略信息也告知潜在的供应商、监管机构及其他利益相关方，它们在和什么样的组织打交道，以及在打交道的过程中可以设定哪些期望值。一个好的战略信息既为组织设定了目标和期望值，也为其他利益相关方的行事方式提供了指引。

遗憾的是，即使它们可能拥有一个非常成型且能提供行动指引的战略，企业在传达它们的战略方面也做得不尽如人意，通常很糟糕。实际上，"战略"在商界是最容易被误用、被误解的词语之一。首席执行官们会习惯性地说"我们的战略就是赢"，或者"我们的战略是争做第一"，或者"我们的战略是超越竞争对手"，或者"我们的战略是撸起袖子加油干"。

这类战略信息一般会混淆组织目标和制订取胜计划的决心，以及一分耕耘一分收获的工作机制。[11]这就好比说，你赢得一场足球比赛的战略是在比分上超过对手，或者说，赢得一场赛跑的战略是跑得最快。正如理查德·鲁梅尔特在《好战略，坏战略》一书中所说：

> 如果战略是成功的同义词，那么它就不可能是一个有用的概念。如果战略与雄心、决心、领导感召力以及创新能力被混为一谈，那么它也不可能是一个有用的工具……战略关乎一个组织将如何往前走。制定战略是要确定如何推动公司实现其利益目标。[12]

在许多案例中，企业甚至没有尝试传达它们的战略。在为写作本书做调研时，我们尝试查找各类公司的战略信息，包括那些我们在前几章中已经给予特写的公司，比如西南航空、沃尔玛和苹果。我们查找了大量公开资料，因为战略信息的一个主要目的应该是与外界沟通。当然，在某些案例中，公司在内部传播的资料与公开资料会有很大不同，不过，只在内部传达战略信息的公司会错失良机。

查找的结果令人感到意外。首先，也是最明显的一点是，公司的战略信息一般不容易被找到。我们浏览了公司网页、年报以及美国证券交易委员会（SEC）要求上市公司必须每年提交的有关其财务表现与公司运营的综合性报告（10-K）。通过搜索通常可以发现类似公司战略表述的一些内容，但具体可以在哪里找到却总是不清楚。此外，我们查找到的战略表述本身通常是简短且不完整的。如果这些信息是学生完成的作业，那么学生不会拿到好分数。许多公司，包括那些我们认为非常透明的公司，对它们的战略也说得非常少。

考虑到这些公司中管理人才的素质，这不可能是一种疏忽。相反，我们认为有两个原因可以对缺乏清晰可见的战略表述做出解释。第一个原因是，管理层可能假设每个人都了解组织的战略，没有必要进行重复。然而，我们的问卷调查结果一次又一次地显示，这几乎总是一个错误的想法。许多员工要么不理解战略，对战略有误解，要么不确定战略是什么。第二个原因是，可能存在隐藏战略的意图，或者至少不想公布战略的具体细节。后者在我们与不同公司接触的过程中得到了证实，它们认为有关战略的几乎所有细节都是机密信息。

当然，在特定时期，关于战略的特定细节应该予以保密，不应向外界透露。特别是对于发布新产品、调整价格或采取类似的会让竞争对手感到意外的行动，保密工作尤为重要。但在大多数时候，可以说是绝大多数时候，最微不足道或者最显而易见的事实都被蒙上了神秘的面纱。通常，公司认为它们应该保密的信息已经众所周知。几乎可以肯定的是，投资者、分析师、咨询顾问和竞争对手已经获取了这些信息，并进行了彻底、细致的审察。大家难道不相信吗？那么，请打开网页，输入公司名称和"战略"这个词，你可能会对查找到的所有描述和分析感到惊讶，这些内容通常是非常具体、准确且富有启发性的。而来自公司自身的信息却与之相反。

公司以为它们在愚弄谁呢？众所周知的那个大秘密是什么呢？最为重要的是，为什么公司想让第三方来告诉全世界它们的战略是什么，难道第三方比它们自己还会讲故事吗？领导者应该考虑清楚，是否真的想让他们的下属或者最重要的利益相关方基于博主或行业分析师的观点来理解组织想要做什么，而不是从领导者那里直接获取经过认真组织的战略表述内容。

不能有效传达战略将引起重大后果，比如市场估值水平低、错失机遇、浪费精力、做出错误决策、缺乏内部协调、员工没有参与感，甚至出现对公司战略的嘲讽。这样的问题应该如何解决？

有效战略沟通的基础是清晰且有理有据的战略论证。在某种程度上，这一点是显而易见的，即如果战略本身存在瑕疵且不具备逻辑一致性，那么你就别指望能有效地传达战略。我们确信，在许多情况下，由公司公关部门发出的令人迷惑不解的战略信息，只不过反映了一个毫无章法的战略。要让战略沟通言之有理，战略本身就必须言之有理。

然而，对于开展有效的战略沟通，陈述一个清晰且有理有据的战略论证之所以重要，还有更深刻的理由。原因很简单，有效战略论证的关键是为受众提供一个清晰的叙事，让他们对一系列将推动宏伟目标实现的相互关联的事件进行想象。

我们来看一个例子。埃隆·马斯克在一篇著名的博文中向外界宣布，"特斯拉的秘密宏图，只有你知我知"。马斯克注意到，虽然特斯拉的首款产品是一款高性能的电动跑车，但许多人无法理解制造一款体积小巧、价格昂贵的汽车有什么意义，因为特斯拉设定的目标是降低全球的碳排放量——这才是它存在的理由。正如马斯克所说：

> 我们真的需要另一款高性能跑车吗？它真的将改善全球的碳排放情况吗？

> 答案是否定的，并不会有太大改善。但是，这不是问题的关键。几乎任何一项新技术在进行优化之前，都拥有高昂的单位成本，这对电动汽车来说也是一样。特斯拉的战略是进入高端市场（这个市场的消费者愿意支付溢价），然后尽快开拓更大的市场，使后续每款车型有更低的价格和更高的销量……作为一家快速成长的科技公司，我们的所有自由现金流都用于研发，以便降低成本并尽快将后续产品推向市场。当有人购买特斯拉 Roadster 跑车时，他们实际上是在帮忙支付低成本家庭用车的研发费用。[13]

马斯克在博文结尾处说：

> 生产跑车，
> 用挣到的钱生产价格实惠的车，
> 再用挣到的钱生产价格更实惠的车，
> 在做到上述各项的同时，还提供零碳排放的电力车型选项，
> 只有你知我知，别告诉其他人。[14]

自 2006 年这篇博文发表以来，特斯拉获得了令人瞩目的成功，这要归功于很多因素，包括它的创新能力、快速发展的技术、在中

国市场的快速推广，以及大家对气候变化越来越强烈的关注。但是，在我们看来，特斯拉获得成功的一个主要原因是它能够非常清晰地传达战略，而且传达的内容非常精练。特斯拉和马斯克提供了一个有效叙事，通过这个叙事，投资者、员工和消费者能够理解公司做出的选择。正是因为这个叙事，受众群体可以看到各个事件如何关联在一起，以及过去的投资和当前的选择如何塑造未来的结果。即使特斯拉在路途中遇到"颠簸"，比如推迟发行特斯拉 Model 3 所遭遇的障碍，这样的清晰度也能保障特斯拉顺利地运营下去。

在大家看来，特斯拉的"秘密宏图"可能有些另类，因为这是来自一家年轻的硅谷初创企业的战略表述。那么，一家处于高度受监管环境中的大型、复杂且发展成熟的公司会怎么表述呢？

我们来看一家以制药和诊断为主要业务领域的公司——罗氏。它于 1896 年在瑞士创立，2018 年的全球收入接近 600 亿美元。罗氏在多个国家和地区开展业务，并提供多种产品，它在公司网站上对战略聚焦点以及有争议性的命题做出了非常清晰的表述，比如：[15]

- "我们将继续把全部精力投入到处方药物和体外诊断领域，而不是涉足无注册商标药物、生物仿制药、非处方药物以及医疗器械等领域。"

- "凭借我们内部在制药和诊断领域的综合实力，我们的独特定位是提供个性化的医疗服务。"

- "我们的独特性依赖于四个关键因素：对分子生物学的极为广泛和深入的理解，我们的制药和诊断能力的无缝结合，在最大程度上实现创新的多样化，以及长期导向性。"

- "我们的组织架构是为创新而设计的。我们的自主研发中心以及与200多个外部合作伙伴组成的联盟使我们的多样性和敏捷度得以强化。我们在全球的覆盖面和触达范围使我们能够把诊断服务和药物快速送到有需要的人们手中。"

虽然罗氏的战略表述在风格上与特斯拉的"秘密宏图"有很大不同，但它简明扼要地解释了罗氏计划做什么、不计划做什么、想要如何做以及原因是什么，是一个非常棒的表述。从整体上看，罗氏的战略信息以简短干脆给我们留下了深刻的印象。

上述两个例子充分说明了清晰且有理有据的战略论证和有效的战略沟通之间存在的关联。一个好的战略论证不仅传达了领导层的成功理论，还阐述了他们关于特定投入和行动将如何带来理想结果、投入将如何带来产出、原因将如何引发结果的信念。领导者掌握了这个成功的理论，就能非常容易地编写出有效的战略信息，因为这个理论的逻辑构成了战略信息的叙事框架。

领导者从中获取的经验是，他们经过煞费苦心的研究以及有建设性但也很艰难的争论和决策过程，精心设计的巧妙且有理有据的战略论证不应该被遮掩起来。虽然形成战略论证的工作可能主要由高管团队执行，但对这些领导者而言，把成功的逻辑仅仅保存在自己的头脑中，或者留在董事会会议室的白板上是不够的。其他人也需要理解领导层的思路。如果不能清晰地传达战略，那些为执行战略而有责任做出大量决策的人就会对究竟应该做什么感到不知所措。企业组织很快也会陷入逻辑不清的状态，因为不同管理者会根据对战略不一致的理解，做出相互冲突的决策。

相比之下，在一个能清晰且一致地传达战略信息的组织中，每个人都以同样的节奏向前行进，每个人都理解他们所做的事情与组织成功之间的关联，每个人都能对如何完善战略来应对预料之外的挑战或机遇提供关键见解。采取协调一致的行动要求领导者付出持久的努力，把关于战略的故事讲出来，而且要一遍又一遍地讲。正如杰克·韦尔奇对领导者的鞭策，出色的商业领袖"永远不要对讲故事感到厌倦"。[16]

有效沟通战略的实践

精心编写战略信息

你会如何编写一条预备在组织内部和外部广泛传播的战略信息？这条信息应该传达什么内容？

当承担描述战略的任务时，企业高管通常会借助在网站上或其他地方找到的很多现成的战略描述模板。要坚决避免这种做法。尽管有些模板对激发思考和初步讨论很有用，但它们的风格千篇一律，并且传达的隐含信息是组织领导者没有对战略进行认真思考。更为重要的是，这类工具在本质上大同小异，几乎没有为识别和沟通组织战略中的独特元素留下太大的空间。大家所需要的战略信息应该既能反映组织战略中的独特元素，又能反映在反复应用战略地图、逻辑正式化和建设性论证这三项活动中得来不易的深刻见解。

这个观察可能会引导某些人得出这样的结论：通过前述所有努力产生的工作成果应该就是战略沟通的内容。既然在构建战略地图和三段论逻辑推理方面投入了很多时间，为什么不在更广的范围内分享它们呢？毕竟，从这些内容中最能捕捉到战略的精妙之处。

我们认为这种方式是错误的。例如，我们认为不要对第三章所描述的正式的三段论逻辑推理进行广泛传播。这种形式的三段论不适合于大规模的传播，因为这种正式的结构使得三段式推论很难读懂，它很可能不被理解或者受到轻视，甚至有可能成为目标受众群体嘲笑的对象。

类似地，尽管高度简化的战略地图（见第二章）可以作为传达两个概念之间存在的关系的有效可视化工具，但战略地图本身不能承担有效战略沟通的任务。正如我们所强调的，不同的人对战略地图有不同的解读，当战略地图以过于简化的形式呈现时尤其如此。事实上，战略地图需要依靠能把想法讲清楚且经过仔细斟酌的文本。

在我们看来，关键是把战略地图和三段论逻辑推理作为精心编写有效战略信息的基础。建设性的战略论证捕捉到了战略的基本要素，因此也就体现了战略信息的基本内容。而且，论证清晰地说明了不同想法之间的关联，它可以作为向其他人传达因果关系的一个框架。在应用这三项活动的过程中所形成的清晰思维构成了清晰的战略沟通的基础。

但是，传达战略论证是整个过程中的独立步骤，它所要求的是一系列不同的技能和考虑因素。形成战略论证是一项思想活动，而沟通战略论证则是一项有关措辞和说服力的活动。在下文中，我们将提供一些关于有效战略信息的简单观察，尤其关于信息的内容、结构和呈现形式。大家可以把这些观察作为一个起点，而不是有关措辞和说服力的全面指南。

战略信息的内容

首先关注战略信息的内容。在理想情况下，一条战略信息应该涵盖战略的所有基本核心要素，即传达了战略本质以及看起来与整个组织中的人员具有相关性的顶层抽象要点。

如何理解这一点呢？它意味着战略信息首先应该清晰地传递组织取得成功的核心逻辑。虽然有很多不同方式来有效编写战略信息的内容，但我们认为最好的战略信息包括四个核心要素：

1）对战略**机会**的简要描述。

2）对成功道路上的主要**障碍**予以坦率直接的承认。

3）对组织将如何克服这些障碍的**逻辑**进行陈述。

4）在战略和组织的**行动**之间建立清晰的联系。

我们将依次对机会、障碍、逻辑和行动这四个要素进行讨论。

机会。一条有效的战略信息需要对组织所追寻的价值创造机会进行清晰的描述。组织如何创造价值？这包括对组织的目的做出高度概括的陈述，比如，给出"组织将如何让世界变得更美好"这个问题的答案。但是，最为重要的是，它应该对组织如何创造经济价值进行清晰的陈述。哪个群体是这个组织的消费者？公司的产品和服务如何让消费者产生支付意愿？创造价值所要求的核心资产和活动是什么？组织为什么能（或者将）具备更为出色的价值创造能力？

障碍。一条令人信服的战略信息需要对实现战略目标将面临的障碍有清醒且契合实际的认识。在我们看到的众多战略信息中，组织善于描述价值创造机会的诱人潜力，但在描述创造价值所面临的挑战时就不那么坦诚、透明了。因此，许多战略信息读起来像不切实际的幻想，或者透露出成功轻而易举的信号。但是，在现代经济体中，与市场力量有关的种种现实意味着获得可持续成功的艰巨性。不承认价值创造过程中所面临的障碍并不能让它们自行消失。而且，在组织内部和外部接收战略信息的受众通常对这些挑战心知肚明，因此，发送一条对障碍避而不谈的战略信息几乎不会产生什么效果。这种做法也说明领导者脱离了现实。

逻辑。战略信息应该对组织将如何克服障碍及抓住机会做出解释。在这一点上，组织的战略论证的核心逻辑占据了中心位置，而通过应用三项活动打磨出来的推理过程会在这里呈现出来。在这一点上，受众可以看到行动和结果之间的关联，并开始对组织成功将依赖的机制有所理解。逻辑可能是战略信息内容最重要的维度，因为它对特定行为的重要性做出了解释。它也是我们所看到的战略信息中最容易缺失的维度。

行动。战略信息通常会和大大小小的战略决策一起传达。这些决策为领导者提供了证明战略逻辑的机会，进而能强化大家对战略将如何发挥作用的理解。更为普遍的是，有效的战略信息把行动作为对战略论证中内嵌的抽象概念的具体表现形式。因为行动是具体的，所以它们为大家理解战略的工作原理提供了更为坚实的基础。尽管在某些情境中（比如在公开网站上发布的战略陈述），战略信息将会是概括、抽象的，但在很多情况下，战略信息应该明确地把抽象论证和具体战略决策关联起来。当领导者为下属分配工作任务时，清晰地传达战略逻辑和行动之间的关联尤其重要。与战略脱节的行动，或是与行动脱节的战略，都会引发战略和执行是两项不相关任务的错误认知。

战略信息的结构

战略信息的结构对进行有效的战略沟通很重要。关于结构，我们主要指战略信息的修辞特点，即战略信息内容的呈现方式和文本内容的阅读形式。

大家会如何评价结构？一个简单的测试是在阅读战略信息后问自己，你是否能讲清楚组织在做什么，它的竞争对手可能是谁，以及它计划如何赢得胜利。似乎显而易见的是，战略信息一定能通过这个测试，但这在现实中却极为少见事实上，战略信息通常看起来会有意地含糊其词。

很多书都介绍了如何有效运用修辞和写作手法，我们就不再重复这些内容了。我们重点关注与沟通战略论证尤其具有相关性的三个方面：司法调查取证般的专注度、摆脱陈腔滥调的清晰度和无懈可击的可信度。

司法调查取证般的专注度。对于任何一条公开信息，大家都有一种想添加更多信息、提供更多细节、掺入另一条（看起来）很重要的信息的冲动。在编写战略信息时，不要采取这种做法。它的作用只会是分散受众的注意力或引起大家的困惑。受众在阅读完战略信息后，不应该对核心战略存在疑虑或者认为它有歧义。战略信息必须把精神实质体现出来，并浓缩、精练到可以一口气读完但读完却回味无穷的程度。做到这个地步所需进行的反复迭代和编辑，要求编写信息的人下大功夫且有原则性。正如作家亚瑟·普洛特尼克所说："你书写的文字，要把你心中的熊熊燃烧之物传达到其他人的内心和头脑中。我们编辑文字的目的是让火光从烟雾中穿透而出。"[17]

原则上，如果战略信息的要素是具象的，将会使战略信息更有效且有画面感。例如，我们来看看一家为幼儿提供交通服务的初创企业 Zūm 对其价值定位的表述。这家公司说："Zūm 是为学校及工作繁忙的家庭提供安全专车服务的领军企业，它在每周 7 天中的任何时间段，满足客户任何形式的用车需求，并提供高度警觉、谨

慎的安全保障。"[18] 大家还需要通过更多的信息来从基本层面理解
Zūm 如何创造价值吗？

　　我们认为，结构混乱的战略信息通常出自审阅和审批等组织流
程，在这些流程中，太多人和部门有权对信息的编辑发表意见，部
分原因是他们把精心编写战略信息看作战略过程中的一个次要的、
风险较低的部分。例如，制定战略的团队可能非常精心地编写了一
条直扣主题的信息，主旨是公司执行高品质的战略，因为它的产品
的使用寿命优于竞争对手的产品，而且发生故障的概率较低。因此，
公司对产品的定价更高，因为产品在与质量相关的具体方面对消费
者有吸引力。但是，具有财务导向型思维的人会抱怨这个战略信息
给人留下了公司不在意成本的错误印象，因此，这个信息是无效的，
而且会让投资者与公司之间产生隔阂。公司的做法不是解决争议，
阐明战略主张，而是在战略信息中插入了关于低成本的措辞。最后，
它成为战略信息的一部分。然后，负责销售和市场营销的人插话说，
战略信息也应该让大家知道公司对客户服务的重视。因此，战略信
息中又插入了关于提供更优质的客户服务的措辞。就这样不停地添
加内容。

　　最终的结果就是一条重点不明确、令人抓不住要领的战略信
息。对那些在战略制定过程中投入最多的人而言，这可能不是什么
了不起的大事。这条战略信息不是写给他们的，他们不论如何都知
道自己在干什么。但是，一条重点不明确、包罗万象的战略信息会
产生现实后果。新的人员加入组织，寄希望于通过这条战略信息来
获得指引，但结果是一头雾水。同样的情况也会发生在组织中级别
较低的人员或外部利益相关方身上。当战略信息让人一头雾水，而
不是给人提供清晰指引的时候，分歧就会发生。

摆脱陈腔滥调的清晰度。战略信息应该能被所有人接受和理解，这意味着它必须是简单、直接的。一个尤其要避免的倾向是使用专业性很强的语言。这种语言能带来很多好处，特别是在构建精准、严谨的战略论证的过程中，因为它一般有更高的精确度。使用深奥的专业词汇通常是为了彰显权威和可信度，但在传达战略时，其作用更多是让信息模糊化，而不是清晰化。此外，复杂的专业用语加深了只有专家才能谈战略这一错误认识。因此，这种倾向让战略和执行之间的错误区分得以具体呈现。

然而，使用简化语言的风险是，战略信息非常容易沦为陈腔滥调，或者非常容易使用被广泛引用的话语和想法。这些话语和想法虽然未经雕琢，但它们因为能够引发广泛共鸣而具有吸引力。而陈腔滥调存在的问题是没有感染力。大家听到这些陈腔滥调，不会真正地往心里去。它们掩盖了战略，也不会作为真正的战略信息引起共鸣。或者更为糟糕的是，大家误解了战略信息的意思和应用。

让战略信息简单且摆脱陈腔滥调是极为必要的，但这一点很难做到。对许多管理者而言，做到这一点要求掌握语言的微妙含义，而这通常不是他们工作的一部分。因此，经过多轮迭代，管理者才能做到让语言精简且有意义。在完成这项任务时，可以寻求专家的帮助。

不论使用什么方法，在没有进行实地测试的情况下很难说清楚哪种编写信息的方式易于被人接受，以及它有什么潜在影响。可以尝试把战略信息发送给一些之前没有看过的人，然后听取他们的反馈，弄清楚他们听到了什么内容，又是如何理解的，然后相应地对战略信息进行修正，再重复这个流程。有时候，大家会很惊讶地发现，需要投入很多努力才能让战略信息变得简单、再简单。正如普洛特尼克所说的，穿透烟雾，通过编辑让火光闪现出来。

无懈可击的可信度。为了产生影响力，战略信息要可靠，即令人可以相信。阅读战略信息的人必须相信，战略信息中提议的和预期实现的内容能够真正地实现。

可信度能够从多个来源获得。如果一家公司或者一位领导者拥有经证实的成功记录，那么战略信息的可信度可能就更高。战略信息的可信度也可以通过引用不容置疑的事实及关于世界和组织的已知真相来建立。然而，这些关于可信度的说法都基于过去和现在，当大家的关切是组织在未来将如何实现兴盛发展时，它们就不应该成为可信度的唯一来源。当传达一个宏大且有远见的战略时，它们的力量也会较为薄弱。在一个拥有宏大战略的组织中，战略信息有时候可能很难取信于人。在特斯拉的"秘密宏图"中，它的战略信息是一个把远大抱负和高度可靠性相结合的令人信服的范例。毕竟在那个时候，特斯拉没有成功记录，它的技术也没有得到大规模的验证。

我们认为，在战略信息中，关于可信度的最有效、最具影响力的来源是推理严密、逻辑性强的论证。关于战略的故事必须在大家看来是有道理的，而保持逻辑连贯性就是让故事言之有理的有力方式。

提升战略信息可信度的常用且有效的方式是运用类比。类比的有效性体现为它们引用的事例已经存在且获得成功，或者至少是众所周知的。比如，Dectar 公司在推介它的遛狗服务软件 Dogise 时，就使用了"像 Uber 一样按需预约遛狗人的应用软件"的类比。[19] 类比手法的有效性依赖于大家对另一家组织的战略逻辑的共识。如果类比是恰当的，它很快就能帮助人们深刻理解公司提出的战略。然而，类比也可能会具有过度诱导性，并受到很多隐性假设的影响。因此，类比手法应该慎重使用。

战略信息的呈现

一旦战略信息的内容和结构确定之后，大家的注意力就要转向如何沟通战略。这个过程包括决定战略信息以何种方式以及在哪里呈现。如果战略信息仅限用于战略规划文件或者公司年报中的简短讨论，那么为编写令人信服的战略信息而投入的努力就会被浪费。只有当战略信息具有传播广泛、形象生动且易于记住的特点，并且能够有效塑造组织内部和外部的思想和行动时，清晰传递战略信息的好处才会体现出来。

在这里，我们简要谈及与战略信息的有效呈现相关的三个问题：视觉形象和绘图的应用、持续不断地重复的必要性，以及多样化呈现形式的价值。

视觉形象和绘图的应用。公司试图通过一张图表来总结战略的做法很普遍，这张图表通常是一页纸，目的是让人一眼就能看到战略的本质。实际上，在向许多受众传达战略时，速记绘图总结法是非常有用的，它通常还可以作为一种关于战略的提醒或指引工具。我们见过很多这样的图表，它们几乎总是看起来妙不可言，有着漂亮的几何图形和颜色，看上去很酷。

在第二章中，我们强调了把战略问题可视化呈现的价值，这使得我们自然而然地对战略图示的价值具有认同感。但是，具有视觉美感的图形可以轻易地取代清晰的思维，最重要的是，它们几乎不可能把自身代表的含义表达出来。更遗憾的是，视觉美感通常是一个图示所能传达的全部内容。在最极端的案例中，这些图示无法捕捉到一个卓越战略蕴藏的根本性的取舍和选择。这些图示表明任何事物之间都是存在相互关联的，或者暗示所有事物都可以通过嵌套式圆圈和递归循环圈的魔力来实现无缝结合。

为了能发挥作用，战略图示需要具备不言自明的特点，即它本身就能把战略的基本面告诉大家。这是一个离谱的要求，并且可能是过分离谱的要求。对战略图示的一个有效检验方法是把它展示给从来没有看过这个图示，而且对相关组织的信息没有太多了解的人，然后问这个人："该组织的战略是什么？"如果他说不出个所以然，这个战略图示就没有发挥什么作用。在大多数情况下，战略图示应该作为一种针对以清晰书面解释的形式呈现的战略的补充。战略不是一个标识或商标。

持续不断地重复的必要性。战略信息的核心思想需要一遍一遍地传达，然后再多传达几遍。通常情况下，组织会投入巨大的努力来制定一个令人信服的新战略，非常用心地把战略信息写到位，并声势浩大地宣布新战略，然后再一步一步向前推进。但是，至少从两个方面来看，这种方法是有瑕疵的。首先，组织中的人员时常会受到有关不同战略举措、新战略重点等信息的疲劳轰炸。但是，他们应该理解的最重要的事情是战略，因为战略定义了他们未来所做决策的框架，也定义了对组织以及他们个人的职业生涯而言何为成功。其次，战略信息在第一次阅读时通常是很难理解的。卓越的战略包含非显性因素及做出艰难取舍的具体方法。大家需要花时间领会这些选择，因此要重复不断地接触战略信息。

因此，最佳方法是通过不同形式多次发送战略信息。一遍又一遍地重复同一个想法可能很快就会使领导团队感到完善战略是一件极为枯燥的事情。但是，这通常也是把战略信息传达给所有目标受众，并让他们有机会把战略信息完全吸收的唯一方式。

多样化呈现形式的价值。除了持续不断的重复之外，如果战略信息通过多种呈现形式来传播，它们就可以得到更为有效的传达。以任何一种形式或模式呈现，或者通过任何一个渠道传播，战略信息将只与特定的人，而不是其他无关人员产生关联。此外，战略信息的多样化呈现形式会让大家通过不同方式和战略信息产生交集。重复收到的总结公司战略的邮件很容易被删除，但若是以令人意想不到的视觉图像、故事等形式来呈现战略，则更有可能让大家保持兴趣。因此，要让战略信息以多种形式或模式，从多个角度呈现。要使用图像、故事、逻辑、图示、标识、图标，不要只依托单一媒介。要通过现场陈述、海报、邮件、图片、会议、案例等任何一种你能想到的方式来传播战略信息。这样做的目的是让大家能够经常以不同形式触及战略信息。

如果战略信息的某些版本激发了信息接收者的情绪，那么这个信息将获得更高的认同感。一个缺乏新意的抽象信息可能有很大的信息量，但它不具有启发性，也不容易被记住。如果你能让战略信息和读者产生情感联结，那么这个信息将更有影响力。例如，在2011年节假日购物季的高峰时刻，巴塔哥尼亚在《纽约时报》上刊登整版广告展示它的一款冲锋衣，并呼吁顾客"不要购买这件冲锋衣""不要购买你不需要的东西"，[20]引起一片哗然。在这则广告引发的强烈反应中，既有认同的声音，也有反对的声音，有人指责它虚伪，也有人赞赏它为减少碳排放、改善环境而做出的承诺。这个信息非常有力地传达了公司为推动环境可持续发展而做出的坚定承诺，也把公众的注意力引向它特有的终身产品维修服务及它的可回收服装产品线。

在呈现战略信息时嵌入一个故事、一个能传递战略核心思想的简单但有说服力的叙事是有益的。与一系列抽象理念相比，人们更容易联想到或者记住一个故事。这个故事应该是具体且容易被记住的，故事主体可以是公司高管、顾客，甚至是一项技术或者一款产品。这个故事越是基于某个人物生活的细节，它传达信息的效果就越好。讲故事是一门手艺，聘请一位专业人士来帮助你的组织想出并讲述一个故事是值得的。

我们再来看看 Zūm 的例子。在它的官网上，有这样一个故事：

> 我们创始人的母亲为了养育 4 个孩子放弃了一份蒸蒸日上的事业。多年之后，Ritu 发现自己面临同样的困境，即如何在确保自己的两个孩子能得到值得信赖且可靠的照顾的同时，进一步发展自己的事业呢？
>
> 带着这样简单的一个问题，Ritu 和她的两个哥哥开启了一段不可思议的旅程。这个三人小组包括：Ritu（一位有远见的硅谷产品领导者）、Abhishek（一位"100 倍"技术专家和程序员）和 Vivek（一位像军人那样具备自律精神的运营能手）。他们尽心竭力地打算创建一个解决方案，以满足并超越父母的需求。[21]

通过上述内容，你读到了一则有关公司为什么成立以及创始人想要达成什么目标的生动且感人的故事。

传达战略信息的最终目的是改变大家的思维方式及他们看待这个世界的方式，并帮助他们理解自身在战略执行中的角色。传达战略信息需要投入时间和心力。但是，它的好处也不容小觑，因为它是维持大家对战略的参与度以及推动战略执行保持一致性的最有效途径。

组织内部的战略沟通

我们提出的关于传达战略信息的大多数解决方案都没有考虑社会语境。很多时候，只有考虑到这个因素，所传达的战略信息才具有一致性。大家在任何地方，通过任何方式听到的都是同一个信息。

一个可能需要一些额外沟通工作的情境是组织本身，即战略得以应用的环境。这并不是说我们在前文中提出的建议在这里不适用，而是说一些额外的考虑因素也可能会发挥作用，把这些因素处理好可能是有效沟通战略的关键所在。

各个组织普遍面临的一个问题是信息和想法被束缚在一口竖井中。来自各个部门的人员所掌握的信息及秉持的想法各有不同。在最糟糕的案例中，同一个组织中相互孤立的部门之间离心离德，有时候甚至互相拆台。比如说，制造部与市场部、销售部之间的对抗是颇具传奇色彩的。市场部和销售部的人员习惯于适应客户的需求，并强烈关注收益，因为这决定了他们的薪酬。相比之下，制造部对产能和生产的灵活性有严格的限制，他们想要的是效率和安全性，稳定性通常是他们做事的前提。战略沟通是让这些部门保持同向的一个时机，但是，如果做法不得当，它们之间就会产生不和，因为它们各自的切身利益和激励机制可能会使它们反向而行。

各个组织会把它们自身分化成不同的部门，以更好地管控和协调专门化工作。这些部门可能以任何方式进行组合，当然包括以职能（制造、市场营销、研发等）或产品、地域为划分标准。无论组合的基础是什么，把一组人和活动安排在一起有助于他们彼此协调，不会遭遇如果这些人或活动散落在不同单元将会遇到的难题。处于同一个部门的人员能够认识到他们面临的共同问题和命运，并开始对彼此产生认同感，最终形成将使他们的事业更上一层楼的利益共同体，这是我们想在组织中达到的目的。

当某个部门及其利益成为这个部门中所有人员及活动的主要驱动因素，而组织中的其他部门被遗忘、忽略或者遭到藐视的时候，问题就出现了。一个公司层面的好战略，其重要功能是对不同部门的活动和利益进行协调和优先顺序排列，以使它们开展合作而不是彼此对立。

有才干的高管都明白，一个清晰的公司战略适用于任何一个具体的业务部门。该部门的活动和利益需要被认可且融合到公司战略中，这样公司战略才能在基层具有说服力和真正的意义。战略家面临的挑战是对总体战略做出具有一致性的解释、说明和调整，以应对部门层面面临的具体问题。也就是说，该部门可能需要，而且也想要制定一个自身所特有的战略，而这种做法可能也是受到鼓励的。但是，部门层面的具体战略必须以认同公司层面的总体战略为起点，并找到一种与公司战略保持一致的方式来满足部门层面的需求。部门层面的具体战略需要服从公司的总体战略。

提倡保持这样的一致性说起来很容易，但真正做到这一点通常很难。在许多组织中，来自不同部门的人员针对是否允许他们独立制定能使其需求和利益得到最大满足的战略进行热烈的争论，有人反对，亦有人赞同。这样的争论应该受到鼓励，它甚至可能会提出足以引发需要修订公司战略的问题。但是，最终必须形成一个使战略保持一致的解决方案。如果没有丝毫回旋的余地，那么领导层就需要发挥其权威作用。

关于组织内部沟通的书有很多，我们也不想因为太过强调社会语境的重要性而偏离战略这个主题太多。为结束对这个话题的讨论，我们提出几个基本观点。

第一，高管拥有沟通和告知信息的巨大权力。高管掌控着战略讨论场合，并负责陈述公司面临的挑战。因为理解战略所附有的权威和资源，每个人都把注意力聚焦于高管所说的话，至少在一开始时是这样。高管所传达的战略信息通常不需要被放大来看，因为这些信息本质上就非常宏观。根据我们的经验，当战略信息令人眼花缭乱或者被人断章取义的时候，问题就出现了。然后，人们就从听到的信息中读出了不一致性。在这种情况下，合理的反应是开始忽略信息，转而对行为进行解读。这样做，大家就能找出行为和信息之间存在不一致的地方。这种方式在检视薪酬和资源分配方面最为有效。相应地，确保行为透露的隐含信息与官方信息不冲突或者对官方信息不会造成任何损害是极为关键的。

第二，好的沟通是双向的。广告标语、品牌形象和官方信息可能都在讲述一个简洁、精妙的故事。高管的任务不仅是确保故事经过了精心的打磨并得到广泛使用，而且要确保受众每次都能以正确的方式读取其中的信息。这意味着高管需要接触那些接收信息的受众，与他们对话，了解他们听到了哪些内容、对信息如何解读，以及他们所理解的信息有哪些含义。这些信息想传达的内容被接收到了吗？如果没有，那么就要通过对话来了解问题出在哪里以及如何改进。

第三，传递战略信息及确定它将以何种方式被受众听到的最佳机会可能是在绩效评估的过程中。年度绩效评估正逐渐被定期且频繁地就某些特定话题与员工沟通的形式取代。这些互动时刻就是强化官方信息，并对同事和员工的反应进行判断的大好时机。无论绩效评估的叫法是什么、通过什么形式开展，它几乎总是能吸引员工的注意力。典型的"一对一"形式有助于展开真实可信的对话，特别是当对话以一种积极、没有威胁性的方式开展时，效果更佳。

章尾思考

即使是世界上最好的战略，即最有创意、最聪明、最无懈可击的战略，如果除了设计者，别无他人知道，那么这个战略也几乎没有什么价值。

我们思考一下这句话。战略的要点首先是为行动、决策和资源分配提供指引。在一个大型的现代组织中，管理者如果没有成百上千位，也至少有几十位，他们承担着做出决策和分配资源的职责。而且，在组织中几乎所有人都被期待能够明智地开展工作。

如果管理者和其他员工不知道应该怎么做，他们如何能有效履行这些职责呢？

在任何一家组织内部，战略都对协同一致的行动起着核心作用。管理者和员工通常想按照战略的指引来开展行动。但是，要实现这一点，他们就需要了解战略并把战略理解透彻。组织中的大多数成员不能达到这个高度，除非战略能被清晰地传达给他们。有效沟通要求传达战略信息的高管对信息的接收效果负责，重视过程中的干扰因素，并运用现代数字世界中的各种可用工具。在本章中，我们也尝试讨论了与有效沟通相关的一些基本标准和方法。

主要观点总结

- 无法清晰、广泛地传达一个卓越的战略所引发的问题，与缺乏一个清晰的战略所引发问题几乎没有什么两样。虽然战略的某些要素可能需要保密，但有效传达的战略信息为组织内部和外部的利益相关方提供了指引，并定义了他们的期望。

- 有效的战略沟通提供了一个清晰的叙事，它有助于受众对指向一个清晰目标的一系列事件进行想象。战略论证就是清晰的叙事的基础，因为它们陈述了组织的成功理论，或者是组织领导者关于行动及投资将如何带来预期结果的想法。

- 好的战略信息会解释组织做出战略选择背后的原因。最好的战略信息包含四个核心要素：对战略机会的简要描述；对成功道路上的主要障碍予以坦率直接的承认；对组织将如何克服这些障碍的逻辑进行陈述；在战略和组织的行动之间建立清晰的联系。

- 领导者必须有意识地把成熟的战略论证转换为向不同受众传达的具有说服力的战略信息。只有清晰的论证是不够的，还需要在措辞修饰和说服工作方面做出专项投入。只有当战略信息具有传播范围广、生动形象且容易记住的特点时，组织才能收获传达战略信息所带来的好处。

**MAKING GREAT
STRATEGY**

第八章

详尽阐述战略

详尽阐述战略论证的好处

随着谷歌地图、Waze 等线上电子地图工具的广泛普及，几乎每个人都有对地图进行放大、缩小操作的经历。你在地图上输入一个你想看到的地点，比如丹麦的哥本哈根，你看到的第一个图像通常是你要搜索的整个地方或者机构的高级"鸟瞰"视图。如果你在地图上输入哥本哈根，你会看到一座城市的轮廓，这座城市坐落于一片从西边（地图的左边）延伸出来的陆地，且靠近东边（地图的右边）的水域。我们可以看到一条狭长的河流从北向南穿城而过，在靠近哥本哈根南部郊区的地方汇入一个海湾。在哥本哈根城内，我们看到了几个被勾勒出轮廓且有名字的行政区域或街区，包括 Frederiksberg、Vanløse、Nørrebro、Østerbro、Sundbyøster 和 Sydhhavnen。这幅地图是对整座城市的确切描绘，但它没有显示太多细节。

在数字化时代到来之前，对哥本哈根的街道和地点获得更多细节的常见方式是查找有关这座城市各个区域的地图，每幅地图都描绘了它所界定的空间，展示了更多的细节。事实上，几十年来，一家名为托马斯兄弟（Thomas Brothers）的公司经营着一项发展良好的业务，即销售各个城市的托马斯导览，包括城市内部各区域的地图集，且以不同的详细程度进行呈现。当然，今天要获得更多的详细信息就容易多了，我们只需要点击一下鼠标或者用手指在手机屏幕上触摸几下就能实现。你可以放大（或缩小）地图上的任意一个部分，而且，如果你不停地放大，你就能获得有关一个特定地点的极其详细的信息。

我们为什么会使用地图的放大功能？因为这样做可以把那些在较高抽象层次上被遮蔽或者忽略的细节揭示出来。从有助于我们感知整体架构的角度来看，高水平的抽象化能发挥很大作用，但是，它们遗漏的细节可能会引发重大后果。在一座新城市中，一条看起来能驾车从地点 A 前往地点 B 的便捷跨河路线，结果可能是仅限反方向行驶的单行线上的桥梁。我们只有放大地图后，才能找出正确的道路。

和地图一样，战略论证也可以在不同的抽象层次上被构建和陈述。到本章为止，我们此前阐述的论证都相当抽象，类似于我们在谷歌地图上输入"哥本哈根"后将会看到的图像。产生一个抽象程度高的战略论证将带来重大价值，因为战略论证的可变动部分越少，就越容易传达，而且它为战略争辩提供了一个总体架构。此外，正确的起始位置几乎总是处于抽象程度高的层次，只有这样才能让每个人都对战略格局的基本轮廓达成一致意见。

然而，对公司战略的全面理解要求深入钻研或者放大战略论证的某些特定方面，使之更充实、更具体。在我们看来，对战略论证进行详尽阐述的过程有三个潜在好处，我们将在本章中对其进行解释。首先，详尽阐述论证将使我们发现论证中没有明确说明或隐藏的必要条件（前提）。其次，正如我们在将战略地图转换为正式论证的过程中所见的那样，深入钻研背景假设和前提，通常会发现未明确表达的解释中的差异，或者认识到大家对同一个陈述会有不同的想法。最后，详尽阐述战略论证有助于在较高的抽象层面，重新思考直觉形成（或者被否决）背后的逻辑。

在本章中，我们将通过回顾沃尔玛的案例研究来解释这三个好处，并详细说明我们在第二章及第三章中所构建的论证的不同方面。我们既尝试通过进一步深入研究背景假设和前提来深化战略论证，也试图通过延伸解析其他现象的方式来详尽地阐述战略论证。实现这两点的方式有很多，所采用的方式最终应该反映你作为战略家的品位和艺术。而且，我们认为好的下一步几乎总会涉及对所列前提的原因（或者条件）进行识别和说明。从绘制战略地图的角度来看，我们建议提出一些可以放置于现有前提列表左边的深度见解，并通过箭头的连接，使其指向现有前提。这样做，我们就把现有的前提转化为需要在正式论证中进行证明的中间推理。简单地说，我们在因果链条上往回退了一步。

详尽阐述战略论证的实践

放大沃尔玛的战略地图

在第二章的沃尔玛战略地图中，我们以表 2-1 中关于其战略的想法为起始点展开分析（请回顾表 2-1 中的内容）。

　　然后，我们选取最重要的想法，在图 2-7 中构建了一幅展示因果关系（或者假设和条件）的战略地图。我们在图 8-1 中再次展示这幅战略地图。

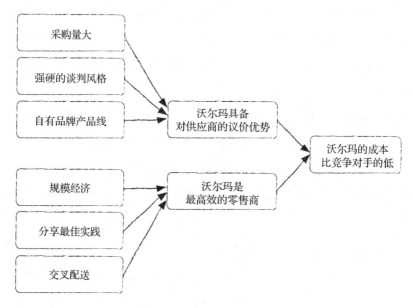

图 8-1　对沃尔玛成本论证的直观表述（扩展版）

　　在第三章中，我们把这幅战略地图中的一个组成部分转化为正式论证，内容如下：

　　　　前提 W₄：如果一家公司具备对供应商的议价优势，
　　　　　　　　那么它将拥有较低的单位输入成本。

　　　　前提 W₂：沃尔玛具备对供应商的议价优势。

　　　　中间推理 W₂：沃尔玛拥有较低的单位输入成本。

　　　　前提 W₁*：如果一家公司拥有较低的单位输入成本，

而且它的其他成本至少和竞争对手处于差不多的
水平，那么它的成本将比竞争对手的低。

前提 W_3：沃尔玛的其他成本至少和竞争对手处于差
不多的水平。

结论 W_1：沃尔玛的成本比竞争对手的低。

请大家注意，当我们试图解释如何绘制战略地图以及构建战略
论证时，我们有选择地聚焦于对一些内容的分析。特别是，我们放
大了沃尔玛所具备的对供应商的议价优势，并把其他未被选取的想
法留在表 2-1 中，排除在被分析的战略地图之外，最明显的例子是
关于沃尔玛作为零售商的运营效率的论证分支。我们也没有在关于
议价优势的因果关系链条上往后倒推，这在战略地图上包括采购量、
谈判风格及自有品牌产品线等想法。

因此，在试图详尽阐述论证时，第一个问题是：应该从哪里入
手？我们有几个选择。很明显，我们可能会回顾表 2-1，提取出"自
有货运业务"等想法。或者，我们可能会尝试完善论证中关于"沃
尔玛是最高效的零售商"的分支，我们也可能对论证中关于议价优
势的分支进行更为精确的分析。我们应该如何做？

我们认为，最佳起始点是一个对总体结论具有重要作用，但看
起来模糊不清或者复杂难懂的关键前提（关于这一点，我们在第六
章中讨论过）。为什么？原因主要有三点。第一，当我们在尝试对战
略背后的论证进行解析以尽可能使其清晰易懂时，一个模糊不清或
者复杂难懂的原因会起反作用，让战略变得模棱两可。第二，我们
认为，分解一个模糊不清或者复杂难懂的原因，有助于我们把深藏
在原因中的简单、直接的假设分离出来并对其进行监控。第三，把

原因分解为相对孤立的成分有助于给予管理层行动建议，对战略执行发挥有益作用。

当然，在许多案例中，确定哪些是具有模糊不清或者复杂难懂特点的关键前提是一个关乎判断的问题。要把这种判断作为运用逻辑制定战略的艺术的一部分。在关于沃尔玛的案例中，我们认为战略地图描述的大部分原因都可以从分析中获益。出于解释说明的目的，我们在这里首先选择第二章和第三章中提及的前提为出发点，即因为沃尔玛具备议价优势，所以可以从供应商处以较低价格购买物品。为什么？这个原因的关键性很清晰，如果供应商不能提供较低的价格，沃尔玛可能就不会保持比竞争对手低的运营成本，这样也就无法得出初步结论。而且，即使很容易陈述这个前提，对很多人而言，如何做到这一点并不是显而易见的，因为供应商通常不想（也不会）因为客户的要求而降低价格。此外，让供应商降低价格的方式有很多种，很重要的一点是去了解沃尔玛的战略，看它是否有任何独特的实践做法。

揭示隐性前提：采购量大

我们为沃尔玛绘制的战略地图最初包含与议价优势有关的三个原因：采购量大、强硬的谈判风格和自有品牌产品线。在第三章中，我们或多或少地忽略了强硬的谈判风格，没有把它纳入分析范围。我们之后再来讨论这个想法。我想先问一个问题：采购量大和自有品牌产品线如何使沃尔玛具备对供应商的议价优势？如果要得出这一结论，应该具备哪些原因、条件或假设？在这一步，我们想做的是把议价优势作为一个中间推理来解释。我们把它称为中间推

理 W_3。也就是说，我们现在聚焦的问题如下方图示所示：

采购量大 ⟶ 沃尔玛具备对供应商的议价优势

这个因果关系的逻辑依据可能符合大多数人的直观看法，即我们购买的量越大，就越有可能获得一个更低的单位价格。这是一个普遍存在的情形，不需要进一步解释。可能在大家看来，这是一个常识。

"常识性"假设通常会引发误解，并让我们陷入困境。例如，在关于沃尔玛的案例中，我们似乎能通过几种不同的中间机制把"采购量大"合理地转换为议价优势。这个中间机制可以是对供应商及其经济状况与日俱增的熟悉程度（得益于重复发生的高频率互动），也可以是供应商对购买方的高度依赖（原因在于这批采购是其产值的重要组成部分）。在一组对这些问题苦思冥想的战略分析师中，每个人可能都会想到一个不同的中间机制，他们会假设其他人和自己的想法一致，即便每个人头脑中的中间机制是大相径庭的。然而，分析师们必须要做的是，理解他们是否就某个有效的机制达成了一致意见，沃尔玛使用的机制是否具有共性且易于在其他地方实施，还是说它具有一定的独特性。另外，即使分析师们的头脑中想到的是同一个机制，他们可能也不理解这个机制的成功运作需要具备哪些条件。因此，当这些条件丰满起来且具体地呈现出来时，可能会反映出战略的局限，并提供额外的战略选项。关于这一点，我们将在下文中讨论。正式化的论证有助于让这些问题浮出水面，并提升中间机制及其成立条件的透明度。

因此，"采购量大使沃尔玛具备对供应商的议价优势"这个命题背后的逻辑是什么？在沃尔玛的案例中，它如何能成立？从概念上讲，我们的目标是把一个主要前提分解为一系列能够强调采购量大对议价所起作用的更为具体的前提。我们想从分析的角度把事情分解开来看。因此，我们现在以中间推理 W_3，即"沃尔玛具备对供应商的议价优势"为起点往后倒推，尝试把关于采购量大的前提分解为一系列更具深刻见地的前提。

这样做时，我们以一个对供应商的基本经济现象——规模经济的简单观察为起点。当大批量生产的单位成本比小批量生产的单位成本低时，规模经济就会发生，这是一种大家都熟悉且普遍存在的现象，适用于公司必须在第一批产出之前进行大量固定成本投资的许多制造业流程中。比如，在生产第一辆汽车之前，一家汽车制造商需要建一个工厂。随着产量的增加，这些成本就分摊在逐渐增加的产量中，因此，只要公司在产量增加的过程中没有发生其他变动成本，单位成本就会逐渐下降。因此，我们把这个前提具体陈述为：

> 如果一家供应商有大量的固定生产成本，且变动成本不会随着产量的增加而增加，那么产量的增加会产生较低的单位平均生产成本。

实际上，这个前提从定义上看是正确的，因此，我们可能称其为"定义"，而不是前提。对我们推导出的结论而言，我们使用哪种方式来对其进行具体陈述是没有关系的，但是，把它称作定义，确实能清晰地说明我们不需要担心它作为一个前提的真理值。因此，我们把它改写为（"WV"代表"沃尔玛的产量"）：

> **定义 WV_1：** 规模经济意味着一个拥有大量固定生产成本及不会随着产量增加而上涨的变动成本的供应商，将在产量越大时，产生越低的平均生产成本。

现在，我们想一想这对一个拥有多家客户的特定供应商而言意味着什么。如果这家供应商出于任何原因增加了产量，那么其相应产品的平均成本将会下降。因此，如果这家供应商的某款产品拥有多个客户，那么任何一个客户需求量的增加都会使供应商总产量的平均成本下降。我们进一步注意到，任何一个使供应商的产品平均成本下降的因素，都为供应商从其所有客户那里获取的边际利润增加创造了潜在机会，前提条件是价格保持不变。但是，价格可能不会始终保持不变，因此，我们把这个前提具体表述为：

如果一家供应商的平均生产成本下降，那么该供应商从某款产品的所有客户那里可能获取的边际利润将会增加。

或者，我们也可以把它按照定义的形式来写，并且不需要担心它的真理值：

定义 WV_2： 当一家供应商的平均生产成本下降时，它从某款产品的所有客户那里可能获取的边际利润将会增加。

现在，我们从供应商和大批量购买方的关系的角度来思考这对供应商而言意味着什么。大批量购买方对供应商具有吸引力，因为由这类购买方产生的规模经济将大幅降低单位成本，并提升边际利润，而这个好处也将惠及其他购买者，即使它们的购买量小。相比之下，小批量购买者对供应商的经济状况没有太大影响。由于大批量购买方带来的整体平均成本的下降，供应商要么可以通过获取较高的回报来增加收益，要么可以通过降低价格来获得更大的市场份额，或者两者兼得，同时，也可以提升相对于其他供应商的竞争力。这种情形可以通过一个把定义 WV_1 和 WV_2 相结合而形成的前提来做具体陈述：

> **前提 WV_1：** 如果一家供应商存在规模经济，那么一个大批量购买方的存在使供应商要么从每笔销售中获得更高的边际利润，要么对购买方降低产品价格。

如果有多个购买方，其中有一些显然对供应商更为重要，原因很简单，它们的规模更大，且对供应商的规模经济具有更大的影响力。规模较大的购买方属于那些因为其自身增添的购买量而使成本降下来的购买者。因此，我们可以再次从定义的角度来看待这一事实：

> **定义 WV_3：** 对一个存在规模经济的供应商而言，购买份额最大的购买者，（在所有购买者中）将对降低平均生产成本的贡献最大（对平均成本的下行影响最大）。

最后，我们设想一下发生在供应商和采购量最大的购买方之间的议价情形，特别是当这个大批量购买方是供应商规模最大的客户时。对供应商而言，采购量最大的购买方是最重要的购买者，而且，当该购买者的需求量与其他购买者相比出现增长时，该购买者的相对重要性也会提升。供应商确实需要这样的客户，原因很简单，失去这个采购量最大的购买方将会给供应商的整体边际利润造成最大的影响，特别是当没有其他客户能承担这部分采购量时，影响更为重大。留住这样的客户极其关键，因为这样做有助于供应商增加从其他客户那里获得的边际利润。相应地，相较于小批量购买方，供应商通常更乐意于接受大批量购买方给出的较低价格（并从中获取较低的边际利润）。相反，如果购买者意识到自己对供应商的成本结构具有这样的影响力，那么它就处于一个比其他购买者要求供应商给予折扣更有利的位置上。这个中间机制是议价优势的核心，我们将其具体陈述为：

> **前提 WV$_2$：** 如果供应商能持续从其他客户那里获取较高的边际利润，且最大采购需求很难被取代，那么供应商将愿意接受其最大客户的较低报价（较低的边际利润）。

我们把定义 WV$_1$、WV$_2$、WV$_3$ 及前提 WV$_1$、WV$_2$ 整合在一起，就可以得出我们所寻求的中间推理 W$_3$，对大批量采购如何带来对供应商的议价优势做出解释。为使其适用于沃尔玛的案例，我们需要再增加几个经验型前提：

> **前提 WV$_3$：** 沃尔玛从供应商处大批量采购了很多商品。
>
> **前提 WV$_4$：** 沃尔玛的许多供应商拥有大额固定成本的生产系统。
>
> **前提 WV$_5$：** 对许多供应商而言，沃尔玛在其客户组合中代表最大采购方，而且几乎没有能产生相同需求量的其他备选采购方。
>
> **前提 WV$_6$：** 供应商可以针对不同的客户提出不同的报价，因此，即使它们对最大的客户给予折扣，也能持续从其他客户那里获取较高的边际利润。

　　因此，定义 WV_1、WV_2、WV_3 和前提 WV_1、WV_2、WV_3、WV_4、WV_5、WV_6（由"且"作为连接词）一起得出了我们想要的关于沃尔玛具备对供应商的议价优势的中间推理 W_3（沃尔玛具备对供应商的议价优势，即之前的前提 W_2）。

　　通过这项练习，我们究竟可以得到什么？对许多读者而言，这个论证的逻辑是简单直观的，而且企业高管对规模经济的概念都非常熟悉，他们要么得益于在经济学领域的训练，要么是靠经验。对许多人而言，当他们声称"大规模采购给予了沃尔玛对供应商的议价优势"时，上述想法就是他们想隐含表达的意思，而这个逻辑的确看起来是如此明显，以至于可能没有对其进行详细说明的必要。

　　然而，在我们看来，把潜在逻辑清晰明确地表达出来几乎总是会有所收获。部分原因是并非组织中的每一个人都具备同等的经济学基础，而且在看到有关采购量与议价优势之间关系的初始命题时，可能不会想到这个特定的逻辑论证。如果一个逻辑是清晰的，它将为良好的沟通提供保障并使可靠的执行更具可能性。但是，更为重要的好处是，对逻辑进行详尽阐述有助于使隐含的假设浮现出来。在这个案例中，对逻辑进行详尽阐述清晰地表明，具备对供应商的议价能力的一个条件是供应商的生产过程存在规模经济效益。如果几乎所有供应商的成本都是可变的，那么对沃尔玛而言，尝试对其他供应商或者市场施加压力就没有太大意义了。因此，身处一线的谈判代表有必要理解供应商的经济状况。类似地，前提 WV_2 清晰地表明，成为最大规模的采购商还不是充分条件。为了获取议价优势，对沃尔玛而言，在它自身离开谈判桌的情况下，供应商要找到一个替代对象必须是有难度的。把这项要求分离出来会产生一个有用的深刻洞察，即随着亚马逊的发展，沃尔玛的议价优势会有所削弱。

这项练习带给我们的启发是，即使领导团队成员已经接受了基本命题，详尽地阐述一个论证也有助于让隐含的假设浮现出来。事实上，正是当领导团队一致认为详尽地阐述战略论证能够发挥作用，且其他团队成员持有不同意见时，建设性论证才更有可能发生，隐含的假设也才更有可能浮现出来。但是，在明显已经达成一致意见时，这些假设更有可能隐藏不露。

发现理解上的差异：自有品牌

战略地图的第二个论证分支与自有品牌相关。这些品牌由零售商所有、设计、采购，而且零售商使用"自有"品牌进入市场。自有品牌对消费者具有吸引力，因为与其他品牌的产品相比，它们通常价格较低且质量有保障，尽管消费者眼中的质量差异程度往往具有不确定性。在沃尔玛，84% 的消费者至少会购买一件自有品牌的产品。[1] 在大型零售商中，自有品牌是受欢迎的，因为它们可能会带来较高的边际利润，而且，因为制造流程被外包，所以，自有品牌产品的生产既能快速启动，也能快速停止。亚马逊在 2009 年推出了亚马逊倍思（AmazonBasics），它起初仅有少量产品（比如电池），但在 10 年后，这个自有品牌产品线提供了超过 1500 种商品。[2] 沃尔玛拥有多个成功的自有品牌，包括 OI'Roy（一种非常畅销的狗粮）、Equate（保健、美妆和非处方药商品）、Parent's Choice（婴幼儿产品）、Mainstays（家居装饰和器具），以及各种各样的服饰品牌，包括 Time and Tru（女装）、Terra & Sky（加肥加大的服装）、Wonder Nation（儿童服装）和 George（男装）。

在沃尔玛的战略地图上，我们提出了一个暗示自有品牌产品线给沃尔玛带来议价优势的前提。我们现在要问：为什么会是这种情况？什么样的自有品牌可以带来议价优势？和大批量采购的论证分支一样，我们在这里要做的是对因果关系进行解构，使得有助于强化这项优势的机制和条件变得清晰、透明。我们的预期结果还是中间推理 W_3 中陈述的议价优势，但是路径转换为自有品牌。为了把自有品牌和拥有广泛消费者基础的其他品牌，比如可口可乐、百事可乐等区别开，我们统一称其他品牌为"第三方品牌"。

我们重新思考一下，我们想支撑的中间推理是沃尔玛具备对供应商的议价优势，然后我们来开始正式的逻辑论证。我们要坦承，在讨论自有品牌会产生议价优势的原因时，我们（作者）意识到彼此想到的过程是不同的，这恰恰证明了详尽论证的价值。产生这个问题的原因在于对中间推理的陈述不精确，只有当我们考虑到拥有自有品牌商品的影响时，中间推理才会变得清晰。当我们提到"供应商"时，我们是指自有品牌商品的供应商，还是可口可乐、百事可乐等第三方品牌的供应商？我们对这个问题的直觉是不同的，其结果是，我们当中有一个人在指自有品牌商品的供应商，而另一个人则指第三方品牌商品的供应商。在沃尔玛的案例中，这并不是什么问题，因为这两种想法看起来都有可能是正确的，而作为合著者，我们也希望保持和谐关系，这仅仅意味着我们需要针对自有品牌商品的影响构建两个子论证。然而，我们意识到的这一点，证明了详尽阐述论证的一项价值是揭示人们对简单陈述命题的不同理解。

在澄清了这一点后，我们开始考虑为什么沃尔玛可能具备对自有品牌供应商的议价优势。部分原因和我们在前一小节中的论述有关。对众多自有品牌供应商而言，沃尔玛看起来是采购量最大的购买方。除此之外还有其他驱动因素吗？我们认为有。作为自有品牌商品的采购源，沃尔玛并不向消费者披露制造商的信息。因此，像沃尔玛等自有品牌的所有者具备较大的灵活性。它们可以同时从多个供应商处购买商品，也可以在市场销售周期中看准时机来购买商品，同样也能以大批量采购为担保来购买商品，所有这些做法都为沃尔玛在采购产品时，获得相对于自有品牌供应商的议价优势。

这些战术的成功率可能不是百分之百的，因此，我们再次提出问题：战术成功的时机是什么时候？这些战术在什么条件下会成功？一个显著条件是产品的转换成本低，这意味着自有品牌所有者在不需要面对巨大困难或者投入启动成本的情况下，就可以把生产流程交给另一个制造商来承担。另一个条件是当供给端的产能过剩时，意味着闲置设备和资源可以被用于创造一些正向收益（而不是闲置时的损失）。我们把这些条件集合在一起就可以得出如下论证（"WP"代表"沃尔玛自有品牌"）：

> **前提 WP_1**：自有品牌商品前提使购买方承担低廉的转换成本。
>
> **前提 WP_2**：自有品牌商品的制造商整体拥有过剩产能。
>
> **前提 WP_3**：如果购买方能以低成本更换制造商，并且购买方可以从产能过剩的生产商那里购买商品，那么购买方将具备对制造商的议价优势。
>
> **前提 WP_4**：沃尔玛是一个自有品牌产品的购买方。
>
> **中间推理 W_3**：沃尔玛具备对供应商（自有品牌产品的制造商）的议价优势。

这些条件确实将拉低自有品牌商品的价格，但是，拥有自有品牌如何能有助于获得对第三方品牌的议价优势？一种可能性是，拥有一个成功的自有品牌使零售商在与第三方品牌进行谈判时，处于一个随时可以抽身离开的较有利位置。原因在于，因失去第三方品牌而造成的营业收入损失，至少可以通过消费者转向购买相应的自有品牌产品而得到部分弥补。例如，如果沃尔玛有信心让大多数消费者满意沃尔玛的自有狗粮品牌 OI'Roy，因不销售普瑞纳的产品而造成的营业收入损失将在很大程度上由其自有品牌产品所创造的更大的边际利润来弥补，那么它就会强硬地和普瑞纳讨价还价。我们可以通过如下方式对这种直观看法进行陈述：

> **前提 WP$_5$**：如果与第三方品牌相比，一家零售商的自
> 有品牌产品能创造更大的边际利润，那么，这家
> 零售商将相对于第三方品牌的供应商具备较大的
> 议价优势。

这个论证的关键在于前提 WP$_5$ 的前置条件是否成立，即我们必须证明自有品牌产品比第三方品牌拥有更大的边际利润。一个理由是我们在上文中所证明的零售商具备对自有品牌制造商的议价优势。但是，还有其他理由可以用来解释较高的边际利润吗？答案是有。一个主要因素是自有品牌几乎不承担任何广告和营销成本，而第三方品牌则需要投入巨大成本来维护品牌知名度。当然，大众化的品牌通常也拥有较大的采购量（以可口可乐和连锁食品店的自有可乐品牌相比为例），因此它们在生产中享有规模经济效益，并且拥有较低的单位生产成本。这意味着广告和营销成本与规模经济效益是可以抵消的关系。在产量相同的前提下，自有品牌产品的价格应该更低，因为它没有广告和营销成本。因此，自有品牌是否可以被大批

量采购是很重要的。

> **定义 WP$_1$**：自有品牌不会产生或者只产生非常低的广告和营销成本。
>
> **定义 WP$_2$**：第三方品牌需要花费大量的广告和营销成本。
>
> **前提 WP$_6$**：如果第三方品牌的规模经济效益所节省的成本没有超过它的广告和营销成本，那么，自有品牌产品就能以比第三方品牌更低的成本来供货。
>
> **前提 WP$_7$**：对于和沃尔玛自有品牌处于同一个产品类别下的第三方品牌，其规模经济效益所节省的成本没有超过它的广告和营销成本。
>
> **中间推理 WP$_4$**：沃尔玛能以比第三方品牌更低的成本采购自有品牌产品。

现在，我们转向交易的消费者方，因为消费者对购买自有品牌商品的意愿将决定这些商品的边际利润。与第三方品牌相比，消费者购买自有品牌商品的意愿有多大？这显然因人而异，因产品种类而异。然而，总体来看，我们似乎可以假设消费者对购买自有品牌商品的意愿较低是合理的，因为他们通常对自有品牌产品的质量不像对第三方品牌那样有信心，部分原因是第三方品牌在市场营销时强调优质成分和产品创新等。但是，消费者的支付意愿要低到什么程度才能抵消自有品牌商品所节省的成本？

我们很难从抽象的角度给出一个精准的答案，但是，我们可以考虑第三方品牌可能会提出溢价要求的一些原因。让这个子论证圆满收尾的一个简单方法是加入一个经验型前提：

前提 WP_8：沃尔玛自有品牌商品相对于第三方品牌的
价格下降幅度将小于成本的下降幅度。

我们把中间推理 WP_4 和前提 WP_5 结合在一起，就产生了我们想要得出的中间推理：

中间推理 W_3：沃尔玛具备对（第三方品牌）供应商的
议价优势。

从一个层面来看，在战略论证的关键阶段依赖于一个像 WP_8 一样的经验型前提是非常不理想的做法，因为作为外行，我们不具备判断它是否成立的基础。对公司内部的人员而言，就算他们可能有能力评估价格和成本的差异，这个前提也不太尽如人意，因为它会使我们对前提 WP_8 为什么成立以及在什么条件下成立的洞察发生"短路"。但是，从另一个层面来看，前提 WP_8 在本质上也是有些价值的，即它迫使我们意识到，要具备对第三方品牌的议价优势，哪条经验必须成立。根据我们的判断，相较于有关自有品牌的成本优势的中间推理，这个前提成立的可能性更低。单纯地从这个前提本身来看，它给领导者提供了一个根据直觉来大胆确认自有品牌在什么条件下能创造议价优势的机会。我们可以设想几个产品类别，比如对红酒来说，WP_8 一般不会成立；但对狗粮而言，WP_8 成立的可能性很大。但是，把这些直觉背后的逻辑讲清楚超出了本章的范围。

在本小节末尾，我们想再次强调对初始的简化论证进行详尽阐述所能带来的真正好处，即让理解上的根本性差异浮现出来。只有对这条论证支线进行详细说明，我们才能充分认识到自有品牌产品对供应商的议价优势可以产生两类不同影响。

反思直觉：沃尔玛的谈判过程

现在，我们回顾一下沃尔玛的谈判过程。在第二章和第三章中，我们剔除了"强硬的谈判风格"这个初始前提，因为我们认为它过于肤浅且难以令人信服。而且，当你着眼于公司的信念和供应商的经历时，关于沃尔玛与供应商的谈判方式看起来会有重要发现。与沃尔玛谈判的经历是出现在知名媒体、商业案例及更复杂的分析情境中的公司传奇故事的重要组成部分，而且几十年来似乎一直如此。从一个分析的视角来看，当一种模式循环往复地出现，大家就有理由相信这种现象的发生存在一个系统性的原因。因此，我们不应该在第二章和第三章中抛弃我们初始的直观想法，而是可能需要重新思考其背后的逻辑。

为什么沃尔玛想打造一种强硬地、单刀直入地讨价还价的名声？我们猜测，一个原因是限制徇私、滥用影响力及轻微腐败行为的发生。实际的讨价还价和定价行为都由沃尔玛员工个体在和供应商的销售人员的互动中完成。大批量采购使控制与大批量供应商谈判过程的员工不仅拥有权力，还容易受影响力和个人偏好的左右。而且，供应商的销售员通常会受到销售利润的强烈激励，因为沃尔玛的采购量大，它带来的利润可能也相当多。简而言之，销售人员有理由以好酒好菜来款待他们的客户。另外，当企业定期发生如此大批量的采购时，对购买流程进行监控的难度很大。一家能够防止贿赂花招发生的公司要比一家做不到这一点的公司拥有更低的成本。

我们可以通过如下方式来使这个论证更加正式化（"WN"代表"沃尔玛式谈判"）：

> **前提 WN₁：** 如果一家组织的采购人员进行大批量采购，并控制一笔大额预算，那么该采购人员和组织将面临因供应商迫切地想赢得生意而可能引发的滥用影响力和投其所好的问题。
>
> **前提 WN₂：** 沃尔玛的采购人员进行大批量采购且控制着大额预算。
>
> **中间推理 WN₁：** 沃尔玛及其采购人员面临因供应商迫切地想赢得生意而可能引发的滥用影响力和投其所好的问题。
>
> **前提 WN₃：** 如果一家组织能消除其采购过程中供应商所引发的滥用影响力和投其所好问题，那么它的采购成本将下降。

沃尔玛如何在其采购过程中消除有关影响力和个人偏好的问题？我们的直观看法是这一定与其强硬的谈判风格有关。但现在，我们必须说明强硬的谈判风格有何具体含义。在人尽皆知的传说中，沃尔玛的采购人员很少会大声叫嚷，更多的情景是要求供应商在某个特定时间到沃尔玛的总部，在陈设简陋的办公室中会面，然后以一种预先约定的方式提出报价。换句话说，供应商和购买方以非常合乎标准的方式开展互动。尽管我们没有具体说明沃尔玛使用的各种技巧，但我们还是把这个观察融入论证。这一关键的因果关系命题就是前提 WN₄：

> **前提 WN₄：** 在提供报价及开展谈判时，如果一家组织

要求潜在供应商遵循规范、透明且不受人情世故影响的流程，那么，它就能在与供应商的谈判中降低影响力和个人偏好影响谈判的可能性。

前提 WN_5： 在提供报价及开展谈判时，沃尔玛要求潜在供应商遵循规范、透明且不受人情世故影响的流程，以此来谨慎地控制和监督采购流程。

中间推理 WN_2： 沃尔玛的谈判风格降低了供应商的影响力和投其所好行为对其采购流程造成影响的可能性。

在得出这个中间推理后，我们现在可以证明前提 WN_3 中先决条件的合理性，并可以得出这样的结论，即沃尔玛的谈判风格有助于其降低采购成本。

中间推理 WN_3： 沃尔玛的采购成本将（因其谈判风格）有所下降。

我们还可以进一步阐释这个论证，但在本章中就不展开来谈了。一个自然而然的追问是，为什么沃尔玛能将这些严格的谈判程序强加于供应商。答案可能与采购量有关，我们把这个论证留给读者自己构建。

这个例子证明了详尽阐述论证的又一个优点。回顾一下，我们在第三章中拒绝了"强硬的谈判风格对沃尔玛的成功起着一定作用"这一初始直观看法。原因是初始论证的形成依赖于一个看起来令人难以置信的简单的因果关系命题，即"如果一家公司拥有强硬的谈判风格，那么它将具备对供应商的议价优势"。它看起来很容易让人想到例外情况，因此，即使我们构建的这个论证在逻辑上是合理的，我们也认为这个前提不成立。但是，我们从直觉上仍然怀疑沃尔玛的谈判风格对它的成功起着一定的作用。当再度考虑这个直观看法，并采用一个不同的论证方法时，我们对沃尔玛成功逻辑中的另一个因素产生了更加深刻的见解。

章尾思考

我们在本章中尝试说明如何充分、深刻地阐释一个战略的逻辑分析过程。我们接着第三章中对沃尔玛战略的正式论证，展示如何在使沃尔玛具备对供应商议价优势的条件或前提的因果关系链条上往后倒推，以此来更详尽地阐释战略论证。具体而言，我们构建了3个可能给沃尔玛带来议价优势的子论证或中间机制，包括它的采购规模或数量、对自有品牌产品的使用以及十分严格的谈判流程。

有争议的一点是，这3个中间机制中的任何一个都能单独推导出沃尔玛的优势，因此，这些子论证可能适合用"或"来连接。但是，经济学家及其他人士做出的多项分析表明，沃尔玛受益于全部3个子论证。因此，即使我们不需要3个子论证都成立，但不论是从关心沃尔玛切身利益的角度，还是从作为竞争对手寻找良机的角度，把这些子论证全部找出来并进行监控看起来都是有用的。全部3个子论证看起来都成立的事实也表明了沃尔玛所具备的优势的深度和可持续性，至少相对较小型的实体零售商来说是如此。

我们意识到，本章中提出的这类分析具备非常高的层级，而且在许多情形中比企业高管或者公司本身的需求还高出很多。我们认为，这不仅是因为这些论证在技术上是复杂的——这些精细化的论证主要由较长的前提的集合组成，其中一些与社会和经济过程有关。

论证复杂性的提高主要源于更多的细节及更长的假设条件列表。我们相信，几乎每位高管都能应对好这一点。问题在于价值，即通过付出额外努力来如此详尽地阐释论证究竟能获得多少价值？

鉴于我们完全有可能需要如此详尽地阐释这些论证，这个问题就显得尤其重要。回顾一下我们在前文中提及的类比，你可以在地图上过度地进行缩小或者放大操作。每个使用电子地图的人都有这种矫枉过正的经历，即（在一个错误的地点）过度地放大目标，然后你就会获得多于你实际所需要的信息。你对自己在地图上所处的位置丢失了线索，且没有定向点能锁定自己的位置。你迷失在细节中，只见树木，不见森林。

即便是应用战略地图和逻辑，在将战略理论化的过程中也会轻易地出现同样的经历。正如我们在本章中介绍的，正式的理论通过对某个特定的方面、特征或者机制进行打磨，能够把分析范围越收越紧。如果是从加深个人理解的角度来看，这是一个显著优点。然而，越收越紧的论证聚焦点可能没有尽头，战略领导者最终需要的是采取行动。一则有名的寓言故事讲道，一个孩童看到一只大型海龟的龟背上有一张地球图像，他问自己的父亲："这只大海龟的下面是什么？"这位父亲回答道："另外一只海龟。"在经历了几个回合的对话之后，这位父亲最终以结束对话的语气说道："一直往下都是海龟。"理论性假设也是同样的道理，越来越深入地探究假设就意味着越收越紧的论证聚焦点没有尽头。这是理论的一大优点，但也是理论的一大危险因素，即对潜在的假设和前提进行太过深入的挖掘可能会让你大幅偏离你要研究的问题本身。对制定战略的企业高管而言，这意味着把自己带入一个影响力无处可施、理论空洞无物且分析毫不相关的世界。构建理论和制定战略的艺术包括精准理解展开分析的抽象及细致程度。

　　你应该走多远？你如何避免只见树木，不见森林？归根结底，这是一个关于判断的问题，而且取决于手头的战略问题。我们意识到，这可能是一个令人惴惴不安的答案——如果你是一个新手，而且不具备，甚至不了解什么是良好的判断力，又该怎么办？答案是判断源于经验。你越是把战略当作一个理论，你就越能具备良好的直觉来找到适当的抽象层次，并知道何时止步。获得此类经验最容易的方式可能是对其他公司进行战略分析，无论你是从新闻媒体、商业案例中阅读它们的战略，还是依靠亲身经历获取第一手的信息。商学院中的很多 MBA 教学都基于同样的原则：案例教学和分析不是为了提供一个行动模板，而是要让学生具备构建和详尽解释战略论证的经验，以理解论证中的哪些假设在不需要进一步证明的情况下就能被接受，并磨炼大家对进一步解释在什么条件下会产生丰硕成果的直觉反应。

　　简而言之，战略理论化是一个具有高度重复性的迭代过程。因此，以一个初始理论或者正式化的论证为起点，尽可能深入剖析，然后，把它搁置一下，之后再次进行审视，你可能会有不同的发现并找到新的切入点。这样做也有助于向其他人展示战略论证，并运用第四章中介绍的方式进行讨论、争辩和论证。其他人提出的问题将引导你看到对理论表达不清的地方，或者未经明确论证便假设成立的条件。当你论证得有点过头，没有产生什么深刻见解或者迷失在细节中时，其他人也会告诉你。这时，聆听一下他们的看法。

　　你得到的部分教训将来自这些经验——犯错误，太过于深入细节或者背景假设，抑或是不够深入细节，过后才认识到，再进行校准。在任何一个校准环节，我们也强烈相信，相较于把细节放大，并深入探寻理论下潜藏的"一摞海龟"，观看整片森林并放弃探究细节要容易得多。因此，对于刚开始运用这些工具的人，我们的建议是在起步阶段，尽可能深入地构建你的理论。然后深入一点，再深入一点。在某个时点，你就没有能力再进一步深入了，或者你会意识到再深入也没有什么价值了。在那个时点，你不应该停下来，而是应该往回倒推，着眼于整体，并推测从哪个地方开始迷失在了森林中。我们还提倡在与其他人交谈或者争辩的时候采取这种做法。当你的同事认为你太过深入细节时，他们通常是乐意告诉你的，而且，如果你不能说服他们，你就很有可能已经过于深入了。

论证的目的也决定了应该对论证的哪个部分进行扩充和构建。正如我们在前文中的论述，沃尔玛面临的最大挑战从总体上看将来自网上零售商店，尤其是亚马逊。而沃尔玛取得的巨大成功发生在一个与之不同的世界中，至少在消费者行为方面是这样的。我们设想，在沃尔玛高管的头脑中，有关消费者行为的假设是如此根深蒂固，以至于他们很难意识到这些假设，更别提对其进行评估了。如果是这样，我们几乎不会怀疑对线上的及其他的消费者进行深入、详尽的分析能为沃尔玛带来的价值。沃尔玛需要理解它所面临的问题是什么，以及它的旧有模式将在多大程度上对其产生阻碍作用（这当然也是沃尔玛收购在线明星店铺 Jet 的部分原因）。即便开展了有效的逻辑分析，沃尔玛的高管在能否正确采取所需的战略制定步骤上还是会遇到问题的。我们将在第九章和第十章中解决这些与战略制定有关的问题。运用逻辑工具来制定未来战略不仅需要使用我们已经回顾和学习到的知识点，而且也需要稍微做出调整来面对与未来相关的具体问题。

主要观点总结

- 实现战略论证可视化和正式化的初次尝试通常聚焦于以概括的方式捕捉成功逻辑，而核心逻辑将以高度抽象的方式来表示。这个强有力的起始点为针对核心战略问题达成一致提供了一个框架，且易于沟通。但是，被忽视的想法可能具有结论导向性，尤其是当战略需要付诸行动时。领导者应该有意愿通过放大某些因素的聚焦方式来详尽阐释战略论证。

- 详尽阐释战略论证将给战略过程带来三方面的好处。第一，它通常能发现初始论证中更多必要的隐性假设。第二，它能使领导者在面对同一个陈述时，意识到他们的想法可能不尽相同。第三，它为重新思考在初始论证中可能被抛弃的战略直觉提供了一种工具。

- 战略制定涉及循环往复的过程，即一方面在具体的事实和经验之间来回切换，另一方面在抽象概念和理论性命题之间来回切换。归根结底，论证战略的技艺包括精准判断展开分析的抽象层次。这种抽象层次要为掌控不可预见的情形提供充分的一般性见解，但也不能太过抽象，以至于很难应用于组织的日常战略分析。领导者在制定和评估战略论证的经验中形成和锻炼了这样的判断力。

第九章

品质认知战略

对品质认知战略进行论证的好处

2017 年秋季，一则 30 秒的商业广告出现在了电视屏幕上。这一系列快速流转的画面令人感到不安，也多多少少有些熟悉感——都是些一刹那间的镜头的组合和高分贝噪音：

- 强光冲破漆黑的夜空，随之出现的是因原子弹爆炸而形成的一朵蘑菇云。
- 一间拥挤不堪的房间中，满地站着、躺着的都是媒体的摄影师和记者。
- 一个看起来像是恐怖分子的络腮胡男子正在宣读声明。
- 在一个画质粗糙的航拍画面中，一幢被导弹击中的大楼的顶部崩塌，只留一团烟雾。

- 一位摩托车骑手掏出自动化武器装备朝着汽车开火。
- 一支孤零零的康茄舞鼓被放置在昏暗的舞台上。
- 一个造型优美且富有时尚感的虚拟现实面具。
- 一大群人将开启了闪光灯的手机举向天空。
- 电路装置被暴露在空气中的电子设备面板上。
- 在一家风力发电厂中，一组密集排布的纤弱且具有现代感的白色风车在微风中轻轻转动着。
- 在一个手忙脚乱的医院场景中，一个受伤的病人被放在抢救床上推入急诊室。
- 后面还有一个接一个的画面……

而这只是这则广告的前 7~8 秒。

在背景声音和令人倍感压抑的警笛声中，一位男士的画外音响起，他以一种沉重、严肃的语调说："这是一个嘈杂、混乱、令人费解的世界。如果每个人都能把这个世界看得更加清晰一点该多好。要把虚假信息和事实区分开。如果我们都能理解这个世界在发生什么该多好。这个世界需要多一位《经济学人》读者。"

很少有盈利性的公司会如此自高自大，敢把自己的营销宣传基调定位于世界的命运取决于你是否购买了它们的产品。但是，《经济学人》就是如此大胆，而且历来如此。这种方式一直是行之有效的，尤其是最近几年。尽管报刊的销售量和利润都在大幅下降，但《经济学人》却是一个显著的例外。美国发行量审计局的数据显示，2018 年年末，每期《经济学人》在全球的平均销售量超过 1 650 000，其中有约 800 000 份是印刷版，其余是电子版。在它的最大发行市场——北美，《经济学人》的平均发行量接近 900 000（近 500 000 份是印刷版），其中 98% 为付费购买量。《经济学人》的规模持续扩大，展现了良好的盈利能力。2017 年，《经济学人》的收入较前一年增长了 4%，达到了历史新高。与采用高度依赖广告宣传的传统业务模式的报纸和杂志不同，《经济学人》的大多数收入来源于杂志订阅费，它的订阅价格高，还要求为获得印刷版和电子版的访问权而分别付费。相比之下，其他更多依赖广告宣传的美国新闻杂志，比如《新闻周刊》《时代周刊》《美国新闻与世界报道》和《新共和》则全部因为互联网的崛起而遭遇了挫折。其中一些甚至濒临破产的边缘。没有一家这个规模的其他杂志能通过付费订阅的方式生存下来。

在互联网普及、新闻可以免费并广泛获取的时代，《经济学人》脱颖而出，在一个发展环境艰难的行业中建立了可持续的竞争优势。与西南航空和沃尔玛相比，我们认为《经济学人》的竞争优势有两个根本性的不同之处。具体而言，《经济学人》不像这两家企业，它不追求低成本的价值创造优势，恰恰相反，它的定位是不折不扣地建立品质认知优势。（关于两者在战略学中的通用区别，请参考附录 B。）追求品质认知优势的公司专注于提升消费者的支付意愿，或者是寻找相比于竞争对手，消费者能在其产品或者服务中看到更多好处的方式。对比之下，追求低成本优势的公司主要在消费者的支付意愿方面与其竞争对手展开竞争，它采用的是低成本战略。沃尔玛不会试图说服你，你在其店里购买的汰渍洗衣粉要比你在街角市场购买的同款产品质量好。相反，它会以较低的价格把洗衣粉卖给你，因为它的成本要比街角市场的成本低廉很多。《经济学人》则不同，它会直截了当地努力说服你，与竞争对手相比，它的新闻报道的质量更卓越。

这个广告短片与《经济学人》的经营战略非常契合。它充分说明了一旦战略在整个组织中得到传播和理解，具体的公司行动就会由战略来引导和调整。当然，我们也会怀疑，如果把这则广告套用在其他杂志或报纸上，它自以为是的傲慢态度可能会在无意中得罪订阅者。

在本章中，我们将把构建战略论证的活动应用于《经济学人》的案例。除了提供另一个机会来证明推理工具的用途之外，聚焦于《经济学人》案例有助于我们证明追求品质认知优势的公司在构建战略论证时所面临的具体挑战。这些不同寻常的挑战源于品质认知优势的本质。

为品质认知优势构建战略论证的核心挑战是清晰地表达和构建一个消费者偏好理论，即关于一款产品或一项服务如何提升不同类型的消费者的支付意愿的一系列清晰陈述的命题。正如战略教材（和附录 B）中的讨论，在成本水平一定的情况下，品质认知优势取决于公司在潜在购买者中能激发高于其竞争对手的支付意愿的能力。因此，品质认知战略的成功取决于能否理解消费者支付意愿的驱动因素，且需要明确哪些特征可能为消费者创造更大的好处。追求品质认知优势的公司把注意力不偏不倚地放在消费者身上。相较之下，正如我们对西南航空和沃尔玛的观察，一家追求低成本优势的公司的领导者则主要注重深刻理解商业模式中的成本驱动因素，并在不降低消费者体验的前提下，寻找提升效率的方式。

品质认知优势和低成本优势的不同聚焦点为构建战略论证的过程产生了两个重要结果。第一个结果是，对低成本战略而言，其论证中的许多（但并非全部）核心因果关系命题在众多不同类型的且拥有不同类型的消费者的公司中都是通用的。因此，关于它们的争议比较少。例如，许多低成本公司依赖规模经济来获得成本优势。

因此，它们的战略论证将包括一个这样的理论性前提："如果固定成本在总成本中占据重大份额，那么，单位平均成本将随着产量的增加而下降。"这个陈述对战略论证是极其重要的，而且，因为它是经济学（和会计学）中的一个普遍原则，因此对它的引用不可能引起太多争议，而且它适用于任意行业任意类型的公司。

而采用品质认知战略意味着许多潜在的评估标准能够发挥作用，而且，不同的消费者群体可能会关注完全不同的品质维度。例如，在汽车市场，一些消费者注重速度和操控性，一些消费者关注舒适度和奢华度，还有一些则看重安全性能。每一个消费者群体都代表对品质的一种认知。在关于品质认知优势的战略论证中，核心的因果关系命题将与消费者对不同的产品属性或活动做出的反应有关。这些命题更有可能展现了具体的产品种类和不同消费者群体的特质，因此它们依赖更多与特定背景相关的知识。

出于这些原因，在一个典型的消费者市场中，一般会有若干个不同且有成效的品质认知战略，以及不同的战略逻辑。相比而言，对于展开成本竞争的公司，其战略逻辑的变化一般较少。我们再来看看汽车行业的例子，有人可能会说丰田的战略逻辑聚焦于可靠性，沃尔沃聚焦于安全性，宝马聚焦于操控性。我们认为这种差异化增加了战略分析师的工作难度。追求品质认知优势意味着一家公司有能力提供具有独特性的产品或服务，而且消费者会发现它的产品（服务）比竞争对手更胜一筹。换句话说，战略分析师必须想清楚如何从吸引力和潜在边际利润的维度来对苹果和橘子进行比较。

第二个结果是，对公司的领导者而言，低成本战略论证中关于因果关系的命题通常更容易得到验证，因为获取准确、详细的成本结构信息的可能性更大。成本是非常容易衡量的，而衡量支付意愿的难度则要大很多。特别是当公司向消费者出售产品时（与向另一家公司的生产流程出售原材料相比），为提升支付意愿而采取不同行动所带来的影响是很难评估和量化的。大家要认识到，当一名消费者以一定的价格购买一件产品时，能够确定的是消费者的支付意愿超出了价格，但是超出多少是无法明确衡量的。因此，战略领导者必须更多地依赖非直接的方式来验证战略论证中的核心命题。我们认为，这意味着追求品质认知优势的公司的领导者必须对有关公司行动与消费者支付意愿之间关系的假设的本质予以明确。

如果逻辑论证能够帮助大家领会和理解低成本战略（基本上仅在一个维度进行比较），那么它对包含更多维度的品质认知战略将产生更大的价值。但是，品质认知优势的本质使得构建战略论证的难度增大——其战略逻辑很难讲清楚，因为它因公司和战略情境的不同而不同。问题的很大一部分在于，除低成本战略中的所有因素之外，在分析品质认知战略时，战略分析师还需要把战略中隐含的消费者吸引力理论表达清楚。他必须回答这样一个问题："消费者究竟想要什么？"我们通过分析《经济学人》的战略来阐明这样的论证。

对品质认知战略进行论证的实践

案例分析：《经济学人》

《经济学人》于1843年在英国创刊，它自称为新闻报刊，但在大多数读者看来，它更符合新闻杂志的风格。《经济学人》每周发行一期，它对全球范围内发生的事件和趋势进行报道，更多地聚焦于经济和政治事件，而不是时尚或者生活版块，即便它偶尔确实会触及这些话题。[1] 它大多数文章的篇幅较短，内容是对特定话题的新闻报道的摘要汇编，旨在让读者快速阅览全球发生的最重要事件。然而，该杂志也以对人工智能、能源地缘政治等特定话题的特别报道著称，而且其分析也比常规报道更加深入。许多读者认为《经济学人》的文章不落俗套且能给人以智慧的启示。例如，《经济学人》在2018年报道了一个中国的文化禁忌如何使为处于弥留之际的病重患者建设和管理疗养机构具有很大难度的故事，这是一个大多数读者从未思考过的话题。每期杂志的开篇都是由其编辑撰写的社评，以铿锵有力的言辞和不失幽默的风格阐明《经济学人》独到的世界观以及特立独行的意识形态，这让它在传统的非左即右的观点表达面前显得格格不入。

《经济学人》把目标读者群定位于全球。它的主要读者群体来自美国和英国，但是，亚洲、拉丁美洲、非洲国家中参与全球经济体系且接受过良好教育、会讲英语的中产阶级的兴起也为该杂志创造了收益。该杂志的内容和市场营销都以见多识广的读者为目标受众。它的文章通常触及看似深奥难懂的小众话题，比如印度尼西亚偏远小岛上选民的政治敏感度、埃塞俄比亚的新闻自由状态、印度消费者对待黄金态度的转变，以及一周来发生的重大事件。因此，《经济学人》的宣传口号是，编辑不要为读者可能想读哪些内容而发愁，而是要主动提供读者需要的内容。文章不能只是汇总事实，而是要提供观点。该杂志的一名记者告诉我们，当他被录用时，主编告诉他，这是一份"传递观点的报纸"，而不是一份传递新闻的报纸，记者的角色是"坐在月亮上看地球"，然后做出评论。该记者对这个短语进行了一番详细解释，他说，这个短语的意思是，虽然你应该有立场并对此进行论证，但你应该从一名无党派人士的视角（即站在月亮上的人）来看问题，并严谨地对待其他所有论证。这名记者还说道，《经济学人》拒绝在文章中加入较多的数据、图片来替代文字，因为它认为读者更想要获得被论证的观点。因此，《经济学人》的文字量大，而且，与大众化的新闻杂志和报纸相比，其文章内容的复杂度要求读者具备较高水平的阅读理解能力。

鉴于其内容有高度，且创刊于英国，《经济学人》对众多读者而言意味着知识、分析等方面的复杂性。我们访谈过的记者说道，许多人认为《经济学人》的风格是傲慢无礼、自命不凡、枯燥无味的，用英国人夸张的腔调来说就是"威廉效应"⊖。《经济学人》欣然接受这种特立独行、老练犀利的感觉。除上文中介绍的电视广告之外，《经济学人》还有长期使用的一系列文案广告，它采用简单的"红底＋白字"的大字报形式，标志着其读者群体的独特性，文案内容如下："高处不胜寒，带点东西来读"；"再为你的狂妄错觉添把火"；"给同行制造压迫感"；"目标读者群是那些不屑于开设脸书账号的人"。高额的订阅价格也为读者带来了尊贵感。《经济学人》的文章和营销手段双管齐下，让众多读者在与该杂志的关联中产生了一股骄傲感，因为其他人会对他们高看一眼，并听从他们提供的信息和观点。企业高管和 MBA 学生分享的事实表明，许多读者认为《经济学人》有价值的部分原因是通过阅读该杂志，他们可以获得深刻的见解，可以用它作为鸡尾酒会上的谈资或者以此获得给老板留下深刻印象的机会。《经济学人》不仅给他们提供了交谈的话题，还能让他们含蓄地炫耀因为阅读该杂志而显得见多识广。有些人居然会

⊖ 这里的"威廉效应"涉及两种相互交叉的解释。其一是一种过于正式的倾向，用繁复的辞藻陈述一个正式的名字，而非其对应的昵称。（英美社会中，"威廉"的昵称一般为"比尔"。）其二指威廉王子对他身处的地方和对人们的影响，比如圣安德鲁斯大学因他的入学热度大增，这代表着一种社交攀比心理。

认为实际上没有必要阅读《经济学人》，只要你手头有这本杂志，不论是拿着它登机，还是随意地放在办公室中，当你向别人展示你是一名《经济学人》的读者时，就能影响别人对待你所提观点的态度，这与观点本身是什么无关，也与观点是如何形成的无关。

从组织层面来看，与其他众多新闻杂志相比，《经济学人》拥有独特的架构和文化。我们的一名访谈对象提到，与其他出版物相比，《经济学人》几乎没有层级体系。它的主编是由几位独立的受托人而不是母公司董事会任命的。该杂志虽然设有部门编辑和版块编辑，但轮岗是这家组织的核心原则，它的记者在不同专题版面之间轮换，员工也在记者岗和编辑岗之间来回调动。该杂志的编辑流程的重点是周一例会，在会议上，所有编辑和记者一起讨论一周的事件，围绕杂志针对某些事件的立场展开争辩，并对接下来的一期杂志做好规划。这些讨论会议深受牛津式争辩文化的影响，尽管主编对内容拥有最终决策权，但会议上会对可能触及的所有话题展开广泛讨论。与传统报纸不同，《经济学人》的文章没有署名，读者并不知道每篇文章的作者是谁。这是一项明确的且长期执行的政策，《经济学人》的官方网站对它进行了清晰的说明，并解释说这项政策：

> 有助于发挥多位作者的集体智慧。在编辑部全体成员参加的每周例会上，大家会公开讨论和争辩杂志的头条文章。我们的记者通常会合作撰写文章。有些文章需要大量的编辑工作。因此，《经济学人》的文章是"蜂巢思维"的结果，而不是一位作者的个人智慧。采用匿名做法的主要原因是我们认为文章的内容要比文章的作者更重要。[2]

在下印厂之前，《经济学人》的文章可能需要多位工作人员经过至少十几遍的审校和编辑，以使杂志的观点和主张保持高水准。在这些组织和文化层面的不同因素共同作用下，《经济学人》产生了具有独特性和高质量的内容。

论证可视化

我们首先运用第二章中介绍的可视化工具和战略地图绘制工具。和前文中的做法一样，我们从想要得出的结论入手，即《经济学人》拥有品质认知的价值创造优势。品质认知优势的一个必要条件是一家公司的产品能使消费者产生高于竞争对手的支付意愿。此外，为了创造更多的价值，因创造更高的品质认知收益而引起的成本上涨的幅度必须小于消费者支付意愿的上涨幅度。我们目前的兴趣点主要是理解《经济学人》为何拥有更高的消费者支付意愿。因此，我们将这句话作为结论。我们把它写在白板的右手边（见图 9-1 ）。

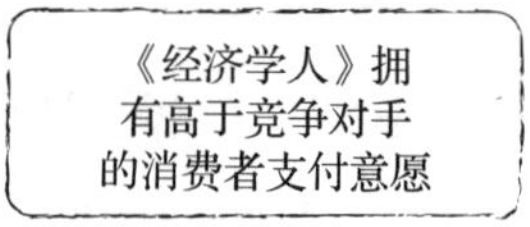

《经济学人》拥有高于竞争对手的消费者支付意愿

图 9-1 《经济学人》的战略地图的结论

当然，对《经济学人》的战略进行全面、充分的分析需要证明如下命题，即该杂志的成本与竞争对手的成本没有太大出入。

接下来，我们基于对该杂志的了解，开展一些头脑风暴活动，目的是产生一个我们认为对品质认知优势起决定性作用的关键活动、资产和资源的清单。我们通过一个非正式的过程，产生了表 9-1 列示的清单。

表 9-1　关于《经济学人》战略的头脑风暴

• 对智力水平要求高的作品	• 对具有智力挑战性的阅读材料的需求日益上升	• 全球中产阶级的规模扩大
• 独一无二的社论观点	• 遍布全球的驻地记者	• 纸媒广告的衰落
• 聚焦于论证和分析	• 依赖于高价的订阅销售	• 给予读者尊贵感
• 受托人结构	• 老练犀利、不落俗套的市场评价	• 文章没有署名
• 对幽默手法的运用	• 聚焦时事	• 中产阶级的身份焦虑
• 多元且有时深奥难懂的新闻报道	• 覆盖全球	• 文章篇幅短
• 出版前由同事对文章进行审阅	• 与 19 世纪英国的关联度	• 市场营销强调特立独行
		• 深度报道
		• 编辑独立性

现阶段，这个列表中的因素涉及面广，对《经济学人》的消费者性质、产品特征及组织的实践做法进行了详细描述。特别是这个列表既包括可能影响消费者支付意愿的因素，也包括影响《经济学人》成本结构的因素。这种做法是恰当的，因为任何一项价值创造优势都涉及增大消费者支付意愿和所投入的机会成本之间的差值。但是，我们在这里只关注影响支付意愿的因素。

下一步，我们尝试把从头脑风暴中获得的所有相关因素组合在一起。在实施这个步骤时，我们在头脑中牢记的一个目标是围绕《经济学人》具备竞争对手所没有的品质认知优势构建一个论证。我们使用表 9-1 中的信息作为头脑风暴的输入源，这项练习产生的一系列想法组合包括：

杂志内容
• 对智力水平要求高的作品

- 独一无二的社论观点
- 聚焦于论证和分析
- 对幽默手法的运用
- 多元且有时深奥难懂的新闻报道
- 文章篇幅短
- 聚焦时事
- 覆盖全球
- 深度报道

组织的实践做法

- 受托人结构
- 编辑独立性
- 遍布全球的驻地记者
- 文章没有署名
- 出版前由同事对文章进行审阅

与市场有关的维度

- 纸媒广告的衰落
- 全球中产阶级的规模扩大
- 对具有智力挑战性的阅读材料的需求日益上升
- 中产阶级的身份焦虑

读者的社会效益

- 依赖于高价的订阅销售
- 老练犀利、不落俗套的市场评价
- 给予读者尊贵感
- 与 19 世纪英国的关联度
- 市场营销强调特立独行

接下来，我们对这些想法进行整合，并尝试把它们塑造为能够产生我们所求结论的线性论证。

构建论证的合理起点是问我们自己："读者为什么要订购《经济学人》？"一个显而易见的答案是与文章和新闻报道的固有属性相关，换句话说，《经济学人》提供的知识和信息对读者而言是有用的，而且其内容质量也比其他杂志的高。我们识别出的这些因素属于一个被我们标记为"杂志内容"的组合。这个组合中的每个因素都以自己的方式提升了《经济学人》的吸引力，但是它们的共性是它们对消费者的吸引力可以在杂志的每一页中看到——这种吸引力源于每篇文章带来的知识和深刻见解，无论是从分析的深度，还是从观点的独特性来看，这些都是《经济学人》独一无二的特征。简单起见，我们把这类影响消费者支付意愿的因素标记为《经济学人》的内在吸引力。

消费者获得的另一类不太能切实感知到的好处来源于作为一名《经济学人》读者所发出的社会信号，比如给人留下见多识广的印象，以获得社会地位或者尊贵感。这些因素列在"读者的社会效益"分类下。在我们看来，这些因素激发了消费者的支付意愿，因为它们有助于提升消费者个人的社会地位或身份。我们把这类因素标记为《经济学人》的地位吸引力。

上述有关《经济学人》战略优势的两个论证在某种程度上是相互独立的。因此，我们不使用默认的连接词，而用"或"来连接各个前提。因此，有关《经济学人》支付意愿论证的战略地图如图 9-2 所示，这两个与结论相关联的论证分支是彼此独立的。

在正式构建论证之前，我们想在《经济学人》的战略地图上体现更多的深度内容。我们尝试在影响支付意愿的两大主要驱动力的一些因素之间建立关系。在这一点上，战略地图的绘制不需要完美，它足以为正式构建论证提供一个有用的起始点。如图 9-3 所示，我们使用由"或"连接的前提，绘制出了战略地图。

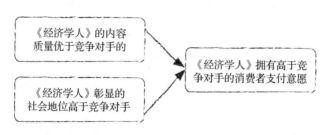

图 9-2 《经济学人》的战略地图（精简版）

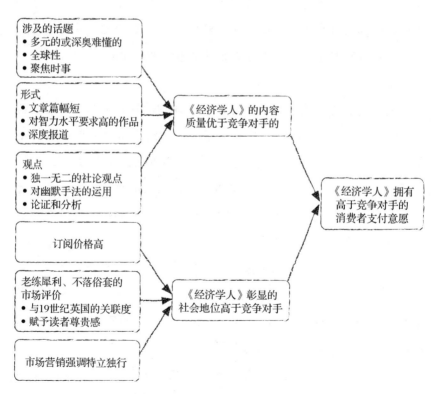

图 9-3 《经济学人》的战略地图（扩展版）

构建正式论证

我们如何把这个简单的视觉图示转化为一个正式论证？我们首先尝试对图 9-2 中的精简版战略地图构建正式论证。这张图包含关于《经济学人》内在吸引力和地位吸引力的经验型命题，并把每个命题（单独地）和这个论证的结论关联起来。我们需要对图 9-2 中每个箭头所代表的关系进行清晰的陈述，换句话说，我们需要产生"如果……那么……"句式的前提。我们以战略地图的上半部分论证分支为例（"EC"代表《经济学人》的内容）：

如果

> **前提 EC_1**：如果一款产品的内容质量优于竞争对手的，那么它将拥有高于竞争对手的消费者支付意愿。

且如果

> **前提 EC_2**：《经济学人》的内容质量优于竞争对手的。

那么

> **结论 E_1**：《经济学人》拥有高于竞争对手的消费者支付意愿。

请大家注意，我们在这里用"且"作为连接词（我们通常对其采取暗示性的表达），这是使论证有效的必要条件。下半部分的论证分支展示如下（"ES"代表《经济学人》的地位）：

如果

> **前提 ES_1**：如果一款产品彰显的社会地位高于竞争对手，那么它将拥有高于竞争对手的消费者支付意愿。

且如果

　　前提 ES_2：《经济学人》彰显的社会地位高于竞争
　　　　对手。

那么

　　结论 E_1：《经济学人》拥有高于竞争对手的消费者支
　　　　付意愿。

我们要再次注意到，图 9-2 中的两个内容分支可以分别与结论
建立起关联，这意味着我们需要通过"或"，而不是"且"来连接
这些子论证，因为一个子论证的真实性不依赖于另一个子论证的真
实性。换句话说，前提 EC_1 和 EC_2 结合在一起暗示了结论 E_1；类似
地，前提 ES_1 和 ES_2 结合在一起也暗示了结论 E_1。出于对完整性的
考虑，我们把整个论证表示如下，其中，两个子论证用"或"连接：

如果

　　（**前提 EC_1**：如果一款产品的内容质量优于竞争对手
　　　　的，那么它将拥有高于竞争对手的消费者支
　　　　付意愿。

且

　　前提 EC_2：《经济学人》的内容质量优于竞争对手的。）

或者如果

　　（**前提 ES_1**：如果一款产品彰显的社会地位高于竞争
　　　　对手，那么它将拥有高于竞争对手的消费者支
　　　　付意愿。

且

　　前提 ES_2：《经济学人》彰显的社会地位高于竞争对手。）

那么

　　结论 E_1：《经济学人》拥有高于竞争对手的消费者支
　　　　付意愿。

通过这种方式构建论证的一层含义是我们认为内在吸引力和地
位吸引力对消费者支付意愿的影响是相加因素。换言之，我们的论
证表明《经济学人》即便在不具备任何内在吸引力的情况下也能拥
有地位吸引力。在极端情况下，即使该杂志的所有页面都是"胡言
乱语"，它的地位吸引力也仍然可能高于竞争对手。我们实际上并不
相信这种观点，但目前先把这个问题放在一边。（我们在下文中再来
看两者之间的关联。）

构建正式论证的下一步，是要问我们如何为前提 EC_2 和 ES_2 提
供支撑，它们所宣称的观点都是《经济学人》拥有更优秀的内容和
更高的社会地位。我们先从优秀内容入手，然后再讨论社会地位。

优秀内容

《经济学人》刊载的内容很优秀。在一定程度上，图 9-3 已经
对这个问题进行了解答，我们在该杂志的不同特征和关于内容优秀
的命题之间建立起了关联。实际上，当我们问企业高管为什么他们
的产品更优秀时，他们通常会提供一个很长的产品特征清单，比如
"设计出众""运行速度快""功能优越""用户界面良好"等。这些只
是部分解释，而且还不充分，因为它们没有解释为什么与其他产品
特征相比，这些特征会让产品更胜一筹。例如，在图 9-3 的战略地
图中，我们提出了"《经济学人》关于一系列全球事件的短文章产生
了优秀内容"的观点。为什么？每个消费者都认为这类内容是优秀
的吗？这看起来不可能。但是，哪几类读者确实会认可《经济学人》

提供的内容?

我们在这里遇到了品质认知论证的根本性挑战,即如何清晰地陈述和构建消费者偏好理论。在分析一个现有战略时,构建这样一个理论的过程带有归纳性的特点,至少在开始时确实如此。我们从图 9-3 中确认的特征入手,然后再问哪类消费者可能会认可它们。一个人可能会怎样解释产品对他的吸引力?因此,我们会问自己哪类人可能想要一份具备这几个特点的周刊——对时事进行广泛的全球性报道、刊载多篇分析性强的短文章、偶尔对特定话题进行深度挖掘?

我们对这类人的初步设想是在企业及政府部门中位居高位的人,或者与此类人工作关系密切的群体。他们协助制定大型组织的政策,因而需要了解当前最新的全球性事件。他们还需要对这些事件具备细致入微的见解,因为他们要做出能产生广泛影响的重大决策。但是,这些人的生活紧张忙碌、头绪纷杂,他们没有时间对来自各个渠道的信息进行汇总和分析。鉴于《经济学人》半玩笑、半认真的风格,我们把这类在大型组织中制定政策的读者群定义为"繁忙的重要人士"(简称"BIPs")。

我们首先针对这个直观想法构建一个正式论证,即这类消费者认可《经济学人》,是因为尽管他们的工作日程紧张,但基于他们所做政策性决定的重要性,他们想尽可能获取最有用的信息。我们在前提 BIP$_1$ 中正式提出了这个命题,并将这个论证表示如下(按照前文中提及的惯例,我们隐含地假设"且"为连接词):

前提 BIP$_1$: 如果一个人的工作日程紧张且需要做出重大的政策性决定,那么他们将认为篇幅短、分析性强的文章是一种优秀的内容形式。

前提 BIP$_2$： 繁忙的重要人士工作日程紧张。

前提 BIP$_3$： 繁忙的重要人士需要做出重大的政策性决定。

中间推理 BIP$_1$： 繁忙的重要人士将认为篇幅短、分析性强的文章是一种优秀的内容形式。

虽然我们已经确认了为什么繁忙的重要人士倾向于选择《经济学人》所提供的内容的原因，但我们还需要清晰地说明《经济学人》在提供这类内容方面的独特性：

前提 BIP$_4$： 与竞争对手相比，《经济学人》是对篇幅短、分析性强的文章进行重点强调的杂志。

中间推理 BIP$_2$： 繁忙的重要人士认为《经济学人》比其他杂志好，因为它的文章篇幅短、分析性强。

类似地，我们可以构建一个论证来解释《经济学人》的吸引力在于强调为繁忙的重要人士提供多元且深奥的内容。

前提 BIP$_5$： 如果一个人的工作要求他参与大量的人际沟通工作及闲聊交谈，那么，他将认为涉及一系列多元且深奥话题的文章是一种优秀的内容形式。

前提 BIP$_6$： 繁忙的重要人士参与大量的人际沟通工作及闲聊交谈。

中间推理 BIP$_3$： 繁忙的重要人士将认为涉及一系列多元且深奥话题的文章是一种优秀的内容形式。

前提 BIP$_7$：《经济学人》是对篇幅短、分析性强的文章进行重点强调的杂志。

中间推理 BIP$_4$：繁忙的重要人士认为《经济学人》比其他杂志好，因为它的文章涉及一系列多元且深奥的话题。

下一步，我们将证明对智力水平要求高的作品及深度报道如何推动内在吸引力的提升：

前提 BIP$_8$：如果一个人的受教育水平高，那么，他将认为能带来智力启发的文章是一种优秀的内容形式。

前提 BIP$_9$：具有智力挑战性的文章能激发智力。

前提 BIP$_{10}$：深度报道能启发智力。

前提 BIP$_{11}$：繁忙的重要人士受教育水平高。

中间推理 BIP$_5$：繁忙的重要人士将认为具有智力挑战性的文章和深度报道是一种优秀的内容形式。

前提 BIP$_{12}$：《经济学人》是对具有挑战性的文章和深度报道进行重点强调的杂志。

中间推理 BIP$_6$：繁忙的重要人士认为《经济学人》比其他杂志好，因为它包括具有智力挑战性的文章和深度报道。

我们后退一步，认真思考一下已经构建的论证。第一反应很可能是："哇哦，真复杂！"确实如此。部分原因在于想法的数量多，因此前提的数量也多。而且，论证架构也要比前几章中的论证架构更为复杂。大家想一想我们的初始命题，即"《经济学人》的内容质量优于竞争对手的（前提 EC_2）"。现在，它得到了由解释为什么繁忙的重要人士认为《经济学人》的内容优秀的三个中间推理的支撑，即文章短小、分析性强（中间推理 BIP_2）；文章涉及一系列多元且深奥的话题（中间推理 BIP_4）；它刊载具有智力挑战性的文章和深度报道（中间推理 BIP_6）。这三个（偶数编号的）中间推理中的每一个都由各自包含多个前提的子论证及一个（奇数编号的）中间推理来支撑。

论证的复杂性的一个更深层次的来源是前提之间的连接词。我们再一次采取惯例做法，每个子论证的前提由"且"连接。这意味着它们必须同时成立，结论才会成立。[3] 此外，我们的惯例做法甚至对最"重要"的中间推理（能推导出关于优秀内容的偶数编号的中间推理）由"且"连接进行了强制规定。从字面上理解，这意味着我们认为《经济学人》的优秀内容要求文章篇幅短、分析性强，涵盖多元且深奥的话题，刊载具有智力挑战性的文章及深度报道。这三个条件必须同时成立。甚至更为严格的是，所有用于证明每个偶数编号的中间推理的前提也必须成立。如果它们当中的任何一个不成立，支撑"《经济学人》的内容优秀"这个结论的整个论证也不会成立。

论证中有如此之多的前提，这看起来相当严苛，甚至有点难以置信。《经济学人》要拥有更高的消费者支付意愿，总是需要这些条件同时成立吗？这看起来不大现实。另外一种极端情况是，选择用"或"连接至少 3 个偶数编号的中间推理，正如我们把内容类命题和地位类命题与总结论相关联的做法（图 9-2）。但是，这个条件看起来太过宽松了，因为它暗含的意思是任何一个前提都能产生结论。这一点同样值得质疑。[4] 问题在于我们不知道哪个偶数编号的中间推理（在这里作为前提）能独立推导出结论，哪个需要与其他中间推理共同发挥作用。

我们面临一个进退两难的境地，因为关于《经济学人》内在吸引力的案例及文字描述并不够精确。我们在试图以逻辑形式把这份杂志的战略优势写出来时，看到这个落差还是会感到受挫的。但事实上，我们发现这项练习具有深刻的洞察性，甚至是启发性。大家思考一下。这项练习有助于我们看到并认识到我们在对战略的理解和认识上存在的局限。如有必要，我们可以通过系统的研究对这一点进行深入探讨。编辑部的内幕人士对《经济学人》所具备的吸引力的理解也存在这一落差，他们把这一点归因于难以精准界定的"独家秘方"。

这个例子强调了大家在为品质认知战略构建论证时经常会遇到的挑战，因为这样的战略通常依赖于差异化，或者公司能提供一款独一无二的产品的想法。但是，无论是出于有意还是无意，产品一般会同时在多个维度与竞争对手存在不同之处。更为重要的是，那些不同特征会通过难以预测且难以察觉的方式产生相互影响。与通常能非常精准地确定成本函数的低成本战略不同，我们很难相应地对支付意愿函数进行明确认定。一个潜在的应对策略是使用文字表述，或者另外一个极端情况是展现个人在理解产生品质认知优势的原因上的盲目自信。但是，在我们看来，一个更有成效的方法是拥抱这类战略论证的复杂性，因为它能为我们提供学习机会和深刻见解。

值得注意的是，在对初始战略地图构建正式论证的过程中，这个论证在不断演化且变得更加有深度。这是一个重要好处。在战略地图中，我们只是在《经济学人》所具备的特征和"杂志内容优秀"

这个想法之间建立起了关联。现在，我们已经把为什么消费者倾向于选择《经济学人》的一系列理论（前提 BIP_1、BIP_5 和 BIP_8）讲清楚了。我们相信这三个前提中的每一个都能从两个方面说明我们的理解向前迈进了一步。第一，每个前提都具体说明了一个易于理解且可证伪的理论。这意味着我们能够相对容易地确定这是否为世界的运行之道。依照我们的经验，当你坐在来自公司职能部门的领导身旁时，广泛拥有一些有关深奥话题的知识是极其有价值的（前提 BIP_5），但是，我们的直观想法只是基于我们的个人体验而具有独特性。

围绕我们关于消费者需求的观点构建正式论证的另外一个优势是，在不考虑读者群体的前提下，我们对有关消费者行为的理论进行了陈述。许多企业高管将试图通过指出现有消费者的特征来解释产品或服务的吸引力。因此，他们详尽阐述战略论证的第一步将基于他们对消费者喜好的简单描述。我们在构建这些论证时，采取了同样的做法。我们首先对《经济学人》的读者群进行画像，即繁忙的重要人士，同时对他们的偏好提出不同命题（即中间推理 BIP_1、BIP_3 和 BIP_5）。我们原本想把这些命题当作经验型命题，但我们发现把它们当作中间推理看起来更加富有成效，并尝试围绕繁忙的重要人士为什么倾向于选择这几类文章来阐述我们的论证。简而言之，我们迫使自己构建了一个更加抽象的论证。

对论证进行抽象化表达的巨大优势是如果我们提出的机制成立（正如我们所想的那样），我们就对哪类人群可能更倾向于阅读《经济学人》具备更加宽泛、抽象的理解。对一位负责业务运营的企业高管而言，这类深刻见解是非常有价值的，因为它有助于在公司产品现有的购买者之外定位新的消费者群体。例如，受教育水平高的人士将被具有智力挑战性的内容吸引这个命题，将为杂志对非 BIPs 但受教育水平高的群体产生吸引力提供一种可能性，比如大学教授。这样，即使我们从消费者的人物漫画入手，构建正式论证的过程也会带来更加深入、具有普遍性的洞察。

地位吸引力

现在，我们对图 9-3 中另外一个关于《经济学人》地位吸引力的论证分支进行讨论。大家回想一下到目前为止，我们已经构建的正式论证：

> **前提 ES₁**：如果一款产品彰显的社会地位高于竞争对手，那么它将拥有高于竞争对手的消费者支付意愿。
>
> **前提 ES₂**：《经济学人》彰显的社会地位高于竞争对手。

作为社会学家，我们认为没有义务在这里对为什么人们倾向于选择能够彰显更高地位的产品（前提 ES₁）这个命题背后的基本原理进行深层次的剖析。来自他人的认可和赞扬能为大多数人带来满足感，这也是许多人积极谋求的满足感来源。

相反，我们在构建这个论证时的主要任务是尝试对我们在前提 ES₂ 中提出的命题，即《经济学人》彰显的社会地位高于竞争对手提供论据支撑。这要求我们针对为什么像《经济学人》这样的产品相比于竞争对手会代表较高的社会地位来阐明论证：人们如何把产品和不同层次的社会地位关联起来？

关于地位的一个既有吸引力、又有挑战性的特征是摸不着且难以衡量。它不像产品重量那样可以在标签上打印出来，因为它没有普遍使用的计量标准。产品上不会出现"地位分值"，消费者该如何衡量地位？他们通过多个不同线索来对产品所象征的地位进行推断。例如，不同职业所代表的社会声望不同，因此，人们会从一个人所从事的工作来进行推断，比如说，医生的受尊重程度一般高于收垃圾的工人。类似地，人们通过观察一个人的社交对象来推断其社会地位。一个人的社会地位会通过另一个人反映出来，比如说，如果人们经常看到我们与获得诺贝尔奖的科学家在一起，那么他们通常会更加重视我们，因为如此德高望重的人只有在认为值得的时候才会花时间和我们在一起。产品和公司也会产生类似的效果，从社会交往的角度，这通常被定义为他们的"同伴"（例如，它们的消费者群体）。最后，一款产品的稀缺性或者独特性通常是反映地位的一个重要线索。社会地位高意味着位于社会阶层的顶层，而且只有少数人可以跻身顶层社会。

我们可以使用这些对可以反映社会地位的商品的本质的直观想法来充分证明我们提出的命题，即《经济学人》彰显的社会地位高于竞争对手。我们的起点是观察到，人和物仅仅通过与拥有较高地位的其他人和物相关联，就能获得一些地位。我们的论证如下（"ESA"代表《经济学人》的地位关联度）：

前提 ESA₁：如果大家看到一个社会地位高的人在使用某个产品，那么那个产品就拥有较高的地位认知度。

前提 ESA₂：繁忙的重要人士是社会地位高的群体。

前提 ESA₃：大家看到繁忙的重要人士阅读《经济

学人》。

中间推理 ESA_1：《经济学人》拥有较高的地位认知度。

请注意，通过这种方式来阐述论证产生了一些有趣的暗示。例如，为了使这个结论成立，大家看到繁忙的重要人士（或者其他社会地位高的人士）在阅读《经济学人》就是一个必要条件。这个洞察对《经济学人》具有战略性的影响，因为它暗示，印刷版对于该杂志的地位吸引力具有重要意义，换句话说，如果繁忙的重要人士只是在线阅读《经济学人》，那么大家就不会轻易地看到繁忙的重要人士是《经济学人》的消费群体。实际上，与此论证一致，尽管互联网蓬勃发展，但《经济学人》一直保持发行纸质版，而许多新闻杂志已经停止发行纸质版了。

但是，在接受我们的论证之前，我们决定更加仔细地思考关键理论命题，即前提 ESA_1。拥有较高社会地位的个人所消费的产品全部都自动归为能反映较高社会地位的商品吗？如果我们看到马克·扎克伯格喝健怡可乐该怎么做呢？我们关于地位的直观想法是，一款产品的社会地位是由与此款产品相关联的人员所拥有的社会地位来反映的，不论这些人的地位是什么。前提 ESA_1 存在问题，因为它假设最重要的因素就是一个拥有较高社会地位的人是否与一个产品存在关联。健怡可乐并不像《经济学人》那样拥有较高的社会地位，因为各种各样的人都可以喝健怡可乐，不论这些人位于地位光谱中的哪个位置。这意味着我们应该对论证的第一部分进行调整。一个简单的方式是重述这个论证（*表示我们做出了改动）：

前提 ESA_1^*：如果大家在绝大多数情况下看到社会地位高的人使用某个产品，那么那个产品就拥有较高的地位认知度。

前提 ESA$_2$：繁忙的重要人士是社会地位高的群体。

前提 ESA$_3^*$：大家在绝大多数情况下看到繁忙的重要人士阅读《经济学人》。

中间推理 ESA$_1$：《经济学人》拥有较高的地位认知度。

在我们看来，这处轻微调整产生了一个深刻洞察，这要归功于"大家在绝大多数情况下看到社会地位高的人士阅读《经济学人》"（前提 ESA$_3^*$）这个必要的经验型命题。我们的论证可以表明，为使《经济学人》产生地位吸引力，它的读者群应该主要包括社会地位高的人。如果每个人都阅读《经济学人》，那么它就不会拥有现有的较高的地位认知度。

这个深刻洞察暗示了重要的战略结果。它对《经济学人》使用地位吸引力作为消费者支付意愿的驱动因素提出了两个矛盾点。一方面，假设繁忙的重要人士是最不关注地位吸引力的潜在消费者看起来是合理的，因为他们还拥有其他地位标志，比如职务头衔、俱乐部会员身份、私人银行家等。另一方面，对于不属于精英阶层，但又想看起来符合精英形象的人，《经济学人》作为一种地位象征具备很大的吸引力。正如前文中所述，一些对繁忙的重要人士东施效颦的人可能并不在意杂志的内容，他们只是想被看到自己手头拿着一份《经济学人》。然而，如果有太多这种东施效颦的人，而且每个人都拿着一份《经济学人》，那么《经济学人》的地位吸引力将会消失。

我们现在思考一下《经济学人》的其他特征是否与保持地位吸引力相关。一个显而易见的解决方式是开展以地位关联度为重点的市场宣传活动。类似"高处不胜寒，带点东西来读"这样的信息，试图在不考虑杂志读者群构成的情况下，对中间推理 ESA_1（《经济学人》拥有较高的地位认知度）进行强化。[5]

> **前提 ESA_4：** 如果一家公司在其产品的市场宣传活动中强调独特性和地位认知度，那么它的产品就拥有较高的地位认知度。
>
> **前提 ESA_5：**《经济学人》在其产品的市场宣传活动中强调独特性和地位认知度。

类似地，该杂志强调其发源于 19 世纪的英国，这也是在不考虑读者群的情况下构建较高的地位关联度的一种方式——前提是大家认为 19 世纪的英国及大不列颠帝国与地位认知相关联。

> **前提 ESA_6：** 如果一家公司强调其发源于 19 世纪的英国，那么它的产品将拥有较高的地位认知度。
>
> **前提 ESA_7：**《经济学人》强调其发源于 19 世纪的英国。

正如前提 $ESA_1 \sim ESA_3$ 一样，这些前提（$ESA_4 \sim ESA_7$）也推导出了中间推理 ESA_1。而且，和前文中关于繁忙的重要人士的前提一样，还不明确这些前提是都成立才能推导出中间推理（要求"且"为连接词），还是其中某个或者几个能够独立推导出中间推理（要求"或"为连接词）。这是一个开放式的问题，通过一些背景研究可以得出答案，但我们现在假设这是一个具有较强限定性的陈述，并用"且"作为连接词。

我们也应该思考《经济学人》的竞争对手，因为它们是否拥有较高的地位认知度也将产生重大影响——竞争优势应该是相对而言的。我们认为对这个区别进行概念化表述的好方式还是再次从繁忙的重要人士着手。正如我们所理解的那样，竞争对手的杂志几乎不会经常出现在繁忙的重要人士手中。因此，我们形成了如下前提：

> **前提 ESA$_8$**：大家在绝大多数情况下不会看到繁忙的
> 重要人士阅读《经济学人》竞争对手的杂志。
>
> **前提 ESA$_9$**：大家在绝大多数情况下不会看到社会地
> 位高的人士阅读《经济学人》竞争对手的杂志。

当与前提 $ESA_1{}^*$ 结合在一起时，我们得出了如下中间推理：

> **中间推理 ESA$_2$**：《经济学人》的竞争对手不具备较高
> 的地位认知度。

这个子论证可能发挥重要的提示作用，即要对竞争对手的读者群进行监控，并意识到如果它们当中有一家杂志社开始接触社会地位高的群体，那么它就有可能削弱《经济学人》的竞争优势。

《经济学人》保持地位吸引力的一个完全不同的方式是通过能够影响读者群构成的策略来实现。也就是说，《经济学人》可以采取举措来确保前提 $ESA_3{}^*$ 成立。在这些策略中，最明显的是定价策略，由此产生的新论证列示如下：

> **前提 ESA$_{10}$**：如果一款产品的定价高于竞争对手，那
> 么它的绝大多数购买者将是那些认为该产品最具
> 内在吸引力的人。
>
> **前提 ESA$_{11}$**：《经济学人》的定价高于竞争对手。

中间推理 ESA₃：《经济学人》的绝大多数购买者将是

那些认为该杂志最具内在吸引力的人。

当这些前提结合在一起时，它们将对"《经济学人》的绝大多数购买者是繁忙的重要人士"这个命题提供支撑，并说明定价如何有助于保持该杂志的地位吸引力。

此外，通过这个子论证中的中间推理，我们把前文中关于《经济学人》内在吸引力的论证和繁忙的重要人士关联了起来。为了简洁起见，我们在这里没有针对这个关联构建正式论证，但是一个更为完整的论证需要完成这一步。

最后一个观察产生了另外一个重要的战略洞察：为了保持地位吸引力，《经济学人》需要在内容上体现内在吸引力。换句话说，它必须确保杂志中刊发的文章能够满足其核心消费者群，即繁忙的重要人士的需求。

章尾思考

价值创造是任何一个战略的起始点，如果一家公司没有在购买者的支付意愿和投入的机会成本之间创建一个有意义的间隙，那么它就不可能在经济上实现繁荣。在我们关于沃尔玛和《经济学人》的分析中，我们已经围绕价值创造过程的不同方面构建了战略论证，反映了这两家公司所采用的不同的但被广泛使用的一般性价值创造取向——低成本优势和品质认知优势。因为我们的主要目标是证明战略论证工具的应用，所以无论在哪个案例中，我们都没有对任何一家公司的战略进行全面分析。在某种意义上，我们在每个案例中都把价值创造过程的某一个方面视为理所当然：对于沃尔玛，我们认为购买者的支付意愿不存在任何问题；对于《经济学人》，我们没有把注意力放在它的成本结构上。在实践中，大家可能并不想这么随意地下结论。如果沃尔玛以牺牲购买者的支付意愿为代价来降低成本，那么它不会成功（看看最近发生的西尔斯百货案例）。换句话说，沃尔玛的领导者需要理解它的消费者在意什么。类似地，如果《经济学人》的成本过高，那么它为读者创造的不同好处也不可能具有持续性。

我们在本章中的关注点是产生以构建消费者吸引力理论为关键因素的战略论证所遇到的挑战。对任何一家寻求品质认知优势的公司而言，这样的理论必不可少，因为它的公认优势在于能产生高于竞争对手的购买者支付意愿。我们将以关于论证构建过程的几个观察作为本章的结束语。

第一，尽管构建消费者吸引力理论的概念最初可能令人望而生畏，但我们认为可以从勾勒产品的理想型消费者的画像开始。在《经济学人》的案例中，我们提出了"繁忙的重要人士"的概念。请大家注意，"繁忙的重要人士"这个概念是一种漫画手法，也是一种老套、刻板的形象，它隐藏了被该杂志所吸引的读者群体的多样性。但是，我们的目标不是为公司的客户细分群体提供详尽和准确的画像，而是着手构建我们的消费者吸引力理论。为了实现这个目标，我们需要一个消费者画像，而关于繁忙的重要人士的漫画就可以做到这一点。我们猜测，原因在于我们勾勒的消费者漫画是对基于直观想法和观察而形成的尚未完善的消费者吸引力理论进行清晰陈述的粗略做法。

大家担心会对繁忙的重要人士的形象刻画形成过度依赖，这种担心是自然而然的，也是合理的，因为不同的人可能会对这个形象赋予不同的含义。但是，正如我们在本章中的阐述，构建正式论证过程的一个优势是可以把多样化的理解揭示出来。因此，在构建正式论证的时候，我们首先提出的论证是繁忙的重要人士具备忙碌、没有时间的重要特征；我们再通过进一步思考得出：繁忙的重要人士也将是受教育水平高且对具有智力挑战性的内容感兴趣的人群，如此等等。我们不是通过数据，而是通过严密的思考来调整繁忙的重要人士的画像。它带来的好处是，我们的论证最终依赖对消费者普遍特征的描述（他们的忙碌程度及受教育水平等），这些描述超越了漫画，为深入理解公司产品的吸引力奠定了基础。

第二，关于品质认知战略的论证通常比有关低成本战略的论证更为复杂且更难构建。尽管这一点并非必然，但仅仅是出于包含消费者吸引力理论的必要性，品质认知战略通常就较为复杂。尤其是当公司以个人消费者为目标群体时，这个理论将高度依赖有关消费者心理、文化和社会结构的各种命题。相较于生产过程中成本驱动因素的经济学理论，与消费者吸引力理论相关的深刻洞察都属于众多企业高管所不熟悉且不擅长的社会科学领域。此外，正如《经济学人》的案例所示，价值理论可能需要采用多个理论型前提，才能保证其基本要素的正确性。这个理论也可能是因为自我参照而变得复杂，意思是指理论中一个部分的成立依赖于其他部分。在《经济学人》的案例中，我们从有关内在吸引力和地位吸引力的两个关键论证分支中看到了这一点。

第三，在构建正式论证的过程中，我们遇到了在前提之间使用恰当连接词的不确定性问题。这个问题是，尽管我们认为前提中列示的所有原因都有助于得出结论，但我们不知道每个原因各自的重要性，也不知道每个原因是否都能独立地推导出结论。在呈现论证时，除内容吸引力和地位吸引力之间最高层级的区别之外，我们为子论证选择了一条保守的路径，并假设它们的前提都用"且"连接。从形式上看，这个决定增加了产生中间推理的难度，因为每个子论证中的所有前提都必须成立。从实践的角度来看，与常规案例相比，这个决定可能使《经济学人》成功背后的原因看起来更难管理（因为前提中包含很多因素）且更容易被推翻（只需要证明一个前提不成立即可）。这个决定也为评估第六章中探讨的前提的结论导向性提供了启示。因此，构建正式论证的过程将为分析师提出很多值得研究和解决的问题。

最后，出于构建价值理论的需要及其所带来的复杂性，我们认为理解和分析一个品质认知战略的难度可能更大，甚至是（或者说特别是）自己公司的战略也是如此。如果说我们一次就能完成对低成本战略的论证，那么我们反复十次才能完成对品质认知战略的论证也不足为奇。大家想一想这意味着什么。在一个采用品质认知战略的公司，领导团队明显需要花费更多的时间来制定战略、执行战略并监督战略执行的进展。鉴于很多评估具有更加不可捉摸的性质，他们可能需要更多的员工参与来获得全面的视角。总而言之，一家采用品质认知战略的公司需要强大的领导力，它的领导者将引导团队制定战略，并能坚持打持久战，直到战略被大家接受。领导者必须相信战略制定过程和他的员工。如果领导者的努力以失败告终，即未能理解消费者为什么想要这款产品，这对未来而言不是一个好征兆。

主要观点总结

- 不同组织在其根本性的价值创造取向上是偏向于低成本优势，还是消费者眼中的品质认知优势各有不同。构建和评估针对低成本战略的论证通常较为容易，因为降低成本的主要机制（比如规模经济）很好理解且适用于不同的市场环境，而且成本是高度可衡量的。对品质认知战略的论证则更具挑战性，因为它们更有可能因组织及其环境的不同而具有独特性，而且消费者的真正偏好也很难察觉。

- 围绕品质认知优势构建战略论证，要求形成消费者偏好理论或者一系列有关一款产品或一项服务如何提升不同类型的消费者的支付意愿的清晰命题。一个非常有用的起点是设想产品或服务的理想消费者类型。大家可以基于直观想法和观察来产生这个画像，然后将其与学术相结合，形成有关消费者行为的心理学和社会学理论。

第五部分

结 论

MAKING GREAT
STRATEGY

第十章

战略的支柱

想象和发现

弗兰克·盖里是世界上享有盛誉且最伟大的在世建筑师，他设计了位于毕尔巴鄂的古根海姆博物馆、麻省理工学院的斯塔塔中心以及洛杉矶的沃尔特·迪斯尼音乐厅。盖里对毕尔巴鄂的古根海姆博物馆的设计极为独特、极富创意，让现代建筑之父菲利普·约翰逊在晚年第一次看到这座建筑时流下了眼泪。

盖里设计的建筑是其独一无二的艺术成就，它们也从根本上改变了城市景观并吸引了来自全球的大量游客。人们通常称盖里为最伟大的在世建筑师——所谓的明星建筑师。

公众尊敬盖里的大部分原因是他的想象富有创意、引人入胜。任何一个看过他所设计的标志性建筑的人无不为其非同寻常的外观而惊叹，它不仅打破了建筑惯例，而且似乎对物理定律也形成了对抗。建筑评论家赫伯特·马斯卡姆（Herbert Muschamp）在《纽约时报》发表了如下评论：

> 盖里证明，即使在建筑这个以抵制创造力著称的领域，也有可能不仅实现个人愿景，而且获得公众的广泛认可……在坚定表现建筑对构建现代民主社会中人与人之间关系的能力上，继弗兰克·劳埃德·赖特之后，只有盖里走得更远。在盖里设计的建筑中，整体性源于把建筑各个部分的不同之处表达出来。这两种方法论都属于有机建筑流派……它反映的正是人与人之间的社会关系，而这种关系存在于两个人之间，一群人之间，一个社会团体中，以及观察者和被观察对象之间。[1]

在商界，大家赋予了史蒂夫·乔布斯类似的地位。实际上，在最近几十年，没有一位战略领导者的知名度能超越苹果的联合创始人、两度出任苹果 CEO 的乔布斯。他已经成为评判 CEO 的现代标准。和对盖里一样，评论家们称赞乔布斯对 iPod、iMac、iPhone 及后续一系列新产品的想象力和创造力。他的个人传记作者沃尔特·艾萨克森在《哈佛商业评论》中写道：

> 2000 年，他（乔布斯）提出了一个宏伟愿景，即个人电脑应该成为一个管理用户的音乐、视频、照片和内容的"数字中枢"，然后，他带领苹果相继开辟了 iPod、iPad 等个人设备业务。2010 年，他提出了后续战略，即这个"中枢"将转移到云端，同时，苹果开始建造一个大型的服务器农场，这样用户的所有内容都可以上传，然后无缝同步

到其他个人设备上。[2]

当大家在谈论苹果产品的优雅设计时，经常会提到乔布斯那极具吸引力的宏伟愿景。

但是，本田汽车公司在 20 世纪 60 年代获得的战略成功却是一个完全不同的故事。本田从摩托车起家，然后再是汽车，它最初以具有"先见之明"的战略著称，即起初使用低成本的基础产品，建立规模经济效应，随后利用这个效应推动公司转向能产生较高边际利润的产品细分领域。[3] 也就是说，本田公司先形成规模经济效应，然后再利用它向上进入日益扩大且能创造更大利润的市场。但是，这不是本田进入美国市场的意图，或者说与它的初始战略相距甚远。现在，人们把本田的成功更多地视为有关发现新战略的故事。

理查德·帕斯卡尔在《加利福尼亚管理评论》中记录道："在本田初创团队的眼中，这个战略是他们带着不情愿，被迫尝试的一次创新。它已然不是那个本田在 1959 年推出的战略。"[4] 正如帕斯卡尔的说法，本田在起步时的计划是销售较大型的摩托车，它定位的目标市场与哈雷戴维森及其他摩托车生产商一致。但是，在美国崎岖不平的远距离高速公路上进行测试时，本田摩托车出现了质量问题。本田在美国当地的高管夜以继日地解决这些质量问题，并试图说服消费者购买他们并不熟悉的本田牌大型摩托车，但无济于事。

在此次危机发生的时候，本田无意中采用了向大学生出售小型摩托车的战略，这为本田在美国的长期成功奠定了基础。本田在美国任职的高管携带了一批 50cc[⊖]的摩托车供自己使用，但并不打算在美国销售。他们可以骑着摩托车环游他们所居住的洛杉矶市，也

　　⊖　1cc = 1mL。

可以远距离骑行，暂时逃离因销售停滞而带来的挫败感。消费者开始打探本田摩托车的信息，当地高管也开始尝试不同的想法，以至于他们忽略（甚至是背离）了日本老板的指令。这些做法帮助他们了解和适应美国市场，他们找到了一种突破方式，即向新的目标群体销售新产品。这次试验包括设计广受欢迎的广告宣传语"骑本田的人最酷"。这则广告在本田内部引发了争议，因为有些人认为它所呈现的图像不合适，可能会使传统摩托车的购买者产生抵触情绪。因此，与盖里和乔布斯不同，本田的成功并不是依赖于高管的想象力，而是新的战略发现。本田在初始规划没有产生效果的情况下，成功开启了一条试验和发现战略的路径。

推理性分析

这两个关于战略成功（想象和发现）的不同故事，反映了许多人对战略是什么，以及如何形成一个卓越战略的看法。然而在我们看来，这两个故事都不完整，而且作为对成功的战略制定过程的描述，它们可能具有很大的误导性。尽管这两个故事都带来了深刻的洞察，但是每个故事都忽略了逻辑论证及其底层的推理性分析应该发挥的关键作用，因此也就致使大家的注意力出现了偏移。坦率地说，如果没有推理性分析，想象和发现都无法带来战略成功。我们再思考一下这两个关于想象和发现的故事。

对想象的再度思考

在许多专家眼中，弗兰克·盖里的伟大源自他有能力把他的想象和对项目位置、物理材料及施工原理的深入理解结合起来。这种结合自然而然会对直觉和推理提出要求。推理是必不可少的，因为建筑师被聘用的目的是建造大楼，而不是画一座空中楼阁。如果不对现代工程做出分析性的推理，建筑师的想象就只能停留在纸面上或者小比例的模型中。实际上，盖里对想象力的追求通常会遭遇建筑条件的限制，直到盖里和他的合作伙伴在模型设计软件中形成根本性的创新思路后，盖里的想象才能成为现实。这种技术上的突破使得盖里"对他梦想中的建筑外观——他利用可以折叠的硬纸板及可任意变形的创意纸筒设计出的时尚模型，享有自由发挥的权利"。[5]

在对商界卓越战略领导者的普遍认知中，也存在着类似的错误理解。和明星建筑师一样，战略领导者会因为他们对未来所勾勒的生动图景而获得广泛赞誉和知名度，而不是因为能让他们把未来变成现实的缜密的、系统性的思考。

尽管史蒂夫·乔布斯因其在 iPod、iMac、iPhone 及后续一系列新产品上展现出的想象力和创造力而广受称赞，但是，只有通过细致的分析和缜密的推理论证，激进的想法才能转化为一种持久的专营权和战略产品的绝对优势地位。对这些事实的忽视就如同我们称赞盖里是因为毕尔巴鄂古根海姆博物馆的漂亮设计图纸，而不考虑成功建成这座建筑所需要的工程学知识和技术。如果没有严密的分析性推理过程，iPod 可能就会成为一家垂死挣扎的电脑公司的绝唱，而不会为 iPhone 引发的大变革埋下种子。

制定一个卓越的战略，就如同修造一座伟大的建筑，难度十分大。真正出色的战略家可以像盖里一样，设想出全新的组合，拥抱大多数人根本无法理解的矛盾、权衡和重大赌注。只有欣然接纳这些矛盾和冲突，战略家才能产生变革性的想法。然而，这些特点往往会让"幻想家"的行动建议书看起来很疯狂,至少在战略得到证明前会是这种情形。正如在破土动工之前,盖里需要说服他的东家相信他所设计的建筑结构一定坚实牢固一样,胸怀大志的战略家也需要说服员工、投资者和其他利益相关方一起推动战略的执行。

和建筑一样,好的商业战略融合了直觉想法和推理,它一方面要具备鼓舞人心、新颖出奇的想象,另一方面则要有一个基于严谨分析且能令人信服的论证。但是,战略家的任务更加艰难。像盖里一样的建筑师通过应用结构工程学(及相关学科)的原理和公式来确定他们想建造的建筑。这些公式已经被证明是成立且被普遍接受的。能通过公式检验的一个建筑的视觉想象是具有可行性的,即你可能会发现这个建筑没有吸引力,但它至少是可以建造起来的。

但是,任何一位高管都会告诉你,战略会让人感到困惑不安,因为没有公式可以为战略成功提供保证,也没有相关学科为战略成功提供支持。许多人认为,战略的主观性和特殊性看起来太过于强烈,因此,没有一套客观、普遍的标准可以用于评判战略建议书。对比之下,财务、会计等话题则是很稳妥、可靠的,只要你在电子表格中输入正确的数字,它所得出的答案就不会引起争议。但战略却没有这样的电子数据表格。相反,战略过程可能看起来就像是一个在不同文本框中填入文字的永无止境的练习。

我们能够让战略更加有章可循且成体系吗?我们当然认为可以。实现这一点要求大家接纳这样一个观点,即战略家的想象最终必须通过战略论证表达出来,也就是有关资源、活动和外部条件的特定组合有助于公司创造和获得价值的一组理由。正如理查德·鲁梅尔特在《好战略,坏战略》一书中所说的,制定战略类似于创造科学理论:

制定一个好战略所须解决的问题，与创造一个好的科学假设所须解决的问题具有相同的逻辑结构……一名出色的科学家会鞭策自己走向知识领域的边界，然后再跨越这个边界，进而形成一个推测——关于事物在未知领域的运作方式的假设……同样地，一个好的商业战略就是要跨越已知和未知之间的边界。[6]

无论是在科学领域，还是在战略领域，任何一个假设的最终价值只有在经过实证检验，即在对它的预测和现实进行比对后才能变得显而易见。但是，试验和验证的过程都会耗费时间和金钱，因此，科学家们只有在理论满足逻辑一致性的最低标准时，才会对其进行验证。正如我们在本书中所强调的，这一标准就是逻辑有效性的标准，即战略论证的结论必然是由它的前提推导出的吗？并不是每一个能侃侃而谈或者表达一个有说服力的愿景的人都可以不负众望，让想象变为现实。战略愿景能否变为现实取决于战略家是否能对愿景的实现形成一个有效论证。因此，当思考战略建议书时，评估逻辑有效性应该占据主导地位。如果没有严谨且逻辑有效的战略论证，战略天才和疯子之间的区别主要就是前者拥有好运和机遇。脱离实际和逻辑的想象只会是一闪而过的念头，最终消失于无形。

根据我们与高管接触的经验，在大多数公司中，这种理想的战略状态通常都无法实现（或者甚至有较大的偏离）。各个层级的领导者要么太过于强调愿景和目标，要么太过于关注事实和数据。他们在很多时候都忽略了战略论证在两者之间作为桥梁所发挥的关键作用。如果没有这座桥梁，大多数高管更愿意待在他们已知的安全区，或者是认为事实和数据传递的信息更靠谱。他们会坚持制定稳妥的渐进式战略建议书，而不是大胆发挥想象力，因为他们还不知道愿景的实现需要具备哪些条件，对此，他们并没有做好准备工作。在其他案例中，企业高管仅仅是凭着直觉采取行动，在不同的目标和机会之间做出选择，而不是对实现愿景的不同方式及公司成功所依赖的关键假设进行严谨的争辩。这种做法有时候会成功，因为幸运女神会照顾他们。但是，在更多的情况下，领导者一旦发现有麻烦，就会放弃他们的大胆创举，因为他们对最终获得成功的逻辑缺乏清晰的理解。这些情况的最终结局是对战略过程的挫折感以及对领导力的巨大失望。

除了为评估战略建议书提供一项标准之外，一个好的战略论证还是把想象转化为连贯一致行动的基础。战略论证不是战略执行计划，这就如同建筑蓝图不是物理学理论。然而，公司高管总是会直接从制定愿景跳跃到把其分解为一个执行计划，即一系列越来越小且相互嵌套的目标，这些目标最终累加为期望获得的结果，这就好比是俄罗斯套娃。这个过程会给人一种踏实感，也蕴含了一些智慧，因为它把一个难题分解为多个易于解决的小问题。但是，这种快速从想象力转化为执行计划中的战术安排的做法所带来的踏实感可能具有欺骗性。大家不要误解我们的意思：建立子目标是战略过程非常重要的组成部分，但前提是要有一个清晰陈述的战略论证。一个精心设计的蓝图不一定会遵循物理定律，同样地，一个清晰、明确的执行计划不一定符合合理的成功逻辑。确保战略具有逻辑连贯性的最佳方式是清楚地表达并检查论证的结构。[7]

指引企业或者组织获得持续性的成功，就好比是成功建造一座经得起时间检验的大楼，如果有乔布斯、盖里等具有远见卓识的人来统领全局，可能会容易很多。但是，不论谁当领导者，获得持续性的成功要求具备一个清晰、有效的战略论证，并在整个组织中进行有效传达。

对发现的再度思考

像本田这样的公司的战略发现故事表明，与其说战略成功在很大程度上取决于一心一意地朝着一个战略愿景努力，倒不如说战略成功依赖于领导者根据情况变化做出调整的能力。通过一个类似的战略发现过程，1984 年，时任迪士尼 CEO 的迈克尔·艾斯纳（Michael Eisner）提出了迪士尼当前战略的雏形，即围绕公司创造和拥有的动画角色，开发电影影片、电视系列片、主题公园、百老汇舞台剧、现场表演及相关产品和服务。[8]

詹姆斯·B.斯图尔特在《迪士尼战争》[9]中写道，在艾斯纳担任 CEO 的早期，围绕动画角色来构建战略是他和迪士尼董事会成员最不情愿做的事情。刚上任时，艾斯纳"一直对动画角色予以否定"，[10]而且"考虑舍弃全部动画角色"。[11]相反，他"对重振迪士尼的真人电影和电视部门充满了极为浓厚的兴趣，这是他在派拉蒙影业公司工作时非常熟悉的业务"。[12]艾斯纳让动画业务继续存在的唯一原因是，对他担任 CEO 发挥了核心作用的罗伊·迪斯尼认为这是公司的一个关键组成部分。艾斯纳让杰弗瑞·卡森伯格负责管理动画业务，并告诉他主要工作就是让罗伊高兴（显然，政治考虑高于一切），而且拒绝为他提供实施新项目的预算。[13]但是，随着《奥丽华历险记》(《雾都孤儿》的动画改编版）获得意想不到的成功，以及《白雪公主》推出录影带版本并售出 300万套，艾斯纳对动画业务的态度慢慢发生了转变。这些事件"慢慢开始说服艾斯纳，正如罗伊·迪斯尼的一贯坚持，动画可能确实是迪士尼的心脏"。[14] 1989 年，《小美人鱼》上映，这部动画电影受到如潮的好评，并打破了票房纪录，自此之后，对动画电影的质疑声都消失了。艾斯纳增加了动画业务的预算，并要求动画设计师加快生产速度，期望每 12～18 个月，而不是传统的 4 年一个周期，就能生产出一个新动画形象。因此，迪士尼在艾斯纳的带领下取得了惊人的持续成功。

艾斯纳的经历表明，成功的战略通常是在制定规划、试验、学习并根据意想不到的结果对战略制定的方式进行修正的反复过程中产生的。卓越的战略有时会在采取行动的过程中显现出来，变得越来越清晰，最后被"发现"。弗兰克·盖里在他的设计中意识到了偶然性和试验的作用，尤其是当这些设计是从第一个模型逐步演变而来时。史蒂夫·乔布斯起初并没有预料到 iPod 会取得巨大成功，它当初只是作为麦金塔电脑重振计划（最终以失败告终）的一部分被推出的。[15]

张开双臂，尽情拥抱战略新发现。硅谷精神的布道者们宣扬初创企业的优点——当它们的初始战略无法达到预期或者遭遇失败的时候，它们有能力"转弯"。但是，在祝贺领导者成功从失败的商业模型转向受热捧的新事物时，许多人会忘记还有数不清的企业家从一个失败转向了下一个失败。有关战略发现的故事可能是激励人心的，不过我们通常只能听到成功者的故事。

运用发现力作为探索战略的方式，或者对战略调整持完全开放的态度会带来两类风险。一类风险是过早地舍弃一个伟大战略。理查德·费尔班克通过采用一种全新的评估风险和赢得客户的方式，创建了一家信用卡公司——第一资本（Capital One）。但是，实施该战略的初步尝试给公司造成了巨大损失，而且公司经历了两年亏损后才找到了成功之道。如果费尔班克在 6 个月之后就决定调整方向，采用其他战略，那么第一资本就不可能在行业中占据主导地位。[16]

调整战略的另外一类风险是追随一时的风尚，也就是为追随当下最热门的事物而对公司的投资、业务活动重新定位，结果却发现当初的美好想象转瞬即逝。这当然不是领导一家组织的好方式。

这两类风险都是由战略调整的本质引起的，因为战略调整涉及把市场表现作为评估战略的最终标准。因此，如果市场表现差，大家就认为战略制定得不好；如果市场表现好，大家就说战略制定得好。但是，这种逻辑是有缺陷的。请不要误解我们的意思：我们坚定地认为一个卓越的战略将带来出色的市场表现。但是，这与把良好的市场表现归功于一个出色的战略是完全不同的两回事。虽然一个好战略（或者说卓越战略）会大幅提升市场表现良好的可能性，但它并不是从良好的市场表现必然归功于一个好战略这个想法推导出来的。相反，一段时期内市场表现差并不一定意味着公司的战略不好。为什么？

公司业绩受到多种因素的影响，但并非所有因素都能追溯到公司的战略上。虽然我们只有一个关于公司业绩的实证记录，但是我们可以做出几个或者多个看似合理的解释，包括战略、行业或者市场效应、随机的或者具有特殊性的影响因素（比如运气）。正如所有高中生学到的代数知识，对于一个未知数多于方程式的问题，一般没有唯一的解答方式。正因为有如此多的变量可能会对公司业绩产生影响，所以按照经验来确定公司是否拥有成功的战略是非常有难度的。因此，根据短期表现来对战略质量得出结论是不可能的。

事实上，公司的业绩记录应该用于调整我们对公司成功逻辑的信念。发现是战略领导力的基本组成部分，因为它与学习或者更新我们认为是真理的东西有关。但是，有效学习要求我们形成清晰的初始推理，即战略论证。对公司成功或失败的原因进行梳理要求具备批判性思维及逻辑论证。只有对结果做出清晰的解释，即针对战略失败或者成功的原因构建可靠论证，我们才能真正地理解那个结果。透过战略论证这面棱镜来对市场反馈进行解读，这对理解初始战略的错误之处和正确之处都是极其关键的。与全盘舍弃原有战略并创造一个全新的故事相比，对战略进行修正更能实现成功的战略调整。

威廉·巴尼特（William Barnett）有力地强调了这一点，他说："我们经常在没有逻辑地'学习'，因此我们经常会与一些非常棒的想法擦身而过。"[17] 他的意思是说，许多所谓的学习事实上是荒谬的。当然，我们通常从经验中得出结论，并且在向前推进的过程中改变了我们的行为方式，但是，我们得出的结论常常是错误的。例如，巴尼特指出，当苹果推出的掌上电脑"牛顿"遭遇失败后，许多人得出的结论是智能掌上设备没有市场，当然，我们现在知道这个结论根本与事实不符。在经历了 Lycos、AltaVista、Excite、Magellan、Infoseek及其他搜索引擎的苦苦挣扎后，类似互联网搜索在 20 世纪 90 年代末不是一项具有可行性的业务的结论出现了。如果谷歌的创始人拉里·佩奇和谢尔盖·布林对这个信息深信不疑，会发生什么呢？

错误学习的发生有很多原因，包括认知偏见、虚假信息和迷信观念。但是，错误的学习几乎总是缺失清晰、逻辑连贯的战略论证。科学家通过形成理论见解、根据经验事实对其进行检验、修正等步骤来推动理论发现的过程。类似地，战略领导者通过把他对战略成功条件的直观想法转化为战略论证、让战略论证经受市场的检验、根据市场反馈重新构建战略论证等来实现战略成功。在这两种情形下，逻辑评估把构建论证、检验论证和评估论证的过程结合起来。换句话说，战略发现的过程必须以清晰的战略论证为指引，因此，领导者会知道什么需要改变、如何改变，以及什么需要保持不变。

有效的战略发现要求构建清晰的战略论证，因为它有助于领导者找出拟定行动方案底层的关键假设。这些假设与公司的能力、资源或者市场条件有关，它们是行动方案成功的必要条件。如果这些条件不成立，行动方案就会土崩瓦解。清楚地知道战略成功的必要条件是什么，可以使企业高管在战略发现的过程中获得两个优势。第一个优势是，它有助于明确评估为使战略保持健康状态应该跟踪观察的关键指标。第二个优势是，它能预示出在什么时机我们有必要对战略进行调整，即当我们不再认为关键假设成立的时候。

本田公司和迪士尼的高管在上文中所描述的调整期中保持了战略灵活性，他们在这一点上值得充分赞赏。他们从经验中学习，而且在看到新的战略路径比原始计划更具发展前景的时候，他们会主动调整战略，即使这些新路径包含他们之前想舍弃的业务活动。虽然我们对这两家公司的战略发现过程没有个人洞察（除了上文中介绍的内容），但我们自信地认为，正因为有清晰的战略论证，而且明确了关键假设，所以从经验中学习的过程变得轻车熟路了。在本田进入美国市场的初始战略中，有一个被证明不成立的关键初始假设是美国的摩托车购买者会认为一辆日本品牌的摩托车可以与哈雷摩托车相媲美。在艾斯纳想把动画角色从迪士尼移除的原始决定中，关键假设是大型动画电影作品已经没有市场了。

本田和迪士尼的领导者在找到正确的战略后无可非议地收获了高度赞扬。只有通过非常清晰的预见性，看到潜在巨大成功的早期迹象，展现愿意为这些早期迹象做出巨大投入的个人勇气、高度自信和沉着态度，才能从虽然没有失败但却遭遇严峻困难，而自己又曾公开赞成的高调计划中退身。但是，成功的战略发现不只是因为企业拥有能力强大的高管，还因为它的逻辑战略论证技能具备深厚的基础。

逻辑论证——卓越战略领导力的支柱

我们应该从盖里、乔布斯、本田以及迪士尼的案例中汲取哪些经验？综合这些经验，我们认为，卓越的战略既不是简单地表达并坚定地实现一个鼓舞人心的愿景，也不是在事件发生时简单地做出本能回应。战略领导者需要在承诺和灵活性之间找到平衡。战略必然是动态且依据情况发生变化的，但是，作为组织决策的有效基础，它们也必须拥有一个能对明智选择起到支撑作用的稳定支柱。那个支柱就是精心设计且逻辑连贯的战略论证，它对组织的活动和资源如何与外部条件相结合，并产生可持续的成功进行了解释。事实上，当我们声称卓越的战略是强有力的逻辑论证时，我们并没有夸大其词——不多不少，刚刚好。

因此，战略领导力包括在制定、评估和修正组织战略的过程中使用逻辑论证这个支柱。它是指找出组织为获得成功，已经具备或者需要具备的环境及其他条件。它是指具体说明公司应该如何与那些外部条件相互作用来获得竞争优势。它是指公司组织架构和业务活动的不同部分如何通过相互关联来协调和控制工作流程。它还指如何从这些深刻洞察中提取精髓，形成对公司成功逻辑的正式表达，供公司的决策制定者分享和讨论。

今天，几乎没有战略顾问会告诉企业高管应该更多地思考逻辑。因此，我们并不怀疑我们提供的建议与大多数企业高管在思考如何解决战略挑战时的先入为主的见解有什么不同。同样地，我们意识到，建议一位企业高管应该像科学家创造、评估一个科学理论那样来面对不确定性，这将被一些人认为是不寻常的甚至可能是相当不可思议的建议。

我们从两个方面进行反驳。第一，企业高管在许多其他的商业和生活领域，习惯性地接受严谨推理所能发挥的强大作用，比如，他们应用财务模型来预测未来收益。如果严谨的推理在这里也适用的话，它必定也是战略决策制定的基础条件。第二，真的有其他可行的备选方案吗？在大多数公司中，高管对当前的战略状态普遍存在的挫折感表明这样的备选方案并不存在。

请大家注意，当把战略看作一个论证时，战略和执行之间存在的传统分割线将难以维持。这是因为通过执行能够发现推动战略改进的建议。初始战略计划可能由公司最高领导层制定，但是，当负责战略执行的人认为这个战略计划不是一成不变的真理时，特别是当这一点很快就变得清晰明了时，那些负责战略执行的人就可以做得更好，但这只是有待修正和改进的暂定假设。这样做时，全公司的决策制定者都将为发现一个更好的战略做出贡献。

本田和迪士尼的案例说明，计划只是战略过程的开端。战略领导力要求根据不可预知的机遇和挑战，持续地对战略进行调整。辛西娅·蒙哥马利在《超级战略家》中写道："不论经过多么细致的构思，或者得到多么好的执行，如果领导者把今天已经落实到位的战略当作最终产品，那么这个战略最终会失败。"[18] 然而，对许多企业高管而言，他们把公司战略当作最终产品，即使他们看到现实已经发生了改变。因此，他们缺乏信心也就不足为奇了。当然，转变这种态度要求公司高管适应于构建和评估战略论证，而且组织要拥有支持建设性论证的文化和流程。

把战略当作论证也意味着公司内部的战略争辩会更加富有成效且更有助于提升对战略的信心。这是因为正式论证的语言构成了假设或前提，而且能确定结论是否从假设推导得出。在争吵中，对手尝试攻击你的行动方案的惯用方式是指出你所依赖的假设可能不成立。但是，把战略当作论证来思考的核心是意识到所有战略论证都基于假设。战略总是涉及对即将发生的情况和未来会发挥作用的因素下赌注。重点在于把假设梳理清楚，然后对它们的结论导向性水平进行评估。

一个战略首先应该从内在逻辑是否连贯的角度来进行评估，理解这一点可以为争辩双方相互听取不同见解创造一个空间。创造这个空间时需要意识到，如果不做出假设，哪一方都不可能得出一个合乎逻辑的结论，而且大家在理解哪些假设有助于构建论证之前，都不能对结论做出评价。这种认识有助于相互对立的各方"出于论证之目的"，听取各自的不同见解，即使他们对正确结论的直观看法有所不同。只要有一方能构建一个有效论证，而且其论证中不包含不切实际的假设，那么，这一方的结论就应该得到认同。如果双方都能构建有效论证，那么它们就还需要往前一步，因为它们现在可以把彼此不同意的假设分离出来。这样就把叫嚷"选项 A 比选项 B 好"的对话，转向讨论"当哪些假设成立时"，一个选项会比另一个选项好。

只靠愿景或者发现不足以支撑战略成功。一个清晰愿景的驱动力以及从经验中获得的深刻洞察，都能通过"清晰连贯的战略论证"这个支柱得以强化。如果没有清晰有效的战略论证，战略制定过程就会在困惑的状态、错误的开端以及错误的投入中崩塌。如果具备一个有效论证，领导者及其团队将拥有提升决策制定过程质量的优势，而且可以形成统一步调，从经验中吸取正确的教训。企业高管在掌握了本书介绍的活动体系后，将能带领团队建设和发展一家卓越的、力争上游的组织。

MAKING GREAT
STRATEGY

主要观点总结

- 对于什么是卓越的战略领导者应有的素质，存在两个相互对立的形象。对一些人而言，卓越源于拥有独一无二的远见卓识和深刻洞察，但对另一些人而言，卓越源于做出战略调整及发现大量机遇的能力。这两类描述都不完整。如果没有推理性分析，只靠想象和发现都无法制定卓越的战略。

- 卓越的战略融合了直觉想法和推理。它提供了一个由严谨、合乎逻辑的战略论证支撑的新颖且激励人心的未来愿景。如果没有逻辑论证这个支柱，只有好运气和好际遇才能把战略天才和战略疯子区分开。

- 领导者通常是在初始战略失败的情况下才能发现卓越战略，然后发掘出意料之外的机会。但是，一遇到阻力就从一个战略转向另一个战略，这并不是制定卓越战略的安全路径。只有自觉构建有理有据的战略论证，领导者才能避免太早舍弃一个卓越战略和追随转瞬即逝的短期风尚这两类风险。

- 出色的战略领导力依赖于使用逻辑论证来制定、评估和修正组织战略。把逻辑论证作为卓越战略的一个支柱打破了战略和执行之间的分界线。在组织中做决策通常遵循一些行动逻辑，领导者面临的挑战包括确定逻辑的一致性和连贯性。

MAKING GREAT
STRATEGY

术语解释

本书的目标是强化企业高管构建和评估战略论证的技能。通过强化这些技能，企业高管将在组织战略不完备的时候，拥有更强的改进战略的能力，以及拥有在面临变化时让成功战略维系下去的能力。

鉴于一些术语在本书中发挥的核心作用，我们将在此附录中对"逻辑"和与其相关的术语如"论证""战略""战略论证""战略逻辑""战略地图"以及"战略规划"等的使用做出明确解释。尽管有时可能读起来干涩、看起来冗余，但是，这些定义应该是很实用的指南，而且可以为读者提供清晰的解释。我们力求在全书中保持这些术语用法的一致性。即使有些乏味，这些术语也值得我们做出明确解释，因为我们的用法和其他人的用法有所不同。

首先，我们对"战略"和"战略论证"进行区分。作为社会科学家，战略对我们而言和实际行为有关，而战略论证则与做出或者规划选择，以确保战略成功有关。选择和结果之间的区别虽然是根本性的，但这个区别却非常不明显，而且也未必容易理解。实际上，我们所查阅的市面上广泛使用的教材或资料几乎都把这两个概念混为一谈。

例如，我们看一下瑞士洛桑国际管理发展学院（IMD）教授迈克尔·沃特金斯对战略的定义："当在组织中沟通和采纳一个业务战略时，它是指能产生理想决策模式的一系列指导原则。"[1] 或者，我们来看看富有思想的管理学作者雷富礼和罗杰·马丁对战略的定义："战略是为了使公司在行业中占据得天独厚的优势地位而形成的一个选择的集合，它将为公司创造可持续的竞争优势和卓越价值。"[2] 即使是迈克尔·波特，他也是沿着这个方向对战略进行定义的："战略是通过一系列不同的活动，创造一个得天独厚且有价值的地位。"[3]

战略计划在本质上是有行动清单和时间表的论证，但上述定义没有在行为事实（市场中实际在发生什么或者已经发生了什么）和为实现战略成功已经做出或者将会做出的决策（包括为获得预期成功而制订的未来计划）之间划分界限。正如我们在第十章中关于本田和迪士尼的讨论，成功，甚至是战略，有时源于不可预料的偶然性事件，而且我们不想把所有结果都归功于战略计划。

当我们问一家公司或组织是否总是有战略时，战略和战略论证之间的界限就变得更为鲜明，无论战略是在预期之外的、隐性存在的、不相一致的还是被忽略的。我们想象有这样一群朋友，他们偶然地成立了一家公司，通过销售互不关联的与其个人兴趣爱好有关的产品来赚钱，是因为这些合作伙伴的某位伴侣认为这对收回因个人兴趣爱好而发生的成本会有所帮助，并提供了减免税负的好处。源于古老的商业策略理念而形成的传统战略制定方式很可能会明确无疑地声明，这家杂乱无章的组织是没有战略的。[4] 但是，有关战略新维度的重要洞察是从关于战略的更现代的行为方法论中产生的，这些方法论坚持认为这家公司，确切地说是每家公司都是有战略的，不论公司内部的人是否知道，也不论战略是否能为公司创造优势。从这个观点来看，组织的战略是它的实际行为方式，即它与其他组织展开竞争的方式，以及它从市场和其他环境中获取资源的方式，不论这些尝试可能多么渺小或者毫无效果。这个定义有意地融合了亨利·明茨伯格和其他作者关于"浮现型战略"的观点，即"随着时间的推移而始终保持一致的行动或者行为，它们构成了一个在初始战略规划中没有明确意图却成为现实的模式"。[5]

按照这个观点，我们把公司实际发生的行为和这些行为产生的结果，与公司为在竞争及获取资源的过程中保持有效性而本该采取什么做法的理念相分离。对比之下，许多分析师认为，如果一家公司没有一个有理有据或者逻辑连贯的战略计划，或者这个计划不能带来成功，那么这家公司就没有战略。类似地，如果这家公司失败了，他们很可能会说原因在于它没有战略。在这样的情况下，尽管我们可能同意公司失败的原因在于战略考虑不周或者执行不力，但我们还是会坚持认为公司是有战略的，只不过很有可能是一个糟糕的战略，抑或是一个拙劣的或者不充分的战略论证。

当然，我们的目标是精心设计卓越的战略，即能在竞争和获取市场资源的过程中展现优势的有效战略。这也正是战略论证的意义所在。区分战略和战略论证的一个简单方式是：战略让我们知道公司成功（或者失败）的真实原因，而战略论证是你认为导致公司成功（或者失败）的一系列原因。这种区分可能第一眼看上去会让人不知所云，我们将更加具体地对这两个术语下定义。

一家组织的**战略**是指它的资源和活动以哪种方式与外部条件相结合，以在经济上获得成功（或者以失败告终）。按照这定义，战略是公司行动和市场定位的集合，外加公司成功（或者未能成功）

产生经济效益的底层系统性的原因。从这个意义上来说，战略是不可以直接被观测的，而且也不是对领导者意图的简单反映。这个观点反映的重点在于：每家公司都有一个战略，不论这个战略是否成功，不论这个战略是否前后一致或者逻辑连贯，也不论公司领导者是否意识到这个战略如何能有效发挥作用。

战略论证是对如何把公司的资源、活动和外部条件相结合，以创造和获得价值的描述（或者清晰表达）。**论证**是指以说服其他人行动或者想法是好是坏为目的而提供的一系列理由。因此，战略论证是指某位人士（通常是企业高管）为说服其他人而提出的关于公司资源、活动和外部条件的特定组合有助于公司创造和获得价值的一系列理由。它是领导者（或者其他人）讲述的关于公司为何如此运作的故事。有些战略论证比其他战略论证更有效。在某种程度上，这是一个关于实证准确性的问题。战略论证有可能是也有可能不是一个正确的故事或者对真实的、不可观测的故事的精准表达。当然，我们尽可能地想让它成为一个正确的故事。但一个更为根本的出发点是它必须是一个逻辑论证。

逻辑论证，顾名思义是指通过逻辑检验的一类特定论证。我们对**逻辑**的定义是根据严格的有效性原则展开推理并对推理过程进行评估。正如我们在第三章中的讨论，**有效性**在这里指前提确实能暗示结论成立，而且推理链条讲得通、有逻辑。逻辑论证是有效论证，但除非前提成立，否则逻辑论证也未必是可靠论证。并非所有论证都是逻辑论证。但是，所有站得住脚的战略论证都是逻辑论证。

我们把**战略逻辑**或者**成功逻辑**定义为一个合乎逻辑的战略论证，即满足有效性条件的战略论证。战略逻辑是所有战略论证的一个子集，因为并非所有战略论证都具有逻辑有效性。战略逻辑（或者成功逻辑）之间可能存在竞争关系。换句话说，我们可能尝试通过构建不同的具有逻辑有效性的战略论证，以对公司为什么能成功地创造及获得价值做出解释。如果是这样的话，在它们之间做出取舍就是一个与论证的经验真理（即每个论证的前提的真实性）有关的问题。

如第二章所示，**战略地图**是对战略论证的可视化表示。绘制战略地图通常是对战略论证进行清晰表达的第一步，但仅用战略地图来评估战略论证是否具有逻辑有效性是不够的。然而，在战略论证的有效性得到保证的前提下，战略地图可能还是沟通战略论证的一个有效方式。

战略计划是从战略论证中衍生出来的一系列行动和投入。在被选定的行为模式与战略论证的推理保持一致的情况下，它将战略论证转化为行动。

剖析战略——基础篇

为什么要写这个附录？

本书针对构建和评估战略理论的内核——论证，提供了一个可供灵活应用的活动体系。对不熟悉战略理论的读者而言，这个附录对商业战略的核心问题做了简要综述，可以当作战略基础篇来阅读。

我们使用西南航空的案例来说明如何对公司战略进行高层次的分析。我们以战略分析的常用概念为基础（尽管有时名称不同），比如价值创造、价值获取和竞争优势。我们在本书中运用了多个概念，旨在解释如何在运用逻辑推理及其他工具进行战略分析和构建战略的过程中使用这些概念。

附录 B 旨在介绍和解释战略论证所涉及的关键概念，而不是展示或者详细描述构建或运用战略论证的过程。而且，单是这个框架应该也有助于对一家公司成功（或者失败）的原因进行诊断，并重点理解另一家组织（可能是竞争对手）成功或失败的原因。

剖析战略论证

如附录 A 中的解释，我们推荐对战略进行简单定义，即一家组织的战略是指它的资源和活动以哪种方式与外部条件相结合，以在经济上获得成功（或者以失败告终）。我们强调经济上的成功，是因为这是任何一位战略领导者的根本责任，无论这家组织是营利性机构，还是社会型企业，抑或是非营利性机构。在后两种情况下，即使组织不追求利润最大化，它们也必须确保获得足够的经济资源来维持组织的运营，实现组织更为宏大的使命。[1]

战略论证是关于公司绩效的理论，它是围绕如何把公司的资源、活动和外部条件相结合，以在经济上获得成功的一系列命题。哪些因素将决定一家公司在经济上的成功？如果我们从会计的角度出发，一个简单的思考方式是把公司想象成一个交易集合体。在每一笔交易中，公司把来自供应商的一系列投入（包括员工的劳动力）结合起来，并通过某种方式加以转化，然后把最终产品或服务出售给购买者。公司在经济上的成败取决于它在每一笔交易中赚取了多少钱，由"价格－成本"或"P－C"，以及交易数量（数量或 Q）决定。这给我们提供了一个基本的会计等式，即利润 = Q×(P－C)。

归根结底，战略论证是对公司如何产生利润的解释。在构建战略论证时，把如何产生利润这个问题分解为两个部分是很有帮助的，即价值创造和价值获取。[2] 价值创造是指当公司把各项投入转化为消费者所需要的产品或服务时，可能会产生的潜在利润。经济表现存在差异的一个驱动因素是有些公司在转化过程中创造的价值比其他公司多，即在投入相同的前提下，它们的产出比其他公司的多，这就好比一位明星厨师能用同等的食材制作出更加美味的菜肴。我们对价值创造的定义如下：

> 当购买者愿意为公司的产品及服务（直接或者间接地）支
> 付的价格高于供应商所需投入的机会成本时，公司就是在
> 创造价值。

请大家注意，这个定义介绍了两个我们之前在关于利润的"会计学"定义中没有涉及的概念：①购买者的支付意愿和②供应商的机会成本。对每个概念进行思考的一个简单方式是想象当购买者和供应商在考虑与生产商开展一项交易时，他们考虑的因素是什么。当看到生产商的产品时，购买者（隐含地）在问"我从这个产品中将获得多少实用价值或收益？"然后再对其认定的有用性估价。因此，支付意愿是购买者为获得产品或服务而愿意花费的最大金钱数额。供应商的机会成本也由类似的思考过程决定，但是，供应商会提出的问题是："我为什么应该把资源出售给这家生产商，而不是其他生产商？"为说服供应商提供资源，公司必须至少以与供应商能从其他公司获取的同等价格支付。也就是说，供应商的机会成本是指当供应商向一家生产商的报价和向其他可选项的报价没有什么不同时，供应商假设的最低出售价格。创造价值就是扩大购买者愿意花费的最大金钱数额和供应商的最低出售价格这两个数额之间的差值。通俗地讲，价值创造是把馅饼做大。

创造价值是在经济上获得成功的必要条件，但不是充分条件，即创造价值的公司未必能获取那项价值。例如，维珍美国航空公司备受消费者青睐，但不能可持续地赢利，最终被阿拉斯加航空公司收购。根据我们的评估，维珍美国航空公司成功地为消费者创造价值，但不能获取足够的价值来使它自身在面对来自西南航空、捷蓝

航空及其他航空公司的挑战时实现可持续的发展。类似地，许多软件开发商为 iPhone 设计了深受消费者欢迎的应用程序，但除非它们能解决在获取价值的过程中所面临的挑战，否则它们将不能可持续地赢利。这些挑战包括苹果对应用商店的控制权、来自其他开发商的模仿，或者是它们的差异化特征被融合到苹果的下一代 iOS 运行系统中。

如果价值创造是指馅饼的大小，那么价值获取就是指如何对馅饼进行分割。在我们假设的交易中，有三类参与者：购买者、生产商和供应商。因此：

公司获取价值的程度取决于对它所创造的价值的占有，而不是购买者或者供应商要求的价值。

简单来讲，这个想法可以归结为购买者支付低于其支付意愿的价格的能力，以及供应商收取高于其机会成本的价格的能力。支付意愿和实际价格之间的差值就是购买者获取的价值，而实际投入成本和供应商机会成本之间的差值就是供应商获取的价值。剩余部分就是生产商获取的价值。

公司获取价值的能力由竞争环境的结构和动态驱动因素决定。在过去 40 年间，作为战略分析的主力，行业分析对这些问题予以了重点关注。比如，当购买者具备议价能力时，他们可以把价格压到低于支付意愿的水平；类似地，具备议价能力的供应商也可以把生产商的投入成本推至高于供应商的机会成本的水平。因为公司之间的竞争、替代选项的存在以及为进入市场而压低价格所带来的威胁，购买者在不具备议价能力的情况下可能也会获取价值。为了产生利润，公司需要找到克服这些障碍的途径。

创造价值和获取价值之间的区别构成了战略识别过程的核心。一家公司要想持续地创造利润，那么它必须既能创造价值，又能获取价值。识别一家公司的成功逻辑相当于明确这两个条件在什么情况下成立。也就是说，我们需要针对公司如何创造价值构建一个论证，同时也要对它如何成功获取价值构建一个论证。或者，如果我们想理解一家公司没有获得成功的原因，我们就需要把其中一个（如果不是全部）行不通的过程分离出来讨论。

当我们在尝试理解一家公司的成功（或者失败）时，最初通常会有很多个不同的相互冲突但又看似合情合理的解释浮现出来。识别一家公司的战略包含调查工作。它是一个循环往复的过程，包括记录关键事实、发现可能的解释，然后在找到最佳解释之前排除其他选项。这个过程的一个重要部分是收集所有相关信息，即关于公司如何运作（商业模式）以及其所处的市场环境的事实。然而，难度最大且最具挑战性的部分是理解所有这些不同的因素是如何组合在一起的，以确定能对公司成功做出最合理解释的原因，或者确定公司成功还需要具备哪些条件。在这个过程中，我们在本书中介绍的逻辑推理技巧将发挥关键作用。

我们将通过再次回顾西南航空的案例来对战略识别进行说明，并解释它具备显著盈利能力的驱动因素。[3]

案例分析：西南航空

由于西南航空获得的成功以及媒体和商业案例中对其商业模式的广泛讨论，大家对它的商业模式的主要特征是很熟悉的。西南航空是率先提出低价、"零"非必要服务政策的航空公司。以其总部基地——得克萨斯州的达拉斯市为据点，西南航空的航班主要为往返于达拉斯与距离达拉斯 200～300 英里的城市（比如休斯敦、圣安东尼奥）之间的高频短程航班。尽管西南航空的航班最近几年在大型机场的降落次数有所增加，但西南航空的航班通常飞往主要大城市的中型机场（比如加利福尼亚州的圣何塞机场或者奥克兰机场，以替代旧金山机场）。与美国联合航空、美国航空和达美航空等大型美国国内航空公司不一样的是，西南航空没有投入大量的资源来建设中心辐射式网络，而是开发了点对点网络，且没有创建大型集散中心。西南航空只有一种机型，即波音 737，而其他航空公司通常购置波音、空客（以及之前的麦道）等多家公司的多种机型。西南航空以高效运行著称，相比于其他航空公司，它的飞机调头时间短、员工配置率低。西南航空引以为傲的做法是不提供非必要服务，它在飞行途中不提供用餐服务，只提供软饮料和椒盐脆饼（之前是坚果），它的客户服务风格是友好且简单直接的。乘客不能提前预约特定的座位，而是在登机时遵循先到先得的原则。另外，西南航空不与任何机票预订系统合作，因此，乘客只能直接从西南航空购买机票。这意味着乘客只能前往西南航空的航班目的地，即乘客不能预订既包括西南航空的航班，又包括其他航空公司的航班的联程机票。同时，西南航空从历史上就一直采取激进的定价策略，例如，竞争对手收取几百美元的航线票价，西南航空只收取 49 美元。

以这种方式来描述公司的商业模式，往往无法对如何将公司战略的不同组成部分，包括客户、价值主张、渠道等组合到一起做出解释。换句话说，关于成功企业的许多描述都把成功逻辑作为留给读者的开放式练习题。因此，找到公司为获得成功而需要在客户、市场、竞争等维度成立的关键假设是有难度的。如果是仅从外部角度描述公司战略，难度可能并不大。然而，正如我们在第一章中讨论的，许多企业高管对其公司战略缺乏信心表明，他们对公司的成功逻辑缺乏清晰的认识。而且，如果他们不理解自己所领导的公司是如何创造价值的，他们就不可能做出好的决策。在本书的第一章中，分析师批评西南航空的 CEO 加里·凯利，就是在给他施压，让他介绍公司从消费者身上获取更多价值的政策是什么。分析师认为这种政策有助于提高利润。在这种情况下，尽管新增的收费项目可能会增加每笔交易的边际利润，但也会给价值创造带来负面影响。简而言之，凯利需要对某项新政策（比如对提前选座收取费用）是否会削弱西南航空创造价值的能力做出明确判断。这就要求他清晰了解西南航空是如何创造价值的。

西南航空的价值创造

从创始人赫布·凯莱赫开始，西南航空的核心创业智慧一直是在为支付意愿水平相对较低的乘客提供服务时，发现创造价值的方式。成功的企业一般会在两种价值创造思路中选择其中一种：要么是低成本优势，要么是品质认知优势。

价值创造是通过扩大两个变量之间的差值来实现的。这两个变量是消费者对公司产品或服务的支付意愿和供应商提供资源投入的机会成本。上述两种价值创造思路分别对应地聚焦于这两个变量。当公司采用低成本战略时，它们的重点是降低每笔交易所需资源投入的机会成本，比如，具体途径有减少每笔交易的资源投入或者使用成本较低的资源。相比之下，如果公司采用品质认知战略，它将集中精力来提升消费者的支付意愿，具体做法包括引入能为消费者创造很多实用价值的技术性能（比如智能手机的防水功能），或者为消费者看重的产品精心设计一个品牌形象或者树立一种市场声誉（比如苹果的品牌建设成果）。

　　西南航空是一家典型的始终如一地采用低成本战略的公司。它的具体做法是寻找更高效地向消费者提供航空服务的方式，比如在每一笔交易中，投入少于其竞争对手的资源。原因在哪里？西南航空的乘客通常会显示出较低的支付意愿。特别是在创业起步时，西南航空主要吸引不在其他航空公司服务范围之内的两类旅行者群体。第一类是一种特定类型的商务旅行者，这部分人不是身居高位的企业高管，而是销售员、产品售后支持工程师以及经营小企业的老板。也就是说，西南航空吸引的商务旅行者在公司的层级体系中处于较低的位置，他们的报销额度较低，但可能因为有固定销售条线且需要经常与客户见面，而频繁地往返于圣安东尼奥和达拉斯之间。第二类是一种特定类型的休闲旅行者，这部分人不是参加欧洲豪华游的旅客，而是因为要参加洗礼仪式、追悼会、生日宴会等活动而探亲访友的旅客。西南航空的目标服务群体还有在达拉斯生活，但要回圣安东尼奥参加父母结婚纪念日等活动的大学毕业生，或者是分居两地的年轻夫妻。

　　特别是在西南航空成立之初，这两类消费者群体与美国联合航空或美国航空等具备全程服务能力的航空公司的消费者群体不同。西南航空的乘客只对有限的几个目的地感兴趣，这些目的地一般位于同一个区域，而且乘客也很少有前往国内其他地方的需求。他们只是想定期往返于 A 地和 B 地之间。因为区域性航班是短程航班，消费者不太在乎餐饮服务或视频娱乐等飞行途中的舒适性设施。恰恰相反，一种合理的假设是这些消费者群体希望航空公司能最大限度地提高航班频次（为了参加会议或者聚会不迟到，但也不必太早到达，以免浪费时间）、安全性和可靠性，尽管他们也想尽量减少旅途时间、不舒适感、旅途劳顿和时间压力。最重要的是，相较于具备全程服务能力的航空公司的消费者群体，他们的支付意愿很有限。地区销售人员被分配的旅行预算有限，刚毕业的大学生可能因为要偿还助学贷款，也没有太多可以自由支配的收入。事实上，在西南航空成立之前，这部分群体的有限预算意味着他们几乎不会选择乘坐飞机往返于圣安东尼奥和达拉斯之间，因为提供全程服务的航班票价太高。他们宁愿开车或乘坐公交车出行，或者是待在家里打个电话。（出于这个原因，像西南航空等低成本航空公司与其所服务的消费者群体之间的交易有时被称为"沙发交易"，因为这些航空公司让大家离开了沙发，走出家门。）

出于对这些实际情况的考虑，西南航空采用了低成本思路，它的主要目标不是通过介绍产品性能或服务来提升地区销售人员的支付意愿。赫布·凯莱赫的创业智慧不仅体现在明确区域性航空飞行对哪类消费者群体具备吸引力，还体现在设想如何以足够低的成本来服务这些消费者，实现创造价值的目的。

西南航空的价值创造能力基于两个商业洞察。第一个洞察与航空公司的成本结构及其本身属于固定成本高的企业这一事实有关。对于从圣安东尼奥到达拉斯的航班，飞机上一个空座位的飞行成本与一个载人座位的飞行成本（基本）一样。因此，飞机的客座率是影响公司平均成本的关键因素——航空公司想让每个航班都达到满员状态，哪怕占用最后一个空座位的乘客给航空公司创造的收入非常少。所以，西南航空专注于通过多种不同方式，使航班的客座率达到最大。路线选择很关键：城市间存在大量往返旅行的需求是决定飞行路线的重要因素。这个事实是西南航空起初只在类似于圣安东尼奥和达拉斯这样的两个城市间开设航线的一个原因，这两个城市相距很近（275英里），而且人口众多，因此许多销售代理人需要在这两个城市之间频繁旅行。西南航空强调飞机快速调头及增加航班频次，这意味着飞机的飞行时间长，而在地面停留的时间短，进而提升了飞机的产能利用率。（赫布·凯莱赫的著名观察是，人们不会为坐上一架停留在地面上的飞机而付费。）采用点对点的航线结构，而不是中心辐射式网络的做法减少了飞机在地面上的停留时间，因为飞机不需要总是花时间等待载有转机乘客的其他飞机降落。

第二个洞察涉及西南航空做法的另一个关键方面——降低变动成本。一个方式就是不提供乘客并不在意的服务，比如飞行途中的餐饮服务及提前选座服务。从更为普遍的角度来看，西南航空专注于通过多种有特色的做法及例行程序来提升运营效率。西南航空只有一种机型，即波音737系列，这降低了运营复杂性和飞机的维修成本，使西南航空在有必要时可以快速实现飞机的替换。此外，与其他航空公司相比，西南航空对其工作人员职责的描述相对比较宽泛，这意味着他们可以承担多项工作，帮助飞机快速完成返程准备工作。同样，西南航空培养了员工强大的团队协作精神和对公司的忠诚度，这不仅降低了员工流失率，提升了员工的敬业程度，还有助于实现飞机的快速调头。

西南航空所采用的一些降低成本的方式也意味着公司满足不同类型消费者需求的能力被削弱了。例如，尝试通过建设区域性的点对点式网络来最大限度地提升飞机客座率的做法，意味着同样的资源不能用于建设其他航线网络。类似地，西南航空虽然通过不提供餐饮服务及提前选座服务的做法降低了运营复杂性和变动成本，但这些服务正是高级别企业高管所需要的。值得注意的是，这些选项对西南航空吸引消费者的能力几乎不会产生什么影响。区域性的销售代理人不在乎航空公司是否拥有其他航线网络，他们对在一个小时的航班上能享用免费坚果感到心满意足。深入了解是什么驱使你的消费者愿意支付，可以显著地降低成本，因为这有助于你放弃不符合消费者需求的产品和服务。

行文至此，我们的观点是，有一组消费者对西南航空产品的支付意愿超出了西南航空的平均成本。我们首先基于对西南航空消费者的理解，通过提出一系列有关影响西南航空产品的消费者支付意愿的因素的假设来构建论证，然后，再针对西南航空如何在尽量降低成本的情况下服务客户提出假设。

西南航空作为一家可持续地获得成功的公司，证明了消费者对其产品或服务的需求是能产生利润的，这一事实是表明它在创造价值的实际证据。因此，我们可能会不由自主地把它当作证明论证准确无误的证据。但这种做法可能是错误的，知道公司在创造价值和知道公司如何创造价值这两者之间是有区别的。我们的论证从根本上是关于西南航空如何创造价值，而这个论证基于最终可能被证明是错误的假设。

尽管无法量化价值创造，但我们构建的论证提供了对分析师向加里·凯利提出的战略挑战（见第一章）进行思考的框架。例如，提前选座服务会增加操作的复杂性，并可能降低运营效率。航空公司将不得不向每位乘客提供写明座位号的登机牌，而不是请乘客按照到达登机口的顺序排成一列即可。而且，航空公司也必须配备工作人员处理乘客调换座位的需求，软件系统也相应地需要升级。

所有这些变化都会增加每笔交易的机会成本。如果增加的机会成本没有相应的（或者更大的）消费者支付意愿的提升幅度来匹配，那么西南航空的潜在利润将会下降，因为它创造的价值将会减少。有些消费者可能愿意为提前选座服务支付额外费用，但正如我们在第一章中介绍的，许多已经习惯西南航空传统做法的老顾客可能不愿意支付费用，因为他们不想改变自己的习惯。

西南航空的价值获取

为更好地理解一家公司如何获取价值，我们退一步看看公司在获取价值的过程中所面临的挑战具有哪些特征。我们先从一个简单的问题入手：如果公司本身不能获取它所创造的价值，那么它将何去何从？

在创造价值时，一家公司是一条价值链的组成部分——它把从一组供应商处获得的资源投入转化为随后被各类购买者购买的产品或服务的组合。价值链可能非常复杂，从原材料到成为购买者手中的产品，这中间有一长串的中间步骤；它也可能相对简单。但是，不管价值链的复杂性如何，只要想一想供应商→生产商→购买者这个基本结构，就能清晰地看出公司所创造的价值可能流向价值链上这三个参与者中的任何一个，即公司的供应商（或者供应商的供应商），公司本身，或者公司产品和服务的购买者（或者购买者的购买者）。因此，构建价值获取论证是一个分两步走的过程。第一步，我们需要识别公司在获取价值的过程中所面临的挑战，或者是可能有助于购买者或供应商获取公司所创造价值的影响因素。第二步，在识别出这些障碍后，我们需要对公司如何克服它们对购买者或供应商获取价值的潜在影响做出解释。

我们先考虑一下供应商。主要问题是它们向生产商收取高于它们承担的机会成本的价格所需具备的潜在议价能力。对西南航空而言，从价值获取的角度来看，有三类供应商须特别关注：工会、飞机制造商和机场。西南航空以独特的方式和这三类供应商打交道。

我们再来看看工会。与许多人的想法相反，在西南航空中，大量员工加入工会，实际上，在美国所有航空公司中，它是加入工会的员工数量最多的航空公司，员工薪酬也高于行业平均水平。[4] 加入工会的员工（包括飞行员和乘务员）发挥着关键作用。此外，西南航空独具特色的工作实践和较长的培训时间也为工会提供了强大的议价能力。因此，西南航空的工会获取了公司创造的部分价值。西南航空在历史上没有通过对抗来削弱工会的权力，而是一直与工会保持良好的合作关系，双方的主要合作目标是为承担交叉岗位职责的雇员创建灵活的工作规章。例如，西南航空的飞行员将帮助打扫飞机的客舱，以做好飞行前的准备，这种操作方式在其他航空公司的工作规章中一般是明令禁止的。但这样的灵活性可以创造价值，因为它提升了雇员的生产力。正如我们所见，西南航空为做大整个馅饼而让工会获取了它应得的一定比例。

西南航空也采取了类似的方式来对待飞机制造商的议价能力。伴随着西南航空的发展，商用飞机的制造商几经合并，形成了目前的两大主要供应商，即波音和空客。尽管这两家企业为赢取来自航空公司的订单而展开激烈竞争，但它们还是具备一定议价能力的。大多数航空公司试图通过从这两家公司均购买飞机来削弱它们的议价能力，进而让可以从另外一家公司购买飞机的威胁看起来更加可信。而西南航空只使用波音737系列，这实际上增加了波音获取价值的潜力，因为波音是独家供应商。

　　但是，和关于工会的论证一样，这个论证的目的是证明西南航空在价值损失和只拥有一种机型所带来的运营效率之间进行了权衡。航空公司的每种机型都会在人员培训及维持零部件存货等方面产生固定成本。所以，单一机型降低了管理费用。此外，如果一架飞机因为临时维修问题而需要停止执行飞行任务，其他机型一般也不能替代它，因为两种机型在乘客容量、座位分布等方面各不相同。单一机型则有助于减少飞机在地面停留的时间。简而言之，这个论证的主旨是，允许波音获取一些价值，西南航空就能创造更多的价值。

　　最后，机场控制着一项对每家航空公司而言都关键且稀缺的资源——着陆权。因此，机场也能获取航空公司创造的部分价值，尤其是航空出行需求较大的城市。西南航空在历史上一直通过两种位置选择方式来克服这个阻碍。第一种方式是，选择在航空出行需求较小的两个城市之间安排航班，这样西南航空就可以与具备较弱议价优势的机场来谈判着陆权，这些机场实际上可能非常欢迎西南航空的到来。第二种方式是，西南航空多年来选择在大城市的中型机场降落，因此，避免了与具备最强议价能力的机场展开交锋。例如，西南航空通过在罗得岛州和新罕布什尔州的机场来服务波士顿地区。这个论证的主旨是西南航空的路线选择降低了机场的议价能力。

　　我们现在来看购买者获取价值的能力。购买者可能主要通过两个渠道从生产商处获取价值——购买者议价能力和价格竞争。正如供应商会尽量收取高于其机会成本的价格，购买者也会尽量支付低于其支付意愿的价格。当价格低于购买者的支付意愿时，购买者就能从公司的产品或服务中获取较多的价值。这种情况将在价格竞争激烈或者购买者具备对公司的议价优势时发生。

　　如果我们把这些想法应用于西南航空，两个关键结论就会清晰地凸显出来。一个结论是，即使是最大的客户（比如公司）也仅占据西南航空业务总量的一小部分，因此，购买者的议价能力不构成西南航空获取价值的主要障碍。没有人会坐下来针对从达拉斯到休斯敦的飞行成本与西南航空讨价还价，如果有人尝试这样做，航空公司会礼貌性地驳回。因此，价值获取论证的另一个结论是：购买者的议价能力不会构成威胁。

购买者确实通过价格竞争从西南航空那里获取价值。实际上，航空业整体在价值获取上面临的挑战是该行业的竞争强度。航空公司之间激烈的价格竞争可以达到的程度是，一家公司的（潜在）购买者可以找到能满足同等价值定位（在这种情况下，我们称其为竞争对手）或者近似于同等价值定位（可替代者）的其他公司，而且，购买者可以轻松地在不同公司的产品或服务之间转换。

我们再来看看拥有中心辐射式网络的大型航空公司，比如美国联合航空、美国航空和达美航空。如果你想在美国的两个大型城市之间安排航空出行，那么你通常可以选择这几家航空公司中的任何一家。它们彼此之间一般没有太大的差异，即乘坐美国联合航空航班的体验与乘坐美国航空或者达美航空航班的体验没有什么区别。因此，消费者对这些航空公司的支付意愿没有什么不同，这些航空公司为此会展开价格竞争。此外，消费者的转换成本很低，即可能你上次往返旧金山和纽约乘坐的是美国联合航空的航班，但是美国航空这次提供了更加优惠的价格，你能轻易地实现转换。

鉴于航空业的这些特征，航空公司在历史上一直参与价格战并展开激烈的竞争。拥有中心辐射式网络的大型航空公司尝试通过多种不同方式降低竞争的激烈程度。比如，常旅客计划就是试图提高消费者的转换成本。商务旅行者一般对价格的敏感度低，因为他们的出行费用由公司支付，因此，聚焦于商务旅行者是这些航空公司降低价格竞争激烈程度的另外一种方式。2008 年金融危机爆发以来，航空业实现了整合发展，因此，许多分析师认为这是使价格竞争的激烈程度有所降低的原因。[5]

考虑到价格竞争是西南航空获取价值的真正障碍，我们如何对西南航空始终创造超额利润的能力做出解释？论证是什么？我们认为，西南航空通过两种方式应对航空公司之间展开价格竞争所带来的挑战。从历史上来看，西南航空应对价格竞争威胁的第一个方式，也是最简单的方式是避免参与价格战，换句话说，它选择没有价格竞争或者价格竞争激烈程度很低的领域。第二个方式是，西南航空通过对消费者群体及市场的选择来明确自身定位，降低竞争的激烈程度。这就和沃尔玛最初决定在美国的乡村地区引入低价零售产业，而凯马特、塔吉特和其他低价零售商则聚焦于快速发展的城市郊区一样，西南航空通过对航线网络的独特设计来降低竞争激烈强度。它选择提供短途区域性航线，大型航空公司对这些航线要么不覆盖，要么覆盖度低，它们专注于建设全国性的长途干线网络。对于具备全程服务能力且拥有中心辐射式网络的大型航空公司，虽然它们的网络可能也会覆盖这些航线，但像圣安东尼奥和达拉斯之间的航线根本不是重点航线。我们的论证是，西南航空的航线结构有助于它从两个方面获取价值。第一，它减少了与西南航空在这些航线上展开竞争的航空公司的数量，进而减少了消费者的可选项。第二，具备全程服务能力的航空公司积极参与价格竞争的动机不大，因为西南航空的航线只在它们的业务中占据一小部分。[6]

西南航空的市场定位不能完全抵挡住来自其他航空公司或者大巴、自驾车等其他可替代交通工具的竞争。一般而言，避免硬碰硬的竞争方式也很少会百分百成功，因为多种可行的（即使不完美）可替代交通工具仍然存在，或者总会有其他公司进入市场。因此，竞争仍然是西南航空获取价值的一个主要障碍。它该如何克服这个障碍呢？

一般而言，公司克服竞争威胁的能力，以及进而减少购买者可获取的价值的能力取决于它们是否拥有我们所说的价值创造优势。当一家公司针对某笔交易，在购买者的支付意愿和供应商的机会成本之间产生大于竞争对手的差值，那么它就具备价值创造优势。通过创造大于竞争对手的价值，公司获取的价值份额（与购买者获取的价值相对立）可能会变大。换句话说，即使不使用任何一种价格竞争方式，公司也能创造更多的利润。或者，拥有价值创造优势的公司可能选择把部分优势转移给购买者（以较低价格的方式），进而赢得较大的市场份额。

通常来看，公司要么在购买者的支付意愿一定的前提下，通过压低成本来获得价值创造优势（低成本优势）；要么在生产成本一定的前提下，通过提升购买者的支付意愿来获得价值创造优势（品质认知优势）。尽管这个原则可能看起来过于简化，但我们确实在战略应用中遵循了经济学原理，倡导企业高管和分析师认为这两类通用的价值创造优势（即低成本优势和品质认知优势）是可持续的。

许多企业高管抵触这一原则的约束，他们坚定地认为，他们的公司试图同时追求低成本优势和品质认知优势。这一点是毋庸置疑的，几乎任何一家公司的领导者都想同时提高支付意愿，且降低机会成本。然而，如果一家公司能对一项技术实现高效利用，那么在低成本优势和品质认知优势之间几乎总是会有所取舍。奔驰车的造价高于起亚，丽思卡尔顿的运营成本高于6号汽车旅馆。如果奔驰是一家追求高效率的生产商，那么它可以通过把木质装饰改为塑料装饰来降低成本，但是，我们猜测这样做会导致购买者的支付意愿下降。

在成本和质量之间做出权衡是价值创造取向这个概念之所以重要的原因，它告诉你的是公司在面临竞争时将如何努力赢取胜利。因为几乎所有公司都面临着某种形式的竞争，我们强烈地感觉到，当尝试构建一个战略论证时，应该以确定公司是追求低成本优势，还是追求品质认知优势为起点。正如前文所述，西南航空通过毫无保留地追求低成本优势来提升获取价值的能力。西南航空的很多运营做法都是为了提高产能利用率，与其竞争对手相比，它的飞机在空中的飞行时间更长，空置座位更少。西南航空的工作实践也产生了远超其他航空公司的生产力水平。例如，与其他大型航空公司相比，西南航空每位员工的可用座位英里数更多。按照这种方法计算，在 2004 年，"西南航空员工的生产力水平比美国航空员工的生产力水平高出 45%，尽管美国航空拥有中心辐射式网络，航班飞行里程更长，飞机的平均尺寸也较大"[7]。类似地，正如前文所述，西南航空通过舍弃消费者支付意愿有限的产品或服务来降低成本。

西南航空持续采用的低成本优势有助于它在市场中建立有利的且能实现自我强化的地位。因为西南航空比竞争对手创造的价值多，所以它就能以低价的方式把部分优势转移给消费者。尽管这种做法有助于部分消费者获取更多的价值，但它也扩大了西南航空对支付意愿较低的消费者的需求。客运量的增加意味着更多的座位被占用，进而降低了平均成本。此外，西南航空在历史上一直积极采用低价策略，这也帮助它在市场中树立了低价领袖的声誉，这一点尤其重要，因为潜在旅客只能直接从西南航空的官方渠道订票。

讨论

在这个附录中，我们使用了西南航空的例子对战略论证的核心构成要素进行解释说明。正如我们在附录开头所提到的，战略论证是对公司为什么能在经济上获得成功或者能赢利做出解释。在我们看来，一个好的战略论证应至少满足三个要求。

第一，一个好的战略论证应对公司如何创造价值做出清晰的解释。这包括解释公司商业模式的不同方面如何有助于公司把具有一定机会成本的资源投入转化为能让购买者产生较大支付意愿的产品或服务。在价值创造的论证中，首要重点不是创造多少价值，而是对公司如何让总价值大于成本投入总和提出深刻见解。这不仅要对公司商业模式的关键要素（包括差异化的能力、独特资源，以及对消费者支付意愿的驱动因素）进行描述，而且要围绕这些要素如何组合在一起产生价值来构建一个叙事。

第二，一个好的战略论证应对公司的价值创造取向或预期实现的价值创造优势进行清晰的陈述。公司是具备低成本优势，还是品质认知优势？你是如何辨别的？这个问题不容易回答，但可以从下面这个问题来入手：如果公司面对日益激烈的竞争，它会如何应对。像丽思卡尔顿等具备品质认知优势的公司一般会通过提高消费者支付意愿来应对日益激烈的竞争，而6号汽车旅馆则通过降低成本来应对。在成本一定的前提下，始终能让购买者产生较高支付意愿的公司具有品质认知取向；而在购买者支付意愿一定的前提下，始终能保持较低投入成本的公司则具有低成本取向。为使战略论证具有逻辑性，并从构建战略论证的过程中获益，分析一般性竞争优势是一个好的开端。

　　第三，一个好的战略论证必须对公司如何成功地获取价值做出清晰的解释，即展开价值获取论证。这个论证必须包括两个组成部分。第一个组成部分是识别价值获取遇到的障碍，或者是可能有助于供应商或购买者获取公司所创造价值的影响因素。在对西南航空的案例讨论中，我们着重强调了购买者和供应商的议价能力以及来自现有竞争对手的竞争。第二个组成部分解释了公司的商业模式和战略选项如何克服那些威胁或者把那些威胁降到最小。

　　总而言之，我们想把显而易见的因素识别出来。基本可以肯定的是，与我们在本书中设计的模型不同，西南航空的首席执行官加里·凯利提出了一个关于其公司战略的不同的心智模型。如果不受其他因素的影响，我们希望他的模型更加契合其公司目前所处的竞争环境。但最终，这个心智模型要作为决定是否跟随其他航空公司的领先商业做法的决策基础，比如对托运行李收费。不论这个心智模型是否正确（即遵循正确的成功逻辑），也不论这个模型是否在首席执行官的头脑中有清晰明了的呈现，这一点都是成立的。当然，我们认为如果这个模型正确，并且能清晰明了地呈现出来，读者们将受益匪浅。

注　释

序言

1. Richard P. Rumelt, *Good Strategy, Bad Strategy* (New York: Crown Business, 2011).
2. 该定理被认为是毕达哥拉斯提出的，但有人质疑它的出处。我们的评论只针对提出者，不论他是谁。

第一章　为组织优势而辩

1. Brian Summers, "Why Wall Street Isn't Happy with Southwest's 43 Straight Years of Profits," *Skift*, August 16, 2016, https://skift.com/2016/08/16/why-wall-street-isnt-happy-with-southwests-43-straight-years-of-profits.
2. 关于佩德罗·厄普及其战略困境的细节，参见 Robert E. Siegel and Amadeus Orleans, "AB InBev: Brewing an Innovation Strategy" (Stanford Graduate School of Business Case E643, Stanford, Calif.: Stanford Graduate School of Business, 2017)。
3. Brewers Association, "Craft Brewer Volume Share of U.S. Beer Market Reaches Double Digits in 2014," press release, March 16, 2015, https://www.brewersassociation. org/press-releases/craft-brewer-volume-share-

of-u-s-beer-market-reaches-double -digits-in-2014.

4.　Siegel and Orleans, "AB InBev," 10.

5.　关于埃莉·菲尔茨及其战略困境的细节，参见 Amir Goldberg, Robert Siegel, and Matt Saucedo, "Tableau: The Creation of Tableau Public" (Stanford Graduate School of Business Case E632, Stanford, Calif.: Stanford Graduate School of Business, 2018)。

6.　Goldberg, Siegel, and Saucedo, "Tableau," 1.

7.　对于精通逻辑细节的读者，为确保知识的精准性，我们建议首先运用一阶命题逻辑及相关工具。

8.　Strategy&, "The Strategy Crisis: Insights from the Strategy Profiler," 2019, https://www.strategyand.pwc.com/gx/en/unique-solutions/cds/the-strategy-crisis.pdf. Also see Paul Weinland and Cesare Mainardi, *Strategy That Works* (Boston: Harvard Business Review Press, 2016).

9.　Dan Lovallo and Oliver Sibony, "The Case for Behavioral Strategy," *McKinsey Quarterly*, January 2010.

10.　Cynthia Montgomery, *The Strategist: Be the Leader Your Business Needs* (New York: Harper Business, 2012), 11.

11.　Gary P. Pisano, *Creative Construction: The DNA of Sustained Innovation* (New York: Public Affairs, 2019), 25. 需要明确的是，皮萨诺的意思是，如果没有战略，当受到质疑时，每个议题都必须经过积极的争辩。战略允许凯利等企业高管在危机时期放弃争辩的唯一原因是他已经为战略争辩了很多次，并且非常清楚自己的立场和结论。

12.　Summers, "Why Wall Street Isn't Happy with Southwest's 43 Straight Years of Profits."

13.　Glenn R. Carroll and Anand Swaminathan, "Why the Microbrewery Movement? Organizational Dynamics of Resource Partitioning in the US Brewing Industry," *American Journal of Sociology* 106, no. 3 (2000): 715-762.

14.　Pisano, *Creative Construction*, 171-172.

15.　对于对战略成功的具体理论感兴趣的读者，我们推荐以下文献：Jay B. Barney and William S. Hesterly, *Strategic Management and Competitive Advantage* (Upper Saddle River, N.J.: Prentice Hall, 2010);

Pankaj Ghemawat, *Redefining Global Strategy: Crossing Borders in a World Where Differences Still Matter* (Boston: Harvard Business Review Press, 2007); Charles W. Hill, Gareth R. Jones, and Melissa A. Schilling, *Strategic Management Theory: An Integrated Approach* (Boston: Cengage Learning, 2014); Michael A. Hitt, R. Duane Ireland, and Robert E. Hoskisson, *Strategic Management Cases: Competitiveness and Globalization*, 10th ed. (Boston: Cengage Learning, 2012); W. C. Kim and Renée Mauborgne, *Blue Ocean Strategy: How to Create Uncontested Market Space and Make the Competition Irrelevant* (Boston: Harvard Business Review Press, 2005); A. G. Lafley and Roger L. Martin, *Playing to Win: How Strategy Really Works* (Boston: Harvard Business Review Press, 2013); Michael E. Porter, *Competitive Strategy: Techniques for Analyzing Industries and Competitors* (New York: Simon & Schuster, 2008); Garth Saloner, Andrea Shepard, and Joel M. Podolny, *Strategic Management* (New York: Wiley, 2001); David J. Teece, Gary Pisano, and Amy Shuen, "Dynamic Capabilities and Strategic Management," *Strategic Management Journal* 18, no. 7 (1997), 509-533。也可以参见本书的附录 B。

第二章　绘制战略地图

1. Michael Lewis, *The New New Thing* (New York: Norton, 2000), 99.
2. 我们在本书中以永健公司的早期发展为例，说明视觉模型的影响力。永健后续的发展是否成功，还有待讨论，我们不做重点介绍。不管怎样，值得注意的是，我们对永健团队是否在这个模型的基础上继续运用我们在本书中倡导的方式完善战略表示怀疑。
3. 我们关于战略地图的概念建立在约翰·M. 布莱森、弗兰·阿克曼、科林·伊登等人的著作基础之上。参见 John M. Bryson, Fran Ackermann, Colin Eden, and Charles B. Finn, *Visible Thinking: Unlocking Causal Mapping for Practical Business Results* (New York: Wiley, 2004);

Fran Ackermann and Colin Eden, *Making Strategy: Mapping Out Strategic Success*, 2nd ed. (Los Angeles: Sage, 2011); John Bryson, Fran Ackermann, and Colin Eden, *Visual Strategy: Strategy Mapping for Public and Nonprofit Organizations* (New York: Wiley, 2014)。

4.　我们对"战略地图"这个术语的使用不应该与罗伯特·卡普兰和大卫·诺顿所著的《战略地图》（波士顿：哈佛商学院出版社，2004 年）中的概念相混淆。他们以"战略地图"这个术语代指以"平衡计分卡"为基础的图表，它涉及从 4 个不同的角度对战略进行评估。

5.　Daniel Hajek, "The Man Who Saved Southwest Airlines with a '10-Minute' Idea," *National Public Radio's All Things Considered*, June 28, 2015, https://www.npr .org/2015/06/28/418147961/the-man-who-saved-southwest-airlines-with-a-10-minute-idea.

6.　Charles O'Reilly III and Jeffrey Pfeffer, "Southwest Airlines (A)," (Stanford Graduate School of Business Case HR1A, Stanford, CA: Stanford Graduate School of Business, 1995), 5.

7.　MIT Global Airline Industry Program, "Airline Industry Overview," accessed February 15, 2018, http://web.mit.edu/airlines/analysis/analysis_airline_industry.html.

8.　布莱森及其合著者们同样把"成因分析图"定义为"由文字和箭头组成的图表，各种想法和行动通过箭头随意地连接在一起。这些箭头表明了一个想法或行动导致了另一个想法或行动。"Bryson et al., *Visible Thinking*, 3.

9.　案例介绍，参见 Scott Page, *The Model Thinker: What You Need to Know to Make Data Work for You* (New York: Basic, 2018)。还可以参见 Charles A. Lave and James G. March, *An Introduction to Models in the Social Sciences* (Lanham, Md.: University Press of America, 1993)。

10.　这一摘要借鉴自 Stephen P. Bradley and Pankaj Ghemawat, "Wal-Mart Stores, Inc." (Harvard Business School Case 794–024, Boston: Harvard Business School Publishing, 1994 [revised 2002])。还有很多其他关于沃尔玛的成功的故事，但其中大多数对这家公司获得巨大成功的首要因素都持一致意见。

11. 在开始一项分析时，我们几乎总是认为，最重要的一个步骤是解释一家组织的竞争优势的基础，即组织获得成功的原因。识别和分析一家公司所拥有的竞争优势有时是战略分析的难点，但我们认为，它也是能通过命题逻辑明确陈述的最有用的见解。采用这种方法意味着把战略目标的分析工作推后。

12. 关于资源优势和能力优势之间有何区别的讨论，参见 Garth Saloner, Andrea Shepard, and Joel M. Podolny, *Strategic Management* (New York: Wiley, 2001)。

13. 此外，并非任何一个关于公司的假设都和公司的优越性有关。真正重要的是整体结果，而一家公司只需要在几个关键方面脱颖而出，就能占据优势。

14. 需要注意的是，在这些例子中，"数据分析能力"在两个集群中出现。那也没有太大关系，想法可以有多种含义。

第三章　战略的逻辑

1. 这个故事被 Karl Weick 在多个场合宣传，它首次出现在 1982 年的一篇文章中。Robert J. Swieringa and Karl E. Weick, "An Assessment of Laboratory Experiments in Accounting," Supplement, *Journal of Accounting Research* 20 (1982): 56–101, https://doi.org/10.2307/2674675. 后来也有人指出，Miroslav Holub 的一首诗才是这个故事的原型。Miroslav Holub, "Brief Thoughts on Maps," *Times Literary Supplement*, February 4, 1977, 118.

2. Anton Troianovski and Sven Grundberg, "Nokia's Bad Call on Smartphones," *Wall Street Journal*, July 18, 2012, https://www.wsj.com/articles/SB10001424052702304388004577531002591315494.

3. Ina Fried, "These People Thought the iPhone Was a Dud When It Was Announced 10 Years Ago," *Vox*, January 9, 2017, https://www.vox.com/2017/1/9/14215942/iphone-steve-jobs-apple-ballmer-nokia-anniversary.

4. 自亚里士多德以来，逻辑学家把包含隐性前提的论证称为"省略三段论"。

5. Scott Gilbertson, "iPhone First Impressions: Not Worth the Money," *Wired*, June 29, 2007, https://www.wired.com/2007/06/iphone-first-im.

6. 否定前提谬误采用如下形式：

  前提 1：如果 X 成立，那么 Y 成立。前提 2：X 不成立。结论：Y 不成立。我们将在本章后面讨论不同形式的无效论证（见表 3-1）。

7. "天线门"事件是指在 2010 年的一小段时间中，有媒体报道称，如果以一种特定姿势把 iPhone 4 握在手中，就会把手机中的天线遮挡住，造成通话中断。显然，用户对这个问题进行了投诉，市场监督者《消费者报告》也因此不再推荐消费者购买苹果手机。

8. 读者会发现，我们用字母和数字作为唯一的统计工具，对前提进行标注。我们采取这种做法的目的仅仅是记录不同的正式化表述。它们没有计算功能，W 只是代表沃尔玛。

9. 我们将在第六章中讨论如何用图表展示连接词。

10. 我们默认在前提之间使用"且"作为连接词，除非我们认为论证在不使用"且"的情况下也明显成立，也就是论证依赖于一个或几个能确认真实性的前提。这么做的道理是，在大多数情况下，我们宁愿把条件收紧，让自己对论证结果的正确性更有信心。在工程学中，同样的做法是，在一个已知特定环境风险的地方建造一座桥或高楼时，使用抗风性能和抗压性能都比理论要求更加强大的材料。

11. 介绍逻辑论证基本原则的书籍有很多，一本较为容易理解的读物是 Raymond S. Nickerson, *Reflections on Reasoning* (Hillsdale, N.J.: Erlbaum, 1986)。

12. 请注意，可靠性是论证作为一个整体应该具备的特征，而不是指个别前提或结论的真实性。

第四章　在组织中进行战略争辩

1. Dom Knight, "Brevity Is the Soul of Twitter. We Don't Need 280

Characters to Say That, " *Guardian*, September 27, 2017, https://www.theguardian.com/technology /commentisfree/2017/sep/27/brevity-soul-twitter-280-characters.

2.　Fred Jacobs, "6 Reasons Why I Hate Twitter's New 280 Character Limit," *Jacobs Media Strategies* (blog), November 9, 2017, https://jacobsmedia.com/6-reasons-hate-twitters-new-280-character-limit.

3.　" Why Did Twitter Change Their Character Limit to 280 Characters?, " Dictionary.com, accessed March 12, 2020, https://www.dictionary.com/e/fierce-debate-twitters-280-characters.

4.　Aliza Rosen and Ikuhiro Ihara, " Giving You More Characters to Express Yourself, " *Twitter* (blog), September 26, 2017, https://blog.twitter.com/official/en_us/topics /product/2017/Giving-you-more-characters-to-express-yourself.html.

5.　Alexis C. Madrigal, " Twitter's 280-Character Tweets Are Fine, " *Atlantic*, September 27, 2017, https://www.theatlantic.com/technology/archive/2017/09/twitters-testing-280 -character-tweets/541221.

6.　Gary P. Pisano, *Creative Construction: The DNA of Sustained Innovation* (New York: Public Affairs, 2019), 172.

7.　Patty McCord, *Powerful: Building a Culture of Freedom and Responsibility* (Silicon Guild, 2017), 52–53.

8.　Hugo Mercier and Dan Sperber, " Why Do Humans Reason? Arguments for an Argumentative Theory," *Behavioral and Brain Sciences* 34, no. 2 (2011): 65.

9.　David Moshman and Molly Geil, " Collaborative Reasoning: Evidence for Collective Rationality, " *Thinking and Reasoning* 4, no. 3 (1998): 231–248.

10.　Mercier and Sperber, "Why Do Humans Reason?," 72.

11.　Massimo Garbuio, Dan Lovallo, and Oliver Sibony, " Evidence Doesn't Argue for Itself: The Value of Disinterested Dialogue in Strategic Decision Making," *Long Range Planning* 48, no. 6 (2015): 361–380.

12.　Adam Bryant, " Honeywell's David Cote, on Decisiveness as a 2-Edged

Sword, ” *New York Times*, November 2, 2013, https://www.nytimes.com/2013/11/03/business /honeywells-david-cote-on-decisiveness-as-a-2-edged-sword.html.

13. Garbuio, Lovallo, and Sibony, “Evidence Doesn't Argue for Itself,” 375.

14. Fran Ackermann and Colin Eden, *Making Strategy: Mapping Out Strategic Success*, 2nd ed. (Los Angeles: Sage, 2011), 15.

15. John M. Bryson, Fran Ackermann, and Colin Eden, *Visual Strategy: Strategy Mapping for Public and Nonprofit Organizations* (New York: Wiley, 2014), 3.

16. Phillip M. Fernbach et al., “ Political Extremism Is Supported by an Illusion of Understanding, ” *Psychological Science* 24, no. 6 (2013): 939-946, Supplemental Materials, p. 2.

17. Ackermann and Eden, *Making Strategy*, 7.

18. Alaric Bourgoin, Fran.ois Marchessaux, and Nicolas Bencherki, “ We Need to Talk About Strategy: How to Conduct Effective Strategic Dialogue, ” *Business Horizons* 61, no. 4 (2018): 587-588.

19. Bourgoin, Marchessaux, and Bencherki, “ We Need to Talk About Strategy, ” 588.

20. Bourgoin, Marchessaux, and Bencherki, “ We Need to Talk About Strategy, ” 592.

21. Matt Rosoff, “ Jeff Bezos: There are 2 Types of Decisions to Make, and Don't Confuse Them, ” *Business Insider*, April 5, 2016, https://www.businessinsider.com/jeff -bezos-on-type-1-and-type-2-decisions-2016-4.

22. Ackermann and Eden, *Making Strategy*, 10.

23. 在亚马逊，这句口号是“不卑不亢、敢于谏言、服从大局”。

24. McCord, *Powerful*, 60.

25. Steven Sande, “ Steve Jobs's Story of the Stones, ” *Engadget*, November 11, 2011, https:// www.engadget.com/2011/11/11/steve-jobss-story-of-the-stones.

26. Bryce G. Hoffman, *American Icon: Alan Mullaly and the Fight to Save Ford Motor Company* (New York: Currency, 2012).

27. Michael Arena, *Adaptive Space: How GM and Other Companies Are Positively Disrupting Themselves and Transforming Into Agile Organizations* (New York: McGraw-Hill, 2018), 9.

28. Arena, *Adaptive Space*, 9.

29. Richard M. Cyert and James G. March, *A Behavioral Theory of the Firm* (2nd ed., New York: Wiley-Blackwell, 1992).

30. Eric Newcomer, "In Video, Uber CEO Argues with Driver Over Falling Fares," *Bloomberg*, February 28, 2017, https://www.bloomberg.com/news/articles/2017-02-28 /in-video-uber-ceo-argues-with-driver-over-falling-fares.

第五章　对不确定的未来进行论证

1. Cadie Thompson, "Your Car Will Become a Second Office in 5 Years or Less, General Motors CEO Predicts," *Business Insider*, December 12, 2016, https://www.business insider.com/gms-mary-barra-interview-2016-12.

2. Jeff Goodell, "The Rolling Stone Interview: Steve Jobs," *Rolling Stone*, December 25, 2003, https://www.rollingstone.com/music/music-news/the-rolling-stone-interview -steve-jobs-233293.

3. Thomas Ricker, "First Click: Remember When Steve Jobs Said Even Jesus Couldn't Sell Music Subscriptions?," *The Verge*, June 8, 2015, https://www.theverge.com/2015/6/8 /8744963/steve-jobs-jesus-people-dont-want-music-subscriptions.

4. 统计结果来源于 Recording Industry Association of America (RIAA), U.S. Sales Database, accessed March 7, 2019, https://www.riaa.com/u-s-sales-database.

5. Apple Inc., "iTunes Now Number Two Music Retailer in the US," press release, February 26, 2008, https://www.apple.com/newsroom/2008/02/26iTunes-Now -Number-Two-Music-Retailer-in-the-

US.

6. Hannah Karp, "Apple iTunes Sees Big Drop in Music Sales," *Wall Street Journal*, October 24, 2014, https://www.wsj.com/articles/itunes-music-sales-down-more-than -13-this-year-1414166672.

7. Hannah Karp and Alistair Barr, "Apple Buys Beats for $3 Billion, Tapping Tastemakers to Regain Music Mojo," *Wall Street Journal*, May 28, 2014, https://www.wsj.com /articles/apple-to-buy-beats-1401308971.

8. Karp and Barr, "Apple Buys Beats for $3 Billion."

9. Sarah Mitroff, "Beats Music Review: Music Streaming Done Right," *CNET*, July 7, 2015, https://www.cnet.com/reviews/beats-music-review.

10. Ben Popper and Micah Singleton, "Apple Announces Its Streaming Music Service, Apple Music," *The Verge*, June 8, 2015, https://www.theverge.com/2015/6/8/8729481 /apple-music-streaming-service-wwdc-15.

11. Ewan Spence, "Apple Music Has Failed," *Forbes*, October 5, 2015, https://www.forbes .com/sites/ewanspence/2015/10/05/apple-music-failure.

12. 更加正式的说法是，通过证明前提 A_3 不成立，我们只是否决了某个特定的战略论证，可能还会有其他有效论证来支撑"苹果音乐的发展速度超越了竞争对手"这个结论。

13. 值得注意的是，当苹果在 2019 年进入视频流媒体市场，与奈飞、迪士尼和 Hulu 展开竞争的时候，它的初始定价比竞争对手的定价低很多。Avie Schneider, "Apple Launches Video Streaming Service for $4.99 a Month," *National Public Radio Technology*, September 10, 2019, https://www.npr.org/2019/09/10/759500972/apple-launches-video-streaming-service-for-4-99-a-month.

14. Emily Blake, "Spotify Says Tidal's 'Lemonade' Exclusive Is Bad for Everyone," *Mashable*, April 24, 2016, https://mashable.com/2016/04/24/spotify-beyonce-tidal.

15. Chance Miller, "Jimmy Iovine Slams Free Music Services, Talks Exclusivity Deals in New Interview," *9To5Mac*, May 5, 2017,

https://9to5mac.com/2017/05/17/jimmy-iovine-free-music-interview.

16. Parker Hall, "Apple Music vs. Spotify: Which Service Is the Streaming King?," *Digital Trends*, March 5, 2019, https://www.digitaltrends.com/music/apple-music-vs-spotify.

17. 如果发展成熟的流媒体公司的高管完全忽视了苹果系统默认设置的影响力，我们会感到惊讶。而且苹果音乐的显著增长不应该被理解为他们确实忽略了这一点。即使他们确实意识到了这个问题，也很难对此做出有效应对。

18. Cynthia Montgomery, *The Strategist: Be the Leader Your Business Needs* (New York: Harper Business, 2012), 130.

第六章　制定战略

1. Clayton M. Christensen, *The Innovator's Dilemma* (Boston: Harvard Business School Press, 1997).

2. Clayton M. Christensen and Michael B. Horn, "Innovation Imperative: Change Everything," *New York Times*, November 1, 2013, https://www.nytimes.com/2013/11/03 /education/edlife/online-education-as-an-agent-of-transformation.html.

3. Barack Obama, "Obama's Economics Speech at Knox College," *New York Times*, July 24, 2013, https://www.nytimes.com/2013/07/25/us/politics/obamas-economics-speech-at-knox-college.html.

4. 在圣何塞州立大学的试验令特龙不得不承认："我们没有按照任何人想要的方式，包括我自己想要的方式开展教育活动。我们的产品很失败。"很快，优达学城转向专注于提供职业教育服务。Max Chafkin, "Udacity's Sebastian Thrun, Godfather of Free Online Education, Changes Course," *Fast Company*, November 14, 2013, https://www.fastcompany.com/3021473/udacity -sebastian-thrun-uphill-climb.

5. Reihan Salam, "Online Education Can Be Good or Cheap, but Not Both," *Reuters.com*, July 26, 2013, http://blogs.reuters.com/reihan-

salam/2013/07/26/online-education -can-be-good-or-cheap-but-not-both.

6. Steven Johnson, *Farsighted: How We Make the Decisions That Matter the Most* (New York: Riverhead, 2018).

7. Paul C. Nutt, *Why Decisions Fail: Avoiding Blunders and Traps That Lead to Debacles* (San Francisco: Berrett-Koehler, 2002). 还可以参见 Chip Heath and Dan Heath, *Decisive: How to Make Better Choices in Life and Work* (New York: Crown Business, 2013)。

8. 我们通过把发散阶段定义为一个单阶段过程，从而使其从根本上得到了简化。

9. 按照此处的理解，自滤可以是一种微妙的平衡，因为它可能包含对外部一致性（比如，关于未来的前提的真实性）的考虑，这些考虑可能会把一些好的、打破常规的想法排除在外。为避免出现这种情况，一个基本原则是不要因为经验假设（即关于未来事实的主张）看起来太过不切实际而拒绝任何有效想法。从另一个角度看，如果形成一个有效论证，需要对例外情况很容易被识别的理论前提做出陈述，那么自滤的方式更容易被接受。

10. A. G. Lafley and Roger L. Martin, *Playing to Win: How Strategy Really Works* (Boston: Harvard Business Review Press, 2013), 191. 雷富礼和马丁强调了对于一个战略选项，除做出智力投入外，也要做出情感投入的必要性。这种情感认同对战略能否成功执行的影响十分重大，但是，如果情感认同被当作一项独立的评判标准，公司就不太可能从中受益。不同于构成智力投入或理性投入基础的逻辑有效性，对于是否有必要为某个战略选项做出情感投入，没有客观的评价标准。

11. Lafley and Martin, *Playing to Win*, 188.

12. 例如，如果每个前提单独成立的概率是 75%，当通过"且"把 4 个前提连接为一个陈述句时，它们同时成立的概率是 $0.75^4 \approx 32\%$。

13. 尽管以这种方式确认前提的关键性看起来相对简单直观，但该例子具有误导性，因为通常很难知道哪个连接词更加合适，即关于"且"与"或"哪个更为可信，这通常存在不确定性。在第九章中，我们回顾了《经济学人》作为社会地位的象征对消费者的吸引力，在这个案例中，关于哪个连接词更合适就存在不确定性（至少我们是这样认为的）。当然，大家可以分别对由"且"与"或"连接的论证进行评估，然后对比论证结果，但这项工作或许并不能产生清晰的解决方案。

14. 读者或许注意到了，关于团队合作能力这一假设的关键性，取决于支持两个中间推理的论证结构。显然，除团队合作能力之外，还有其他原因可以解释西南航空较高的产能利用率和较低的变动成本。然而，如果只是局限在图 6-3 展示的论证中，那么，团队合作能力就是一个关键假设。

15. Lafley and Martin, *Playing to Win*, 198.

第七章 沟通战略

1. Ryan Felton, "Why Mark Fields Was Fired," *Jalopnik*, May 22, 2017, https://jalopnik.com /why-mark-fields-was-fired-1795431562.

2. Felton, "Why Mark Fields Was Fired."

3. Felton, "Why Mark Fields Was Fired."

4. Phil LeBeau, "Ford Investors 'Want Some Comfort' from CEO Jim Hackett as Shares Drop to Six-Year Low," *CNBC*, October 9, 2018, https://www.cnbc.com/2018/10/09 /ford-investors-want-some-comfort-as-shares-drop-to-six-year-low.html.

5. Christina Rogers, "Ford's New CEO Has a Cerebral Style—and to Many, It's Baffling," *Wall Street Journal*, August 14, 2018, https://www.wsj.com/articles/fords-new-ceo-has -a-cerebral-styleand-to-many-its-baffling-1534255714?mod=searchresults&page =1&pos=5.

6. Ford Motor Company, "Ford Statement on Business Transformation," Press release, November 26, 2018, https://media.ford.com/content/fordmedia/fna/us/en/news/2018 /11/26/ford-statement-on-business-transformation.html.

7. Rogers, "Ford's New CEO Has a Cerebral Style."

8. Rogers, "Ford's New CEO Has a Cerebral Style."

9. Paul Weinland and Cesare Mainardi, *Strategy That Works* (Boston:

Harvard Business Review Press, 2016).

10.　Walmart, Inc., "Wal-Mart Stores, Inc. Enterprise Strategy," accessed March 13, 2020, https://stock.walmart.com/investors/our-strategy.

11.　在《好战略，坏战略》(纽约：皇冠商务出版社，2011 年) 一书中，理查德·鲁梅尔特列举了坏战略的四大特征：①空洞无物 (废话连篇)；②不能直面挑战 (忽视了实现目标会明显遇到的障碍)；③错把长期目标当作战略 (列举短期目标，并把它们当作计划)；④糟糕的战略目标 (其实是对长期目标的详尽阐述)。我们在这里重点关注战略和长期目标的混淆，因为在我们看来，这是一个最为普遍的问题。

12.　Rumelt, *Good Strategy, Bad Strategy*, 5-6.

13.　Elon Musk, "The Secret Tesla Motors Master Plan (Just Between You and Me)," *Tesla Inc.*, August 2, 2006, https://www.tesla.com/blog/secret-tesla-motors-master-plan -just-between-you-and-me.

14.　Musk, "The Secret Tesla Motors Master Plan."

15.　Roche, "Our Strategy," accessed March 14, 2020, https://www.roche.com/about/our-strategy.htm.

16.　Noel Tichy and Ram Charan, "Speed, Simplicity, Self-Confidence: An Interview with Jack Welch," *Harvard Business Review*, September–October 1989.

17.　Arthur Plotnik, *The Elements of Editing: A Modern Guide for Editors and Journalists*, (New York: Macmillan, 1982), 31.

18.　Zūm, "Overview of Zūm Services," accessed March 22, 2020, https://ridezum.com /our-services.html.

19.　Dectar, "Introducing Dogise—On-Demand Dogwalkers App," accessed March 15, 2020, https://www.dectar.com/dogwalkers-app.

20.　Patagonia, "Don't Buy This Jacket, Black Friday, and the New York Times," accessed March 22, 2020, https://www.patagonia.com/stories/dont-buy-this-jacket-black-friday -and-the-new-york-times/story-18615.html.

21.　Zūm, "Our Story Begins with Our Mission," accessed March 22, 2020, https://ridezum .com/our-story.html.

第八章　详尽阐述战略

1. Kim Souza, " The Supply Side: Walmart and Amazon Go Head to Head in Private-Label Push," *Talk Business and Politics*, March 21, 2018, https://talkbusiness.net/2018/03 /the-supply-side-walmart-and-amazon-go-head-to-head-in-private-label-push.

2. Nika Kabiri and Leslie Helm, " The Rise of Amazon's Private Label Brands," *Seattle Business*, January 2018, https://seattlebusinessmag.com/business-operations/rise -amazons-private-label-brands.

第九章　品质认知战略

1. 关于《经济学人》的细节，参见 Felix Oberholzer-Gee, Bharat Anand, and Lizzie Gomez, " *The Economist* " (Harvard Business School Case 9-710-441, Boston: Harvard Business School Press, 2010)。

2. " Why Are *The Economist*'s Writers Anonymous?, " *The Economist*, September 5, 2013, https://www.economist.com/the-economist-explains/2013/09/04/why-are-the-economists-writers-anonymous.

3. 从这个论证中，我们可以看到有一处其实能做得更加精确，即繁忙的重要人士对优秀内容的理解和对内容的整体市场判断之间的关联。显然，繁忙的重要人士只是市场中的一部分群体。然而，因为他们是《经济学人》的首要目标群体，所以我们认为这个论证恰当地抓住了战略的核心，并对修正战略是否值得把握不定。（了解内情的人士向我们透露，杂志社对这个问题的认识也不清晰，杂志社中没有人真正理解他们的"秘密武器"为何如此有效。）因此，在意识到这一局限性后，我们决定不再对其深究。读者可以把它当作一项练习，针对我们在图 9-3 中确定的关于《经济学人》内在吸引力的其他驱动因素，构建类似的论证。

4. 然而，我们最初就是在图 9-3 展示的战略地图中，把它们这样连接起来的。这说明从战略地图转化为三段论可以改变你的思维，至少会迫使你直面战略地图中没有呈现出来的问题。

5. 持怀疑态度的人可能会争辩，从长期来看，市场营销并不能使人们相信不存在现实基础的事物。换句话说，如果《经济学人》没有社会地位高的读者群（繁忙的重要人士），那么人们就不会相信《经济学人》与社会地位高有关的说法。这样的质疑者可以通过在关于市场营销的子论证中引入前提 ESA₃*，对我们的论证进行调整。尽管调整后的论证看起来合情合理，但为了保持内容简洁，我们不在这里深入讨论。

第十章　战略的支柱

1. Herbert Muschamp, "Architecture Review; Gehry's Vision of Renovating Democracy," *New York Times*, May 18, 2001, https://www.nytimes.com/2001/05/18/arts/architecture-review-gehry-s-vision-of-renovating-democracy.html.

2. Walter Isaacson, "The Real Leadership Lessons of Steve Jobs," *Harvard Business Review*, April 2012.

3. 由波士顿咨询公司广为宣传的本田的最初的故事，具体描述如下。本田在进入美国市场时，有清晰的市场定位，即吸引数量庞大且在不断增长的中产阶级消费者。这些消费者并不满意哈雷戴维森和其他由美国、英国摩托车制造商生产的强动力摩托车及其价格。在这个故事中，本田结合消费者的看法，制订了一个强调以市场份额保障低成本生产优势的计划。本田的第一款产品是小型、轻量级的 50cc 摩托车，它可以通过批量销售来积累规模优势和经验。低廉的生产成本也有助于本田在经验曲线上迅速推进，并收获强大的规模经济效应。随着本田产量的提升，它组建起了一支生产导向型的劳动力队伍，这支队伍随着经验的积累，效率也得到了快速提升。

4. Richard T. Pascale, "Perspectives on Strategy: The Real Story Behind Honda's Success," *California Management Review* 36 (Spring, 1984): 47-72.

5. Matt Tyranor, "Architecture in the Age of Gehry," *Vanity Fair*, August

2010, http:// www.vanityfair.com/culture/2010/08/architecture-survey-201008.

6. Richard P. Rumelt, *Good Strategy, Bad Strategy* (New York: Crown Business, 2011), 242–243.

7. 另外，领导者们急于设定时间线、分配工作任务、制定关键绩效指标，他们常常忽视了可以通过不同方式来设定相关子目标的事实。任何关于未来的宏大愿景，都可以通过几条不同的路径来实现，但假设这些不同路径同样高效和有效是极其不现实的。当然，从某种程度上讲，拥有战略思维意味着选择一条合适的路径来达成目标。

8. 本田的故事重在讲战略，而艾斯纳在迪士尼的成功故事却经常作为关于想象力和战略规划的案例被人津津乐道。正如案例教学经常提到的，从艾斯纳的思路转变中可以汲取的经验是，他在寻求整合公司的多元业务时，意识到了动画片和动画形象的关键作用。迪士尼已经建立了一个以动画形象为核心的多面商业帝国，且这些动画形象全部归它所有。其实从某种程度上来讲，战略已经在那里，因为沃尔特·迪斯尼塑造了动画形象，并把米老鼠当作其商业帝国的核心元素。基于这一观点，艾斯纳很快接受了这个战略，并把它融合进所有业务单元，从而使迪士尼这一品牌变得如此响亮且有商业价值。

9. James B. Stewart, *DisneyWar* (New York: Simon & Schuster, 2006).

10. Stewart, *DisneyWar*, 55.

11. Stewart, *DisneyWar*, 104.

12. Stewart, *DisneyWar*, 73.

13. 当员工抱怨卡森伯格的管理举措与"神圣的迪士尼传统"不相符时（69），"艾斯纳似乎对这一混乱抱着看热闹的态度"。后来，当艾斯纳改建迪士尼园区及相应的办公区域时，他强令动画师搬到几英里外的"位于格伦代尔市的一个阴暗、几乎没有窗户的仓库中（73）"。在动画师和其他员工看来，迁址决定发送了一个清晰的信号，"因为沃尔特的办公室曾经一直位于园区中央的动画大楼中"（73）。结果也是可以预料到的，"这一举动致使员工士气下降……动画师们说，他们可能快要走人了……他们几乎没什么工作，以至于用室内障碍赛、俄罗斯方块游戏赛、常识问答游戏等打发时间"（74）。动画业务的骨干员工离开了公司。引自 Stewart, *DisneyWar*。

14. Stewart, *DisneyWar*, 93-94.

15. 这个想法是，iPod（及苹果"数字中枢"的其他产品）可能会推动 Macintosh 电脑销量的增长，因为它只能依赖苹果自己开发的操作系统工作。直到苹果实现 iPod 和 iTunes 与微软的 Windows 操作系统相兼容，并对 Macintosh 电脑业务条线采用了新战略，Macintosh 电脑的销量才有了起色。参见 William P. Barnett and Debra Schifrin, " The Rise of Apple " (Stanford Graduate School of Business Case SM260, Stanford, Calif.: Stanford Graduate School of Business, 2016)。

16. Victoria Chang and Garth Saloner, " Capital One Financial Corporation: Setting and Shaping Strategy " (Stanford Graduate School of Business Case SM135, Stanford, Calif.: Stanford Graduate School of Business, 2005).

17. William P. Barnett, " Learning Without Logic, " *Bill Barnett on Strategy* (blog), February 15, 2017, http://www.barnetttalks.com/2017/02/learning-without-logic.html.

18. Cynthia Montgomery, *The Strategist: Be the Leader Your Business Needs* (New York: Harper Business, 2012), 13.

附录 A　术语解释

1. Michael D. Watkins, " Demystifying Strategy: The What, Who, How and Why, " *Harvard Business Review*, September, 2017, https://hbr.org/2007/09/demystifying-strategy-the-what.

2. A. G. Lafley and Roger L. Martin, *Playing to Win: How Strategy Really Works* (Boston: Harvard Business Review Press, 2013), 14.

3. Michael E. Porter, " What Is Strategy?, " *Harvard Business Review*, November-December 1996, https://hbr.org/1996/11/what-is-strategy.

4. 从一个完全不同的语境来看，我们可以列举一个与之相似的评论，即声称某个特定的人，比如你的阿姨乔治娅"没有个性"。当然，和所有人一样，她是有个性的。关于"她没有个性"的评论只是暗示乔治娅没有鲜明的或吸引人的或令人难忘的个性。类似地，"没有战略"的评论意指没有鲜明的或独一无二的或成功的战略。

5. Henry Mintzberg, *The Rise and Fall of Strategic Planning* (New York: Free Press, 1994), 25.

附录 B　剖析战略——基础篇

1. 为突出最重要的知识点，我们在全书中始终提倡一种"聚焦战略优势，而无须太过关注战略目标"的更简单的方法。充分而全面的分析可能有助于实现战略目标，但这通常会以增加战略论证的复杂性为代价。在这样的分析中，我们可能寻求的最高层级的结论是有关一个组织如何实现其预先设定的长期目标的答案。为做到这一点，我们首先需要了解组织的目标，即它想在哪个方面做到最好？（比如市场份额、利润或股东价值。）然后，我们需要解释组织的战略要素及其所处的战略情境如何共同作用以达成目标。这部分的分析有时可能会比较复杂或存在问题（例如，组织希望在未来五年内实现可持续利润流的最大化，并可能基于某项竞争优势，通过几种可能的方法中的任何一种来实现这一目标）。

2. 这个概念化过程在很大程度上依赖于下列文献：Adam M. Brandenburger and Harbone W. Stuart, "Value-based Business Strategy," *Journal of Economics and Management Strategy* 5, no. 1 (1996): 5–24; and Garth Saloner, Andrea Shepard, and Joel M. Podolny, *Strategic Management* (New York: Wiley, 2001)。

3. 我们对西南航空的战略进行分析的目的是说明战略识别的框架，而不是提供原始分析。我们关于西南航空的分析建立在广泛使用的分析材料的基础之上，包括 Charles O'Reilly III and Jeffrey Pfeffer, "Southwest Airlines (A)" (Stanford Graduate School of Business Case No. HR1A, Stanford, CA: Stanford Graduate School of Business, 1995); and Michael E. Porter, "What Is Strategy?," *Harvard Business Review*,

November-December 1996, https://hbr.org/1996/11/what-is-strategy。

4. MIT Global Airline Industry Airline Program, "Airline Industry Overview," accessed February 15, 2018, http://web.mit.edu/airlines/analysis/analysis_airline_industry.html.

5. 美国联合航空和美国大陆航空合并；美国航空和全美航空合并；达美航空和美国西北航空合并。

6. 我们应该注意到，尽管专注于发展短途区域性航线有助于减少来自其他航空公司的直接竞争压力，但这种做法也增加了西南航空在获得价值的过程中遭遇其他障碍的风险，即它有可能被其他交通工具取代。在两个距离相对较近的城市之间，比如圣安东尼奥和达拉斯，驾车、乘坐公共汽车或乘坐火车都是可选的出行方式。如果机票价格过高，人们可以选择乘坐公共汽车出行。相比之下，当美国联合航空提供旧金山和纽约之间的航班时，路面交通作为备选出行方式的可能性就很小。这些备选出行方式在某种程度上限制了西南航空可以收取的机票价格，即它获得价值的能力。

7. MIT Global Airline Industry Airline Program, "Airline Industry Overview."

参考文献

Ackermann, Fran, and Colin Eden. *Making Strategy: Mapping Out Strategic Success*, 2nd ed. Los Angeles: Sage, 2011.

Apple Inc. "iTunes Now Number Two Music-Retailer in the US." Press release, February 26, 2008. https://www.apple.com/newsroom/2008/02/26iTunes-Now-Number-Two-Music -Retailer-in-the-US.

Arena, Michael. *Adaptive Space: How GM and Other Companies Are Positively Disrupting Themselves and Transforming Into Agile Organizations*. New York: McGraw Hill, 2018.

Barnett, William P. "Learning Without Logic." *Bill Barnett on Strategy* (blog), February 15, 2017. http://www.barnetttalks.com/2017/02/learning-without-logic.html.

Barnett, William P., and Debra Schifrin. "The Rise of Apple." Stanford Graduate School of Business Case SM260. Stanford, Calif.: Stanford Graduate School of Business, 2016.

Barney, Jay B., and William S. Hesterly. *Strategic Management and Competitive Advantage*. Upper Saddle River, N.J.: Prentice Hall, 2010.

Blake, Emily. "Spotify Says Tidal's 'Lemonade' Exclusive Is Bad for Everyone." *Mashable*, April 24, 2016. https://mashable.com/2016/04/24/spotify-beyonce-tidal.

Bourgoin, Alaric, François Marchessaux, and Nicolas Bencherki. "We Need to Talk About Strategy: How to Conduct Effective Strategic Dialogue." *Business Horizons* 61, no. 4 (2018): 587–597.

Bradley, Stephen P., and Pankaj Ghemawat. "Wal-Mart Stores, Inc." Harvard Business School Case 794–024. Boston: Harvard Business School Press, January 1994 (revised November 2002).

Brandenburger, Adam M., and Harbone W. Stuart. "Value-based Business Strategy." *Journal of Economics and Management Strategy* 5, no. 1 (1996): 5–24.

Brewers Association. "Craft Brewer Volume Share of U.S. Beer Market Reaches Double Digits in 2014." Press release, March 16, 2015. https://www.brewersassociation.org/press-releases /craft-brewer-volume-share-of-u-s-beer-market-reaches-double-digits-in-2014.

Bryant, Adam. "Honeywell's David Cote, on Decisiveness as a 2-Edged Sword." *New York Times*, November 2, 2013. https://www.nytimes.com/2013/11/03/business/honeywells-david-cote-on-decisiveness-as-a-2-edged-sword.html.

Bryson, John M., Fran Ackermann, and Colin Eden. *Visual Strategy: Strategy Mapping for Public and Nonprofit Organizations*. New York: Wiley, 2014.

Bryson, John M., Fran Ackermann, Colin Eden, and Charles B. Finn. *Visible Thinking: Unlocking Causal Mapping for Practical Business Results*. New York: Wiley, 2004.

Carroll, Glenn R., and Anand Swaminathan. "Why the Microbrewery Movement? Organizational Dynamics of Resource Partitioning in the US Brewing Industry." *American Journal of Sociology* 106, no. 3 (2000): 715–762.

Chafkin, Max. "Udacity's Sebastian Thrun, Godfather of Free Online Education, Changes Course." *Fast Company*, November 14, 2013. https://www.fastcompany.com/3021473/udacity-sebastian-thrun-uphill-climb.

Chang, Victoria, and Garth Saloner. "Capital One Financial Corporation: Setting and Shaping Strategy." Stanford Graduate School of Business Case SM135. Stanford, Calif.: Stanford Graduate School of Business, 2005.

Christensen, Clayton M. *The Innovator's Dilemma*. Boston: Harvard Business School Press, 1997.

Christensen, Clayton M., and Michael B. Horn. "Innovation Imperative: Change Everything." *New York Times*, November 1, 2013. https://www.nytimes.com/2013/11/03/education/edlife/online-education-as-an-agent-of-transformation.html.

Cyert, Richard M., and James G. March. *A Behavioral Theory of the Firm*. 2nd ed. New York: Wiley-Blackwell, 1992.

Dectar. "Introducing Dogise—On-Demand Dogwalkers App." Accessed March 15, 2020. https://www.dectar.com/dogwalkers-app.

Felton, Ryan. "Why Mark Field Was Fired." *Jalopnik*, May 22, 2017. https://jalopnik.com/why-mark-fields-was-fired-1795431562.

Fernbach, Phillip M., Todd Rogers, Craig R. Fox, and Steven A. Sloman. "Political Extremism Is Supported by an Illusion of Understanding." *Psychological Science* 24 no. 6 (2013): 939–946.

Ford Motor Company. "Ford Statement on Business Transformation." Press release, November 26, 2018. https://media.ford.com/content/fordmedia/fna/us/en/news/2018/11/26/ford-statement-on-business-transformation.html.

Fried, Ina. "These People Thought the iPhone Was a Dud When It Was Announced 10 Years Ago." *Vox.com*, January 9, 2017. https://www.vox.com/2017/1/9/14215942/iphone-steve-jobs-apple-ballmer-nokia-anniversary.

Garbuio, Massimo, Dan Lovallo, and Oliver Sibony. "Evidence Doesn't Argue for Itself: The Value of Disinterested Dialogue in Strategic Decision Making," *Long Range Planning* 48, no. 6 (2015): 361–380.

Ghemawat, Pankaj. *Redefining Global Strategy: Crossing Borders in a World Where Differences Still Matter*. Boston: Harvard Business Review Press, 2007.

Gilbertson, Scott. "iPhone First Impressions: Not Worth the Money." *Wired*, June 29, 2007. https://www.wired.com/2007/06/iphone-first-im.

Goldberg, Amir, Robert Siegel, and Matt Saucedo. "Tableau: The Creation of Tableau Public." Stanford Graduate School of Business Case E632. Stanford, Calif.: Stanford Graduate School of Business, 2017.

Goodell, Jeff. "The Rolling Stone Interview: Steve Jobs." *Rolling Stone*, December 25, 2003. https://www.rollingstone.com/music/music-news/the-rolling-stone-interview-steve -jobs-233293.

Hajek, Daniel. "The Man Who Saved Southwest Airlines with a '10-Minute' Idea." *National Public Radio's All Things Considered*, June 28, 2015. https://www.npr.org/2015/06/28/418147961 /the-man-who-saved-southwest-airlines-with-a-10-minute-idea.

Hall, Parker. "Apple Music vs. Spotify: Which Service Is the Streaming King?" *Digital Trends*, March 5, 2019. https://www.digitaltrends.com/music/apple-music-vs-spotify.

Heath, Chip, and Dan Heath. *Decisive: How to Make Better Choices in Life and Work*. New York: Crown Business, 2013.

Hill, Charles W., Gareth R. Jones, and Melissa A. Schilling. *Strategic Management Theory: An Integrated Approach*. Boston: Cengage Learning, 2014.

Hitt, Michael A., R. Duane Ireland, and Richard E. Hoskisson. *Strategic Management Cases: Competitiveness and Globalization*. 10th ed. Boston: Cengage Learning, 2012.

Hoffman, Bryce G. *American Icon: Alan Mulally and the Fight to Save Ford Motor Company*. New York: Currency, 2012.

Holub, Miroslav. "Brief Thoughts on Maps." *Times Literary Supplement*, February 4, 1977.

Isaacson, Walter. "The Real Leadership Lessons of Steve Jobs." *Harvard Business Review*, April 2012.

Jacobs, Fred. "6 Reasons Why I Hate Twitter's New 280 Character Limit." *Jacobs Media Strategies* (blog), November 9, 2017. https://jacobsmedia.com/6-reasons-hate-twitters -new-280-character-limit.

Johnson, Steven. *Farsighted: How We Make the Decisions That Matter the Most*. New York: Riverhead Books, 2018.

Kabiri, Nika, and Leslie Helm, "The Rise of Amazon's Private Label Brands." *Seattle Business*, January 2018. https://seattlebusinessmag.com/business-operations/rise-amazons -private-label-brands.

Kaplan, Robert S., and David P. Norton. *Strategy Maps*. Boston: Harvard Business School Press, 2004.

Karp, Hannah. "Apple iTunes Sees Big Drop in Music Sales." *Wall Street Journal*, October 24, 2014. https://www.wsj.com/articles/itunes-music-sales-down-more-than-13-this-year -1414166672.

Karp, Hannah, and Alistair Barr. "Apple Buys Beats for $3 Billion, Tapping Tastemakers to Regain Music Mojo." *Wall Street Journal*, May 28, 2014. https://www.wsj.com/articles /apple-to-buy-beats-1401308971.

Kim, W. C., and Renée Mauborgne. *Blue Ocean Strategy: How to Create Uncontested Market Space and Make the Competition Irrelevant*. Boston: Harvard Business Review Press, 2005.

Knight, Dom. "Brevity Is the Soul of Twitter. We Don't Need 280 Characters to Say That." *The Guardian*, September 27, 2017. https://www.theguardian.com/technology/commentisfree/2017/sep/27/brevity-soul-twitter-280-characters.

Lafley A. G., and Roger L. Martin. *Playing to Win: How Strategy Really Works*. Boston: Harvard Business Review Press, 2013.

Lave, Charles A., and James G. March, 1993. *An Introduction to Models in the Social Sciences*. Lanham, Md.: University Press of America, 1993.

LeBeau, Phil. "Ford Investors 'Want Some Comfort' from CEO Jim Hackett as Shares Drop to Six-Year Low." *CNBC*, October 9, 2018. https://www.cnbc.com/2018/10/09/ford-investors-want-some-comfort-as-shares-drop-to-six-year-low.html.

Lewis, Michael. *The New New Thing*. New York: Norton, 2000.

Lovallo, Dan, and Oliver Sibony. "The Case for Behavioral Strategy." *McKinsey Quarterly*, January 2010.

Madrigal, Alexis C. "Twitter's 280-Character Tweets Are Fine." *The Atlantic*, September 27, 2017. https://www.theatlantic.com/technology/archive/2017/09/twitters-testing-280-character-tweets/541221.

McCord, Patty. *Powerful: Building a Culture of Freedom and Responsibility*. Silicon Guild, 2017.

Mercier, Hugo, and Dan Sperber. "Why Do Humans Reason? Arguments for an Argumentative Theory." *Behavioral and Brain Sciences* 34, no. 2 (2011): 57–111.

Miller, Chance. "Jimmy Iovine Slams Free Music Services, Talks Exclusivity Deals in New Interview." *9To5Mac*, May 17, 2017. https://9to5mac.com/2017/05/17/jimmy-iovine-free-music-interview.

Mintzberg, Henry. *The Rise and Fall of Strategic Planning*. New York: Free Press, 1994.

MIT Global Airline Industry Program. "Airline Industry Overview." Accessed February 15, 2018. http://web.mit.edu/airlines/analysis/analysis_airline_industry.html.

Mitroff, Sarah. "Beats Music Review: Music Streaming Done Right." *CNET*, July 7, 2015. https://www.cnet.com/reviews/beats-music-review.

Montgomery, Cynthia. *The Strategist: Be the Leader Your Business Needs*. New York: Harper Business, 2012.

Moshman, David, and Molly Geil. "Collaborative Reasoning: Evidence for Collective Rationality." *Thinking and Reasoning* 4, no. 3 (1998): 231–248.

Muschamp, Herbert. "Architecture Review; Gehry's Vision of Renovating Democracy." *New York Times*, May 18, 2001.

Musk, Elon. "The Secret Tesla Motors Master Plan (Just Between You and Me)." *Tesla Inc.*, August 2, 2006. https://www.tesla.com/blog/secret-tesla-motors-master-plan-just-between-you-and-me.

Newcomer, Eric. "In Video, Uber CEO Argues with Driver Over Falling Fares." *Bloomberg*, February 28, 2017. https://www.bloomberg.com/news/articles/2017-02-28/in-video-uber-ceo-argues-with-driver-over-falling-fares.

Nickerson, Raymond S. *Reflections on Reasoning*. Hillsdale, N.J.: Erlbaum, 1986.

Nutt, Paul C. *Why Decisions Fail: Avoiding Blunders and Traps That Lead to Debacles*. San Francisco: Berrett-Koehler, 2002.

Obama, Barack. "Obama's Economics Speech at Knox College." *New York Times*, July 24, 2013. https://www.nytimes.com/2013/07/25/us/politics/obamas-economics-speech-at-knox -college.html.

Oberholzer-Gee, Felix, Bharat Anand, and Lizzie Gomez. "*The Economist*." Harvard Business School Case 710–441. Boston: Harvard Business School Publishing, 2010.

O'Reilly, Charles, III, and Jeffrey Pfeffer. "Southwest Airlines (A)." Stanford Graduate School of Business Case No. HR1A. Stanford, Calif.: Stanford Graduate School of Business, 1995.

Page, Scott. *The Model Thinker: What You Need to Know to Make Data Work for You*. New York: Basic Books, 2018.

Pascale, Richard T. "Perspectives on Strategy: The Real Story Behind Honda's Success." *California Management Review* 36 (Spring, 1984): 47–72.

Patagonia. "Don't Buy This Jacket, Black Friday, and the New York Times." Accessed March 22, 2020. https://www.patagonia.com/stories/dont-buy-this-jacket-black-friday-and-the-new -york-times/story-18615.html.

Pisano, Gary P. *Creative Construction: The DNA of Sustained Innovation*. New York: Public Affairs, 2019.

Plotnik, Arthur. *The Elements of Editing: A Modern Guide for Editors and Journalists*. New York: Macmillan, 1982.

Popper, Ben, and Micah Singleton. "Apple Announces Its Streaming Music Service, Apple Music." *The Verge*, June 8, 2015. https://www.theverge.com/2015/6/8/8729481 /apple-music-streaming-service-wwdc-15.

Porter, Michael E. 1996. "What Is Strategy?" *Harvard Business Review*, November–December 1996. https://hbr.org/1996/11/what-is-strategy.

——. 2008. *Competitive Strategy: Techniques for Analyzing Industries and Competitors*. New York: Simon & Schuster, 2008.

Recording Industry Association of America (RIAA). U.S. Sales Database. Accessed March 7, 2019. https://www.riaa.com/u-s-sales-database.

Ricker, Thomas. "First Click: Remember When Steve Jobs Said Even Jesus Couldn't Sell Music Subscriptions?" *The Verge*, June 8, 2015.

Roche, Inc. "Our Strategy." Accessed March 14, 2020. https://www.roche.com/about/our -strategy.htm.

Rogers, Christina. "Ford's New CEO Has a Cerebral Style—and to Many, It's Baffling." *Wall Street Journal*, August 14, 2018. https://www.wsj.com/articles/fords-new-ceo-has-a -cerebral-styleand-to-many-its-baffling-1534255714?mod=searchresults&page=1&pos=5.

Rosen, Aliza, and Ikuhiro Ihara. "Giving You More Characters to Express Yourself." *Twitter* (blog), September 26, 2017. https://blog.twitter.com/official/en_us/topics/product/2017 /Giving-you-more-characters-to-express-yourself.html.

Rosoff, Matt. "Jeff Bezos: There Are 2 Types of Decisions to Make, and Don't Confuse Them." *Business Insider*, April 5, 2016. https://www.businessinsider.com/jeff-bezos-on -type-1-and-type-2-decisions-2016-4.

Rumelt, Richard P. *Good Strategy, Bad Strategy.* New York: Crown Business, 2011.

Salam, Reihan. "Online Education Can Be Good or Cheap, but Not Both." *Reuters.com*, July 26, 2013. http://blogs.reuters.com/reihan-salam/2013/07/26/online-education-can-be -good-or-cheap-but-not-both.

Saloner, Garth, Andrea Shepard, and Joel M. Podolny. *Strategic Management.* New York: Wiley, 2001.

Sande, Steven. "Steve Jobs's Story of the Stones." *Engadget*, November 11, 2011. https://www .engadget.com/2011/11/11/steve-jobss-story-of-the-stones.

Schneider, Avie. "Apple Launches Video Streaming Service for $4.99 a Month." *National Public Radio Technology*, September 10, 2019. https://www.npr.org/2019/09/10/759500972 /apple-launches-video-streaming-service-for-4-99-a-month.

Siegel, Robert E., and Amadeus Orleans. "AB InBev: Brewing an Innovation Strategy." Stanford Graduate School of Business Case E643. Stanford, Calif.: Stanford Graduate School of Business, 2017.

Souza, Kim. "The Supply Side: Walmart and Amazon Go Head to Head in Private-Label Push." *Talk Business and Politics*, March 21, 2018. https://talkbusiness.net/2018/03/the -supply-side-walmart-and-amazon-go-head-to-head-in-private-label-push.

Spence, Ewan. "Apple Music Has Failed." *Forbes*, October 5, 2015. https://www.forbes.com /sites/ewanspence/2015/10/05/apple-music-failure.

Stewart, James B. *DisneyWar.* New York: Simon & Schuster, 2006.

Strategy&. "The Strategy Crisis: Insights from the Strategy Profiler." 2019. https://www.strategy and.pwc.com/gx/en/unique-solutions/cds/the-strategy-crisis.pdf.

Summers, Brian. "Why Wall Street Isn't Happy with Southwest's 43 Straight Years of Profits." *Skift*, August 16, 2016. https://skift.com/2016/08/16/why-wall-street-isnt-happy -with-southwests-43-straight-years-of-profits.

Swieringa, Robert J., and Karl E. Weick. "An Assessment of Laboratory Experiments in Accounting." Supplement, *Journal of Accounting Research* 20 (1982): 56–101. https://doi .org/10.2307/2674675.

Teece, David J., Gary Pisano, and Amy Shuen. "Dynamic Capabilities and Strategic Management." *Strategic Management Journal* 18, no. 7 (1997): 509–533.

Thompson, Cadie. "Your Car Will Become a Second Office in 5 Years or Less, General Motors CEO Predicts." *Business Insider*, December 12, 2016. https://www.businessinsider.com /gms-mary-barra-interview-2016-12.

Tichy, Noel, and Ram Charan. "Speed, Simplicity, Self-Confidence: An Interview with Jack Welch." *Harvard Business Review*, September–October 1989.

Troianovski, Anton, and Sven Grundberg. "Nokia's Bad Call on Smartphones." *Wall Street Journal*, July 18, 2012. https://www.wsj.com/articles/SB10001424052702304388004577531 002591315494.

Tyranor, Matt. "Architecture in the Age of Gehry." *Vanity Fair*, August 2010. http://www
.vanityfair.com/culture/2010/08/architecture-survey-201008.

Walmart, Inc. "Wal-Mart Stores, Inc. Enterprise Strategy." Accessed March 13, 2020, https://
stock.walmart.com/investors/our-strategy.

Watkins, Michael D. "Demystifying Strategy: The What, Who, How and Why." *Harvard Busi-
ness Review*, September 2017. https://hbr.org/2007/09/demystifying-strategy-the-what.

Weinland, Paul, and Cesare Mainardi. *Strategy That Works*. Boston: Harvard Business Review
Press, 2016.

"Why Are *The Economist's* Writers Anonymous?" *The Economist*, September 5, 2013. https://
www.economist.com/the-economist-explains/2013/09/04/why-are-the-economists
-writers-anonymous.

"Why Did Twitter Change Their Character Limit to 280 Characters?" Dictionary.com. Accessed
March 12, 2020. https://www.dictionary.com/e/fierce-debate-twitters-280-characters.

Zūm. "Our Story Begins with Our Mission." Accessed March 22, 2020. https://ridezum.com
/our-story.html.

——. "Overview of Zūm Services." Accessed March 22, 2020. https://ridezum.com/our
-services.html.

明茨伯格管理经典

Thinker 50终身成就奖获得者，当今世界杰出的管理思想家

写给管理者的睡前故事

图文并茂，一本书总览明茨伯格管理精要

拯救医疗

如何根治医疗服务体系的病，指出当今世界医疗领域流行的9大错误观点，提出改造医疗体系的指导性建议

管理进行时

继德鲁克之后最伟大的管理大师，明茨伯格历经30年对成名作《管理工作的本质》的重新思考

管理至简

专为陷入繁忙境地的管理者提供的有效管理方法

战略过程：概念、情境与案例（原书第5版）

殿堂级管理大师、当今世界优秀的战略思想家明茨伯格战略理论代表作，历经4次修订全新出版

管理者而非MBA

管理者的正确修炼之路，管理大师明茨伯格对MBA的反思
告诉你成为一个合格的管理者，该怎么修炼

战略历程（原书第2版）

管理大师明茨伯格经典著作全新再版，实践战略理论的综合性指南

明茨伯格论管理

明茨伯格深入企业内部，观察其真实的运作状况，以犀利的笔锋挑战传统管理学说，全方位地展现了在组织的战略、结构、权力和政治等方面的智慧

管理和你想的不一样

管理大师明茨伯格剥去科学的外衣，挑战固有的管理观，为你揭示管理的真面目

战略过程：概念、情境与案例（英文版·原书第5版）

明茨伯格提出的理论架构，是把战略过程看作制定与执行相互交织的过程，在这里，政治因素、组织文化、管理风格都对某个战略决策起到决定或限制的作用

推荐阅读

廖建文、罗振宇、刘俏、陈威如、陈明哲、陈春花等数十位企业家和教授鼎力推荐！

共演战略：重新定义企业生命周期

作者：路江涌 ISBN：978-7-111-59461-1 定价：99.00元

混沌时代，从创业到卓越的共同演化之路

"光华思想力"重磅作品，集国内外创业创新和战略管理思想之大成之作，光华管理学院 MBA、EMBA、DBA、高管培训课程的浓缩精华，北京大学光华管理学院组织与战略管理系教授最新力作。

启发创业者和企业家，应对复杂环境中的不确定性和不连续性，找到创业的切入点，成长的突破点，扩张的发力点和转型的跨越点。

战 略 "黑 金" 系 列

来自哈佛大学、斯坦福大学商学院的"超级战略课"

超级战略家：创造竞争优势的终极法则

作者：[美] 辛西娅·A. 蒙哥马利（Cynthia A. Montgomery） ISBN：978-7-111-74104-6

哈佛商学院为创业者、企业主和董事长量身定制的战略课，
如果你没机会去哈佛商学院学习战略，那就读这本书！

战略论证：企业如何寻找可持续的竞争优势

作者：[美] 杰斯珀·B. 索伦森（Jesper B. Sørensen） [美] 格伦·R. 卡罗尔（Glenn R. Carroll）
ISBN：978-7-111-75986-7

斯坦福大学商学院全新理论成果——"战略论证的技能"，教管理者找到组织优势，实现持续领先！

竞争战略论：一本书读懂迈克尔·波特

作者：[美] 琼·玛格丽塔（Joan Magretta） ISBN：978-7-111-76140-2

与波特共事超过20年的学术伙伴琼·玛格丽塔，浓缩波特千页巨著精华，
推出全面还原波特战略思想的集大成之作